DAS VERLORENE WORT

M. KAHIR

DAS VERLORENE WORT

Mystik und Magie der Sprache

TURM

TURM-VERLAG · BIETIGHEIM/WÜRTT.

ISBN 37 999 0187 6

Gesamtherstellung: Otto W. Zluhan, Bietigheim/Württ.

INHALT

„Die ihr solltet längst schon Meister sein, bedürfet wiederum, daß man euch lehre die ersten Buchstaben der göttlichen Worte."

Hebräerbrief 5, 12

VORWORT

Es gibt Menschen, die an den größten Wundern vorübergehen, weil sie mitten darin leben. Was sich alltäglich abspielt, erscheint ihnen nicht der Mühe wert, näher ergründet zu werden. Was als selbstverständlich genutzt wird, bedarf nicht eines tieferen Verstehenwollens. Und wieder sind Menschen, denen der eingeborene Drang innewohnt, hinter die Außenfassade der Dinge zu blicken. Ihnen bedeuten alle Erscheinungen des Lebens eine Offenbarung des Geistes, der sie antreibt, auch jenen Kräften nachzusinnen, die im Menschen so offenkundig walten wie die Gabe der Rede.

Zu den Mysterien, die das eigentliche Menschsein bedingen, zählt nicht zuletzt das Geheimnis der Sprache. Kein Wunder, daß so mancher Geistesfreund diesem Urphänomen sein besonderes Interesse zuwendet und sich dabei Fragen vorlegt, wie etwa: „Woher haben die Wesen und Dinge ihre Namen und warum wurden sie so benannt?" Oder: „Was bewirkte die Sprachenverwirrung unter den Völkern, so daß eines das andere nicht mehr versteht?"

Teilantworten hierauf, wenngleich nur äußerer Natur, vermag die Sprachforschung im Verbande mit der Völkerkunde zu geben. Durch Erschließung ältester Kulturfunde wurde die Vergleichsmöglichkeit vergangener und lebender Sprachen derart erweitert, daß sich die Anzeichen für eine einstige, der ganzen Menschheit gemeinsame Ursprache ständig mehren. Indessen kann sich diese Forschungsmethode nur auf den Körper der Sprache, das gewordene und überlieferte Sprachgut erstrecken, ohne zu dem Warum seiner Entstehung vordringen zu können.

Erst das planbeseelte Walten des Geistes im Worte erkennen, heißt zu der wahren Ur-Sache der Sprache gelangen. Hier urständen alle Verborgenheiten der Namensgebung und der Wortmagie einer Zeit, da der Mensch aus den übersinnlichen Sphären in die Materie herabstieg und durch den Ton der Laute nachzeichnete, was sein innerer Blick in der Schöpfung wahrnahm. Von dieser anfänglichen Geistverbundenheit spricht das Bibelwort der Genesis: „Und Gott brachte allerlei lebendige Wesen zu dem Menschen, daß er *sähe,* wie er sie nennte . . ." (1. Mose 2, 19.)

Je weiter wir zu ursprünglichem Sprachvermächtnis zurückdringen, desto eindringlicher wird uns die „anschauliche" Ausdrucksweise jener Epochen bewußt, wo der Mensch in geistiger Vision die Namen aller Dinge ihrer inneren Wesensart gemäß zu gestalten vermochte. Mit fortschreitender Hinwendung an die äußere Sinnenwelt erlosch jedoch in späteren Kulturen mehr und mehr die alte Kraft solcher Wortmagie. Die Herrschaft des Intellekts begann die geistige Betrachtungsgabe zu überwuchern, womit auch das konkrete Bild dem abstrakten Begriff weichen mußte. Dem Zerfall in die Vielheit der Rassen und Völker folgte zwangsläufig die Zersplitterung der Ursprache in eine Vielheit von Sprachen mit anderer Benennung der Dinge. Auch dieses Geschehen zeichnet die biblische Schöpfungsgeschichte im gewaltigen Imaginations-Symbol vom Turmbau zu Babel und der nachfolgenden Sprachenverwirrung (1. Mose 11, 9), wie auch Vers 1 dieses Kapitels den sprachlichen Urzustand deutlich schildert: „Es *hatte* aber alle Welt einerlei Zunge und Sprache."

Ist damit die Ursprache für immer verlorengegangen? Gänzlich wohl nicht: Alle auf uns überkommenen, wie auch alle lebenden Sprachen der Gegenwart weisen — trotz vielfachem Wandel ihrer Elemente — noch mancherlei gemeinsame Grundzüge auf. Ihnen einfühlend nachzuspüren, läßt uns dem Urworte immer näher kommen. Was damit gewonnen wird, will dieses Buch darlegen und zugleich neue Wege aufzeigen zu einer geistigen Sprachforschung, die allein das Geheimnis urtümlicher Sprachgestaltung wieder in ein helleres Verständnis rücken kann.

Heute wie ehedem formt der Geist das Menschenwort. Noch immer wirkt der Sprachgenius auch in der Sachlichkeit der modernen Ausdrucksweise, doch ist der verborgene Sinn selbst alltäglicher Worte längst in das Unterbewußtsein der Menschen hinabgetaucht. Tastend müssen wir uns zurückarbeiten zum verlorenen Wort der Ursprache, die einst — ein Abbild des ewigen Schöpfungswortes und ein Band von Mensch zu Mensch — vom Glanze der Mystik und der Kraft höchster Magie erfüllt war. Von dort aber drang trotz allem Sprachenbabel noch soviel Urweistum selbst in das Sprachleben der Gegenwart, daß es einem ungehobenen Schatze gleicht, dessen Wert der Eigner kaum mehr zu erkennen vermag.

Dem Wunder des Wortes nachzugehen, bedeutet ein Hinwandern zu den Wurzeln des Lebens und zu den Quellen innerer Anschauung. Denn was der irdische Mensch aus seiner geistigen Lichtheimat mitbrachte, und was Seher und Weise davon der Nachwelt überlieferten, das geschah durch das innere Wort und seine sprachliche Aufzeichnung. So erweist sich letzten Endes alles Ringen nach dem Urgeist der Sprache als eine tiefe Sehnsucht nach Religion im höchsten Sinn: nach Wiedervereinigung mit dem göttlichen Wort und seinen ewig-schöpferischen Kräften, die alles Geschaffene der Vollendung entgegenführen.

Möge daher dieses kleine Werk alle Geistesfreunde anregen, aus dem Borne der Sprachweisheit selbst immer lichtvollere Erkenntnisse zu gewinnen. Denn in den wahren Namen aller Wesen und Dinge ruht verborgen ihre geistige Idee, ihr seelisches Leben und die Kraft ihrer Formgestaltung. Und aus ihren Tiefen leuchtet jener Geist der Wahrheit, von dem das Evangelium verheißt, er werde den Menschen frei machen.

Im Herbst 1959 — Der Verfasser

I

VOM URGEIST DER SPRACHE

„Im Anfang war das Wort. Und das Wort war bei Gott und Gott war das Wort."

Evang. Joh. 1, 1

VOM URGEIST DER SPRACHE

Die Sprache stellt jene Schöpferkraft im Menschen dar, mit der er seinem Denken, Fühlen und Wollen Ausdruck verleiht. Das ausgesprochene oder niedergeschriebene Wort dient dem Menschen zur Mitteilung an die Umwelt, um sie an seinem inneren Erleben teilhaben zu lassen. Zuvor aber formt die Sprache dieses Innenleben selbst, indem der Vorgang des Denkens nichts anderes ist als ein geistiges Reden. Die Fähigkeit, Gedankenformen zu Lautgebilden zu gestalten, die im Mitmenschen wieder gleiche oder ähnliche Vorstellungen erwecken, bezeugt die reingeistige Kraft des Wortes auch in der Welt der Materie. Hier ist Sprache Vorbedingung jeglicher Kultur von der primitivsten bis zur höchsten Stufe. Wäre nicht Rede und Schrift, es gäbe keine sinnvolle Gemeinschaft innerhalb der Menschheit.

Alles Suchen nach dem Ursprung und Urgeist der Sprache ist ohne ein wahrheitsnahes religiöses Weltbild vergebliches Bemühen. Denn die Quellen dieser Schöpferkraft reichen zurück in die Äonen der Urschöpfung des Alls. Aber sie fließen auch ewig neu in alles Werdende ein, das herangereift ist, Geistiges im Worte auszudrücken. Die Sprachwissenschaft der Welt sieht sich immer nur einem äußeren Gewande gegenüber. Daher vermögen nur Menschen, die inneren Anschluß fanden an die metaphysischen Bewußtseinsebenen, auch über das Geheimnis der Sprache mehr auszusagen, als alle irdische Forschung zu ergründen weiß. Es sind daher die großen Seher und Gotteskinder, denen die Menschheit manche bedeutsame Hinweise zum Thema Sprache verdankt.

Lassen wir einen von ihnen zu Wort kommen: Emanuel *Swedenborg,* den nordischen Seher des 18. Jahrhunderts, von dem Goethe schrieb als „dem gewürdigten Seher, rings um den die Freude des Himmels war und zu dem die Geister durch alle Sinne sprachen". Er hinterließ der Nachwelt in seinem umfangreichen Schrifttum auch mancherlei Belehrungen über die Sprache des Menschen und die Rede der Geister. Seltsame Gesichte, die heute nur noch in jenen Zeitgenossen Resonanz finden, die sich transparent erhielten für das Licht und Wort des Geistes. Swedenborg, in dessen Bewußtsein der Umgang mit Geistwesen und Engeln so lebendig vor sich ging, daß er zwischen sich und ihnen kaum eine Trennung empfand, schrieb u. a.:

„... Der Ursprung der menschlichen Sprache ist der Zweck, den der Mensch durch die Rede offenbaren will. Was er liebt, das will er, und aus diesem Zweck fließt sein Denken und zuletzt die Rede. Auch jedem Verstehen wohnt ein Zweck inne. Darum achtet der Mensch bei der Rede eines anderen nicht auf die Worte und ausgedrückten Laute selbst, sondern nimmt ihren Sinn wahr, der dem Denken des Redenden angehört" ...

Als der Mensch noch nicht ein verstofflichtes Körperwesen, sondern noch reines Geistwesen war, da war seine Rede ein direktes Übertragen seiner Gedankenwellen auf die Innensphäre seiner Mitwesen:

„... Als das innere Atmen aufhörte, trat nach und nach ein äußeres Atmen ein und damit die Sprache der Worte durch artikulierte Laute, in welche die Vorstellungen des Denkens ausliefen. So hat sich der Zustand des Menschen völlig verändert, daß er nicht mehr ein Innewerden wie einst wahrnehmen konnte. Indem die Denkgebilde in Wörter der Sprache heraustraten, konnten die späteren Menschen auch nicht mehr durch die Rede des inneren Geistes belehrt werden wie zuvor ...“

Die Ausdrucksweise des urtümlichen Menschen entsprach ihrer geistigen Wahrnehmung der übersinnlichen Welten, deren Anschauungsform nicht der abstrakte Begriff, sondern das entsprechende Bild ist. Daher lehrt Swedenborg, daß geistige Dinge dem Erdenmenschen nur durch „Entsprechungen“ zugänglich sind, wobei sich das äußere Wort naturgemäß analoger Bilder der Sinnenwelt bedienen muß:

„... Die älteste Rede- und Schreibweise war eine Vorbildung von Wesen und Dingen durch Worte, unter denen sich ein anderer, innerer Sinn verbarg. Dieser Ausdrucksart bedienten sich die Uralten vor der Sündflut, um sich himmlische und göttliche Dinge durch etwas auf Erden Sichtbares vorzustellen und daran ihr Gemüt zu erheben. Von dieser Art ist noch das Buch Hiob und das Hohelied Salomos, ebenso die zwei Bücher, die Mose im 4. Buche, Kap. 21 erwähnt, außer vielen anderen, die nach der ursprachlichen Weise geschrieben waren, jedoch verlorengegangen sind. So stellen auch die ältesten ägyptischen Hieroglyphen nichts anderes als eine Vorbildung dar, denn durch ihre Bilder und Wortbenennung wurden geistige Dinge entsprechend ausgedrückt ...“

Es wird sich im Verlaufe unserer Betrachtungen herausstellen, daß es — auch in den lebenden Sprachen von heute — überhaupt kein Wort gibt, dem nicht neben seinem umgangssprachlichen Sinn noch ein tieferer verborgen innewohnt. Gerade diese Tatsache bringt den Nachweis, daß in jedem Menschenwort noch ein schwacher Abglanz ursprünglicher Anschaulichkeit der Alten nachklingt: ein Wortkern, von dem Swedenborg schreibt:

„... Der Buchstabensinn des Wortes ist nur die Grundlage, Hülle und Stütze seines geistigen und ewigen Sinns. Das sinnliche Wort ist sein Behälter, so wie die irdische Welt Behälter des höheren geistigen und himmlischen Lebens ist. Kein Mensch, der nicht weiß, daß sich ein bestimmter geistiger Sinn im Wort befindet, kann dieses nach etwas anderem beurteilen als nach dessen äußerem Buchstaben, während doch dieser Kostbarkeiten birgt, die eben sein geistiger Sinn sind, welcher erst den toten Buchstaben belebt... In jeder Religion war einst das alte Wort verborgen, das schon bestand, bevor die Bibel niedergeschrieben wurde, und das zu Anfang in der intuitiven Schau der Entsprechungen erfaßt wurde. Weil aber das Wort nicht anders als in bildlichen Vorstellungen aufgezeichnet werden konnte, die aus solchen Dingen bestehen, die den himmlischen in der Naturwelt entsprechen und sie daher bezeichnen, blieb selbst in den späteren heidnischen Mythen ein Rest des alten Urwissens erhalten ... "

Es taucht nun die Frage auf, woher die ersten vernunftbegabten Menschen dieser Erde jene zutreffende Wortbildung und „entsprechende" Benennung der Dinge nahmen. Nun, der Mensch (hebr. Adam) kam doch aus den geistigen Welten, und — wie bereits dargelegt — hatte die Menschheit einstens bewußten Anschluß und nicht nur eine vage Ahnung vom großen Reiche der Geisterwelt, über deren Sprache unser Seher berichtet:

„... Alle menschlichen Sprachen sind nur ein schwaches Abbild der Geistersprache. Die *Geister* im anderen Leben reden in einer Weise, daß sie in einer Minute mehr ausdrücken können als der Erdenmensch in einer Stunde. Denn ihre Sprache ist die Universalsprache, die allen zugrunde liegt mittels der ursprünglichen Begriffe der Worte. In diese Fähigkeit gelangen die vom Erdenleben zurückkehrenden Seelen sogleich nach ihrem Leibestode. Es lieben dann die guten Führungsgeister nichts mehr, als die unwissenden Neuankömmlinge darin zu belehren ..."

Weit über allen Geisterwelten, diesen jenseitigen Schulstätten zur Vollendung der Menschenwesen, stehen jedoch die himmlischen Sphären und ihre *Engel:* göttliche Lichtwesen (altägypt. ang = Leben, el = Gotteslicht!), deren Sprache die Urkraft des Geistes am höchsten zum Ausdruck bringt. Auch hierüber durfte Swedenborg Belehrungen empfangen:

„... Noch umfassender ist die Sprache der Engel. Die Vollkommenheiten steigern sich im Verhältnis, in dem das Äußere zum Inneren steht: etwa so, wie sich das Gehör zum Gesicht, und dieses zum reinen Denken verhält. Denn was das Gehör durch die Rede in einer Stunde aufnehmen kann, vermag vor dem Gesicht in einer Minute anschaulich dargestellt zu werden. Und was man mit dem Auge in mehreren Stunden wahrnehmen kann, vermag das Denken in einer Minute zu begreifen. Daher erfassen die Engelsgeister durch eine bloße *Vorstellung* der Rede oder des Denkens mehr, als jedes äußere Sprechen zu vermitteln imstande ist ..."

„Die Rede der Engel ist wie bei den Menschen aus Worten zusammengesetzt. Sie wird in Tönen gesprochen und vernommen, doch ist die Atmosphäre, in der sie atmend Worte bilden, die ihnen gemäße geistige Luft. Im Himmel reden alle nur *eine* Sprache und verstehen einander, woher immer sie kommen mögen. Ihre Sprache ist jedem eingeboren und entspringt unmittelbar seinem Fühlen und Denken. Die Betonung entspricht seinem Gefühl, die Tongliederung der Worte den Vorstellungen seines Denkens. Da die Sprache diesen Dingen entspricht, ist sie rein Geistiges, nämlich tönendes Gefühl und redendes Denken. Ohne Gefühl gibt es keine Gedanken und Vorstellungen. Deshalb können die Engel das Wesen eines anderen schon an seiner Rede erkennen, weil sich darin seine vorherrschende Liebe offenbart. — Die Sprache der Engel hat nichts mit den Sprachen der heutigen Menschen gemein mit Ausnahme einiger Worte, in denen eine besondere Empfindung schwingt. Ihr Leben ist Gefühl und ihr Gefühl ist ihre Rede. Mir wurde gesagt, die Ursprache der Menschen auf Erden habe diese Übereinstimmung gekannt, denn sie stammte aus den Himmeln. Auch in der hebräischen Sprache sei noch etwas davon vorhanden. Unzählige Dinge des himmlischen Denkens können nicht mehr mit Worten, sondern nur durch den Farbenwechsel des geistigen Lichts ausgedrückt werden. So sind die Vorstellungen der Engel, aus denen ihre Worte stammen, Abstufungen des göttlichen Lichtes, und die Gefühle, die den Worten Betonung verleihen, Gradunterschiede der himmlischen Liebeswärme ..."

Diese Hinweise erscheinen nicht so unbegreiflich, wenn wir bedenken, daß auch in der menschlichen Sprache „der Ton die Musik macht", wie ein Sprichwort besagt. Wir kennen sie doch alle, diese Laute des Entzückens, Erstaunens, der Liebe, Ehrfurcht und Andacht, jedoch im irdischen Bereiche auch jene Töne, die dem Haß, der Verachtung, dem Spott und allem himmlisch Gegensätzlichen Ausdruck verleihen. Dies alles zählt nicht nur zur Mystik der Sprache, sondern auch zur Magie der Laute, welche die Träger der eigentlichen Wortkraft sind.

Es ist im Wesen des großen Sehertums gelegen, daß auch die beiden anderen überragenden Gottkünder im Propheten-Dreigestirn der Neuzeit, nämlich Jakob *Böhme* im 17. und Jakob *Lorber* im 19. Jahrhundert Inspirationen über Wesen, Ursprung und Geist der Sprache empfingen. Immer wieder weist Böhme darauf hin, daß die verlorene Ursprache noch den Urgeist der Sprache und damit das „Wort Gottes“ bewahrte, bis die „Turba“ der luziferischen Sprachverwirrung das Licht unter den Menschen erlöschen ließ. Lorber aber setzt die Entsprechungslehre Swedenborgs, die allein den geistigen Sinn des Wortes zu entschlüsseln vermag, in grandioser Weise fort. Ist er doch jener „Schreibknecht Gottes“, der durch das innere Wort die Urgeschichte der Menschheit vor der Sündflut diktiert erhielt und als das Buch „Die Haushaltung Gottes“ niederschrieb. Damit brachte er die auch von Swedenborg genannte und im 4. Buche Mosis, Kap. 21, 14 erwähnte, längst verschollene Schrift „Die Kriege Jehowas“ aufs neue ans Tageslicht. Und — was besonders bemerkenswert ist — in einer symbolhaften Schreibweise, die genau jenem alten heiligen Buche entspricht. Auch sonstige, in vielen anderen seiner Werke eingeflochtenen Ausführungen über ursprachliche Probleme offenbaren Tatsachen, zu denen die heutige Sprachwissenschaft nicht mehr vorzudringen vermag. So z. B. lehrte Jesus gemäß Lorbers „Großem Evangelium Johannis“, daß rund zweitausend Jahre vor unserer Zeitrechnung die drei großen Sprachstämme Altägyptisch, Altsemitisch und Altindisch beinahe wesenseins waren und sich noch alle der gleichen bildhaften Sprache der noachitischen Vorzeit bedienten.

So bildet das Schrifttum Swedenborgs und Lorbers gerade wegen seiner reichen Entsprechungsdeutungen jedem Studierenden altreligiöser Schriften — vom altägypt. Totenbuch über die altindische Bhagavadgita bis zum Alten Testament christlich-semitischer Gemeinschaft — eine unschätzbare Hilfe bei der Entschlüsselung der darin verborgenen esoterischen Glaubensgeheimnisse.

In schlichter und faßlicher Form empfing Ende des 19. Jahrhunderts noch ein österreichischer Mystiker durch das innere Wort zwei wertvolle Werke über zahlreiche Fragen und Probleme der Schöpfung und des Menschen. Es war der Major Gottfried *Mayerhofer* in Triest, der in seinen „Lebens- und Schöpfungsgeheimnissen“ über die Sprache u. a. schrieb:

„... Die Sprache ist eine Mitteilung des Inneren eines Wesens durch die Außenwelt an ein anderes Wesen. Artikulierte Töne bergen alle Sprachen in sich, wodurch jeder Menschengeist seinem Nächsten kundgibt, was er ihm begreiflich machen will. In weiterem Sinne zählt zur Sprache auch jene der Gebärden, die den Inhalt der Rede zu verstärken trachten. Die zuweilen verwendeten unartikulierten Laute dienen nicht zum Ausdruck von Begriffen, sondern von Gemütszuständen und gehören, da auch anderen Geschöpfen zu eigen, mehr in das Reich der Töne als zur wirklichen Sprache. Letztere entstand, indem der Mensch durch artikulierte Töne entweder den Laut gewisser tönender Dinge nachahmen wollte, zum anderen jedoch eigentliche Laute *in sich* fand, die Bedürfnisse der Seele und des Körpers ausdrücken sollten. So mußten auch die ersten Menschen dieser Erde viele Worte aus sich selbst (!) erschaffen, viele andere aber erlernten sie durch ihre noch innige Verbindung mit der Geisterwelt: Worte, die stets in Entsprechung den betreffenden Gegenstand *geistig* bezeichnen.

In den ersten Zeiten, als die Völker noch mehr im inneren Erleben standen, erfanden sie ihre Sprache ihrem geistigen Zustande gemäß. Diesem entsprach ihre Wortgestaltung und Schreibweise. Wie aber die Menschen im Laufe der Zeiten von dem großen Naturgesetz abfielen, verlor sich auch ihre Gemeinschaft mit der geistigen Welt.

Seitdem haben sich Sprachen und Mundarten zu Tausenden ausgebildet und die Völker verstehen einander nicht mehr, weil die Sprachen vom Ursprung bis auf die Gegenwart zahllose Veränderungen erlitten. Die alte Ausdrucksweise der *Herzenssprache* wurde in eine verstandliche *Gehirnsprache* verkehrt, weshalb dem heutigen Menschen vieles verborgen erscheint, was dem einstigen mit Natur und Geist verbundenen Menschen der Vorzeit durch die *Namen* der Dinge offenbar war.

Der Unterschied in der Rede und Sprachbildung der einzelnen Menschen, Völker und Rassen ist so ausgedehnt, weil die Sprache als Ausdruck geistig unendlicher Begriffe gleichfalls in ihrer Erweiterung und Vervollkommnung unendlich sein muß. So ist die irdische Sprache nicht, wie viele Gelehrte glauben, ein dereinst künstlich erschaffenes Machwerk, sondern eine Erbschaft des Menschen aus anderen Welten. Vieles mußte hier auch weggelassen werden, weil der Geisteszustand der Menschheit und die sie umgebende Natur anders waren als dort, woher die Sprachelemente wirklich abstammten.

Die Verbindungskette zwischen den geistigen und stofflichen Welten trägt die Gabe der Sprache von einem Weltkörper zum anderen. Denn die Inkarnierung der Seelen von einem Gestirn zum anderen — stets bedingt durch freiwilliges Begehren — brachte auch die ersten vernunftbegabten Menschen schon mit einer gewissen Sprachfähigkeit auf diese Erde. Ihre Wortwahl und der Satzbau ihrer Rede war somit nicht ihr Werk, sondern ihr Erbteil von anderen Welten her. So entstanden aus der ursprünglichen Sprache durch den Entwicklungsgang der Menschheit eine weitere große Zahl von Nachfolgesprachen. Alle diese sind jedoch nur Anfänge und Abbilder von Sprachen, welche Geister aus anderen Welten mitbrachten, und die sich hernach — den Bedürfnissen und dem Bildungsgrad der einzelnen Völker gemäß — zu den jeweils lebenden Sprachen jedes Zeitalters umgestalteten. Dies ist der geschichtliche Verlauf, wie die Sprachen entstanden, längere Zeit blieben und wieder vergingen oder sich so veränderten, daß von ihrer ersten Muttersprache beinahe nichts mehr übrig blieb, je nachdem die Kulturen der Völker vorschritten oder verfielen.

Die großen, den geistigen Fortschritt bewirkenden Männer waren meist aus höheren Welten stammende Geistwesen. Sie schufen in der Geschichte mancher Völker die Grundlagen hoher Geistkulturen. Allein, immer wieder verhinderte der Rückfall in tierische Leidenschaften und Taten eine Höherentwicklung der Menschheit. Damit wurde auch die Inkarnierung reinerer Geister stets seltener und machte in der Mehrzahl niedrigeren Geistwesen Platz, deren Wirken sodann den Verfall alter Kulturen beschleunigte. Als Beispiel dienen Nationen wie Indien, Persien, Ägypten und andere, die einst Träger größter Weisheit und Natureinsicht waren. Von aller Größe ihrer Vorfahren blieben nur noch einige Überreste ihrer Sprache, die Zeugnis geben von der Tiefe ihrer einstigen Erkenntnis.

So sind auch die heutigen Sprachen nicht die letzten auf Erden. Es wird ihnen eine intensivere geistige nachfolgen, welche die Menschen erst dann erlernen werden, wenn sie ihre Verbindung zum Geisterreiche wieder so frei gestalten, wie es ehedem der Fall war. Je mehr sich die Wunder der geistigen Sphären schon dem irdischen Menschen entfalten werden, umso mehr werden neue Ausdrücke für jene geistig-seelischen Zustände erforderlich. Je höher der Standpunkt, desto vergeistigter wird die Sprache wieder werden, da es sich dann nicht mehr um äußere Formen, sondern um den inneren Gehalt handeln wird.

Die Sprache ist entsprechend dem geistigen Bildungsgrad der Bewohner auf allen Welten und Sonnenkörpern verschieden. Je edler die Seelen, desto geistiger ihre Redeweise, denn Sprache ist verkörpertes Geistiges. Das Bedürfnis nach Mitteilung findet sich schon in den unartikulierten Tönen der Tierwelt, sodann in den artikulierten Lauten beim Menschen, und in plastisch-geistigen Formen bei den Geistwesen und höchsten Engeln. Alles, was im Materiellen durch Laut und Ton mitgeteilt wird, wird dort nur in geistiger Entsprechung gefühlt und verstanden in einer Sprache, deren Gedankenschnelle der einzige Maßstab für irdische Begriffe sein könnte. Als gemeinschaftliches Band ist die Sprache ein Produkt der Liebe. Denn ohne Liebe keine Sprache und ohne das göttliche Anfangswort keine Schöpfung. Ohne Schöpfung kein Wesen, keine Liebe. Ohne Liebe kein Leben und ohne Leben kein Wille zur Mitteilung. So ist die Liebe Gottes und ihr Abbild im Menschen der Urgrund aller Sprache, weshalb auch geschrieben steht „Im Anfang war das WORT!" —

Und diese Feststellung erfordert einen Vorgriff auf die geistige Sprachdeutung, mit der sich spätere Kapitel des Buches befassen: Auch das deutsche Wort *„Sprache"* enthält fast unverändert die urtümliche Lautfolge s-p-r mit der Bedeutung „durch Lostrennung schaffen" (vgl. latein. separare = trennen). Auch das göttliche „Es werde" ist ein Heraustritt der Schöpfung aus den Tiefen der Gottheit. Der hinzutretende Laut „cha" aber hatte ursprünglich den Sinn „Kraft als Trägerin einer geistigen Idee". Womit das Wort „Sprache" schon durch seine Lautelemente den inneren Sinn „Schöpferkraft" anschaulich enthüllt! Ebenso, wie im Ausdrucke „Wort" schon der Sinn des Werdens und Gewordenen verborgen ruht. So und nicht anders gilt es zum Urworte durchzudringen, über dessen Lichtglanz noch vieles zu sagen sein wird.

II

VON DEN KRÄFTEN DER WORTE

„Die Rede führt nicht allein den Gedanken, sondern auch die Kraft des Sprechenden mit sich und ist eine Energie, die dem Hörer entgegengesendet wird."

Agrippa v. Nettesheim

VON DEN KRÄFTEN DER WORTE

Was bisher von der Gesamtheit der Sprache ausgesagt wurde, daß sie gestaltende Schöpferkraft sei, gilt ebenso für jedes *Einzelelement*, aus denen sie gefügt ist. So ruht bereits im Wort — das heute oftmals so gedankenlos gewählt wird — eine immanente Kraft, die im Sprecher und Hörer auf magische Art Vorstellungen, Empfindungen und Willensakte hervorruft. Wie oft vermag ein einziges „treffendes Wort“ zur Ursache nachhaltiger Wirkungen zu werden, die geistige und seelische Bindungen knüpfen oder zerstören, je nach der guten oder bösen Strahlkraft, die dem Worte ent-sprechend innewohnte.

Sich von einer Rede „angesprochen“ fühlen, heißt doch, sich die innere Empfindungswelt ihrer Worte zu eigen machen: ein geistiger Akt, der weit über das Verstandesdenken hinausreicht in jene Urgründe der Sprachschöpfung, von der *G. Mayerhofer* schrieb:

„... Das Wort ist nichts anderes als ein verkörperter Gedanke, der, zum Begriff gediehen, sich nach außenhin kundgibt. Es ist daher das Wort ein geistiges Schaffen und trägt wie alle Schöpfungen ein Dreifaches in sich: Geist, Seele und Körper, oder Gedanke, Begriff und Wortausdruck. Das Wort ist somit der verkörperte Begriff, erzeugt durch den Gedanken. Der Gedanke ist das anregende Prinzip, die Begriffsgestaltung aber gewinnt Form, Gehalt und Bedeutung erst durch das Wort als sichtbares Zeichen einer unsichtbaren Schöpfung.

Wie in der Schöpfung ein Ding auf das andere einwirkt,

so daß kein geschaffenes Wesen sich diesem Bereiche entziehen kann, ebenso wenig steht ein Wort ohne Wirkung auf andere in der geistigen Welt da. Indem das Wort ein schaffendes und geistig erregendes Produkt darstellt, ist es selbst bei Benützung materieller Kräfte immer ein sinnlich wahrnehmbares Zeichen geistigen Lebens.

Ehe der Mensch ein Wort ausspricht, sollte er bedenken, was er damit in Bewegung setzt. Wohl steht das Aussprechen in seiner Macht, jedoch die Wirkung und Tragweite des gesprochenen Wortes liegt weit außer seinem Bereiche. Denn es gehört nicht mehr ihm, sondern der ganzen Geisterwelt an, wo es seinem Ursprunge gemäß fortwirkend Gutes oder Böses erzeugt. Ferner soll der Mensch auf Inhalt und Bedeutung eines Wortes genau achten: Worte sind Träger geistiger Potenzen, die oft unter Unscheinbarem Vieles und Großes verbergen! Es ist die Macht des Inhaltes, die den Angesprochenen zu ergreifen vermag. Somit ermesse ein jeder die Tiefe und Tragweite seiner Rede, die als lebendige Wortschöpfung unendlicher Fortwirkung fähig ist ..."

Agrippa von Nettesheim, der bedeutendste Chronist des magisch-mystischen Wissens einer Zeit, die zu Beginn der Renaissance das Erbe des Mittelalters antrat, schrieb in seinem großen Werke „Occulta Philosophia" zu diesem Thema:

„... Die Vernunft drückt sich in Wort und Rede aus mittels der Stimme, wodurch der Mensch alle geschöpfliche Kreatur weit überragt. Der Ausdruck ‚*Logos*' bedeutet daher bei den Griechen die Vernunft, das Wort und die Rede. Nun gibt es aber ein innerliches und ein ausgesprochenes Wort. Das erstere ist die Bewegung der Seele, die in der Gegenwart des Gedankens ohne die Stimme vor sich geht, wie wir ja auch in Träumen zu sprechen scheinen.

Das gesprochene Wort hat seine Wirkung durch die Stimme und in der Eigentümlichkeit der Aussprache, und wird mit dem Atem des Menschen durch die Offenbarung des Mundes hervorgebracht. Die Rede führt nicht allein den Gedanken, sondern auch die Kraft des Sprechenden mit sich und ist eine *Energie*, die den Zuhörern entgegengesendet wird. Jene Worte aber sind von größter Wirksamkeit, welche geistige und himmlische Dinge sowohl auf eine verständliche wie auch auf eine mystische Weise darstellen. Sie sind gleichsam Zeichen und Vorstellungen, welche die Kraft übernatürlicher Dinge besitzen. Dies sowohl der Dinge wegen, die sie bezeichnen und deren Träger sie sind, als auch wegen der Macht, die ihnen die Kraft ihres Ursprunges verliehen hat..."

Dann streift *Agrippa* in Kap. 70 des genannten Werkes jene geheimnisvollen Beziehungen zwischen Wesen und Namen, die für die Sprachbildung der Urmenschheit so charakteristisch waren:

„... Die natürliche Kraft der Dinge geht zuerst vom Objekt zu den Sinnen, von diesen zur Einbildungskraft, von dieser zum Verstande, in welchem der Begriff entsteht, der hierauf durch das Wort und die Stimme ausgedrückt wird. Die Platoniker sagten deshalb, in den Worten und Namen sei unter der Form die Kraft der Sache lebendig verborgen: ein Leben, das durch die Samen der Dinge empfangen, durch das Wort geboren und zuletzt durch die Schrift erhalten wird. Es sind daher die *Eigennamen* der Dinge gewisse Strahlen derselben, welche die Kraft der Dinge bewahren, sofern das Wesen der bezeichneten Sache in ihnen herrscht. Denn die wahren Eigennamen der Dinge gehen aus den Eigenschaften ihrer Einflüsse und der Körper, die in sie influieren, hervor und sind göttlicher Herkunft. Indem der erste Mensch die Einflüsse der himmlischen Kräfte und die Eigenschaften aller Wesen und Dinge erkannte, gab er ihnen ihre Namen nach dem, was sie in Wahrheit sind. (Siehe Moses, Genesis I: „Gott führte alles Geschaffene Adam vor, damit er ihm einen Namen gäbe. Und wie er ein jedes Ding benannte, dieser Name blieb ihm".) Solche alte Namen enthalten noch die wunderbaren Kräfte der bezeichneten Dinge. Stehen in irgendeinem Wort oder Namen die Bezeichnungen durch den Menschen mit dem Einfluß der himmlischen Harmonie im Einklang, so ist ein solcher Name von höchster magischer Wirkung, wenn er mit einer genau ausgedrückten Absicht bei einem seiner Natur nach für ihn empfänglichen Stoff gebraucht wird . . ."

Im folgenden Kap. 71 gibt *Agrippa* Hinweise auf die Kräfte, die im magischen Gesangsausdruck liegen und durch die gelenkte Schwingung des Tons die Wirkung der Rede zu steigern vermögen. Was hier von den Anrufungen und Beschwörungsformeln der zeremoniellen Magie behauptet wird, findet seine konforme Anwendung in allen Religionen und ihren Liturgien. Es zählt zum Urwissen der Menschheit, daß *kultische Gesänge*, oft auch gepaart mit rhythmischen Tänzen, das Unterbewußtsein des Menschen in besonderem Maße mit den geistseelischen Sphären verbinden. Darum sagt Agrippa:

„ . . . Die Kraft der Wahrheit liegt nicht nur in den einzelnen Worten, sondern mehr noch in ganzen Sätzen, wodurch etwas Geistiges bejaht oder verneint wird. Hierher gehören die Gesänge, Zaubersprüche und Verwünschungen, Gebete und Anrufungen, Beschwörungen, Exorcismen und dgl. Die Sprache solcher Gesänge muß in ihrer Gliederung einem bestimmten, mit dem Gegenstand übereinstimmenden Zahlen- und Maßverhältnisse entsprechen. Solche Wortgesänge voll Geist und Sinn konzentrieren durch ihre

Form die Einbildungskraft und äußern unmittelbar ihre Wirkung auf den beschworenen Gegenstand oder Zustand. Das Werkzeug hiezu aber ist ein reiner, harmonischer, Atem und Leben besitzender Geist, der mit Gefühl begabt und von Vernunft durchdrungen ist. Während die Worte der Rede nach ihrem gewöhnlichen Rhythmus und in ihrer üblichen Form auch die gewöhnlichen Wirkungen hervorbringen, wirken dieselben in außergewöhnlicher Ordnung auch auf ungewöhnliche Weise ..."

Diese seltsame Macht des Tons ist nicht ein akustisches Phänomen, sondern ein tiefgeistiger Vorgang. Hinter dem irdisch wahrnehmbaren Ton der Musik oder Rede liegt eine jenseitige Sphärenwelt, aus der heraus sich der hörbare Ton durch Ätherverdichtung erst offenbart. Darüber empfing z. B. *Jakob Lorber* eine profunde Belehrung, aus der hier auszugsweise zitiert sei:

„... Ihr müßt euch unter Ton nicht den Klang denken, sondern eine *geistige Form.* Hinsichtlich des wahren Tones sind die äußeren Töne nicht mehr, als da ist die tote Rinde eines Baumes gegen dessen inneres geistiges Leben. Der Ton ist in Wahrheit ein Sichkundgeben der endlos vielen harmonischen Formen, wie solche aus den unsichtbaren Welten in die Materie hereinragen. Und wenn ihr einen Ton gespielt oder gesungen habt, so hat sich durch den Klang eine ganze Schöpfung unzählbarer Geistwesen aller Art für euer Ohr vernehmbar gemeldet. Wenn euch bei harmonischen Gesängen eine große Ahnung befällt und euch die geistig lebendigen Formen förmlich ergreifen, so seid ihr noch blind und nagt an der Rinde ohne zu bedenken, daß durch den geistigen Ton eines alleinigen WORTES alle Dinge der ganzen Unendlichkeit hervorgegangen sind. Indem die Töne als ein geistiges Produkt nur einem Geiste mitgeteilt werden können, ist ihre Sprache der noch unvollkommenen Seele nicht zugänglich. Sie kann die Macht des Tones wohl ahnen, kann sie jedoch nicht sich deutlich machen. Deshalb gehen auch reine Musik und Wortgesang ihrem *inneren Wesen* nach unverstanden über die Erde hinweg. Die Erhabenheit fühlt ein jeder, nur um das Warum weiß keiner ..."

Aus dieser Deutung des Tons werden die Darlegungen Agrippas ebenso begreiflich wie die Aussage *Swedenborgs*, der von der Sprache der Engel berichtet, sie sei tönendes Gefühl und redendes Denken. Und zu dieser Sprache bemerkt der nordische Seher weiter:

„... Die Engel des himmlischen Reiches sprechen dieselbe Sprache wie die Bewohner der geistigen Sphären, nur klingt sie im Reiche der himmlischen Liebe weich und gleichmäßig, im geistigen Reiche der Wahrheit schwungvoller und verhaltener. Im himmlischen Reich tönt sie mehr in den Vokalen A und O, im geistigen in E und I, denn die *Vokale* geben den Ton an, und der Ton gibt die Empfindung wieder. Da die Vokale nicht die eigentliche Sprache bilden, sondern nur bei jedem die Worte je nach seinem Gefühlswert durch die Hebung des Tones erklingen lassen, sind sie in der hebräischen Sprache — die noch viel Geistiges in sich trägt — nicht verzeichnet und werden beliebig in ihr ausgesprochen.

An den Vokalen erkennen die Engel die Liebe und Gesinnung eines Menschen. Die himmlische Sprache kennt keine harten Konsonanten und geht selten von einem Konsonanten in den anderen über, höchstens durch Einfügung eines Wortes, das mit einem Vokal beginnt. (Deshalb wird in der Hl. Schrift so oft das hebr. Wort „wa" = und eingefügt, das weich ist und aus den Vokalen U und A besteht.) So läßt sich an den Worten des Alten Testaments ungefähr erkennen, zu welchem Bereiche sie gehören, zum himmlischen oder geistigen, d. h. ob sie das Gute oder das Wahre ausdrücken. Im ersten Fall haben sie viel von U und O, auch etwas von A in sich, im zweiten Fall vorwiegend von E und I. Da Empfindungen sich hauptsächlich in Tönen äußern, verwandte man in den alten Sprachen zur Bezeichnung erhabener Dinge der göttlichen Himmelsphäre mit Vorliebe Worte mit den tiefgründigen Vokalen U und O.

Im griechischen Text heißt der HERR das Alpha und das Omega, weil diese Buchstaben A und O die ersten und letzten im griechischen Alphabet sind, daher sie *alles im Inbegriff* bedeuten. Jeder Buchstabe des Alphabets bezeichnet in der geistigen Welt irgendeine Sache, und zwar die Vokale, weil sie dem Ton der Sprache dienen, etwas die Neigung oder Liebe Betreffendes. Diesen Ursprung hat die Sprache der Engel und Geister und auch weite Teile der Hl. Schrift, was bis jetzt ein Geheimnis war ..."

Solches Gedankengut über Wort und Sprache ist nicht etwa nur auf die bisher zitierten Mystiker der christlichen Esoterik beschränkt. Indem das WORT die höchste Offenbarung des Geistes darstellt, dienten seinem Mysterium schon die Geheimlehren ältester Kulturkreise und Religionen. In *Altägypten* urständet jenes merkwürdige Buch Thot, als dessen Schreiber der große Eingeweihte Hermes Trismegistos gilt, dem die Überlieferung auch die Erfindung der ältesten Hieroglyphenschrift zuschreibt. Teile dieses Buches sind in Form der ägyptischen *Tarot-Symbole* bis auf die Gegenwart erhalten geblieben und bilden für den, der sie richtig zu deuten weiß, wohl die wertvollste Unterlage der geistigen Laut- und Sprachforschung. In einem späteren Kapitel findet der Leser eine eingehende Analyse jener Lautmystik des Tarot, die allein den Schlüssel zum Ur-Alphabet der Menschheit zu geben vermag.

Dieses Weistum Urägyptens ging als die „Kabbala des Horus“ in die Mystik des *semitischen* Kulturkreises ein. (Hebr. kabal = überliefern, Horus = das altägyptische Symbol für den Hl. Geist.) Aber nicht nur das: die 22 großen Arkana (Geheimnisse) des Tarot samt ihren Namen wurden unverändert als das althebräische Alphabet in völlig gleicher Reihenfolge übernommen! Und hierin besitzen wir den zweiten Schlüssel, der uns so manche okkulten Kräfte der ursprachlichen Namensgebung wird verstehen lassen. Eine der Grundschriften der semitischen *Kabbala* und ihrer Emanationslehre ist das Buch „Sepher Jezirah“ (Buch der Schöpfung), das sich speziell mit den geistigen Kräften der alphabetischen Lautwerte befaßt und zur Unterlage aller kabbalistischen Wortmagie geworden ist. Kein Wunder, daß wir daher in Agrippa v. Nettesheims Werk auf die Kräfte der hebräischen Buchstaben besonders verwiesen werden:

„... Die Rede des Menschen hat der Allmächtige in verschiedene Sprachen geteilt, die alle ihnen eigentümliche Schriftzüge angenommen haben. Diese sind nicht zufällig nach der Willkür der Menschen, sondern so gebildet, daß sie mit den göttlichen und himmlischen Körpern und Kräften übereinstimmen. Unter allen Schriftzeichen und Sprachen ist jene der *Hebräer* die heiligste, sowohl durch die Gestalt ihrer Buchstaben als auch durch die Laute ihrer Vokale und Akzente, so daß sie gleichsam in Materie, Form und Geist besteht ... So werden aus den Charakteren und Tonzeichen dieser Sprache die Namen aller Dinge gebildet, welche die Schöpfung bezeichnen — gleichsam als Symbole und Vehikel der Dinge, deren Wesen und Kräfte sie mit sich führen. Wenn es also eine erste und uranfängliche Sprache gibt, deren Worte eine naturgemäß *rechte* Bezeichnung haben, so ist es die althebräische

Sprache. Wer ihre Ordnung von Grund aus versteht und ihre Buchstaben richtig in Worten zu formen weiß, der wird eine Norm und Richtschnur für *jedes* Idiom darin finden. Allen hebräischen Buchstaben entsprechen auch Zahlen, deren Maße Himmel und Erde miteinander verbinden ..."

Werfen wir nach kurzer Betrachtung der Wortmystik des ägyptisch-semitischen Kulturkreises noch einen Blick auf die altiranischen und altindischen religionsphilosophischen Epen, so finden wir selbe in zwei uralten Sprachen abgefaßt: *Awesta und Sanskrit.* Beide bilden zusammen mit Althebräisch die drei „heiligen Sprachen", deren Kraft der Worte noch aus dem Born einer ursprachlichen Gemeinschaft schöpfte. Begreiflich, daß Völker solch einstiger Kulturhöhe Seher und Weise hervorbrachten, die — mit den Geheimnissen der Wort- und Namensgebung eng vertraut — der Nachwelt die Funde ihrer Meditationen hinterließen. Unter den verschiedenen Yoga-Lehrsystemen Altindiens findet sich auch eines, das „Mantra-Yoga" genannt wird. Es lehrt das Durchdringen zu den höheren Bewußtseinsebenen mittels Konzentration auf die Lautkräfte, die als Abbild des göttlichen Logos im Menschen wirken und weben.

Wie sich das kontemplative Denken Indiens mit dem inneren Wesen des Wortes auseinandersetzt, mögen einige Zeilen aus dem Buche „Karma-Yoga und Bhakti-Yoga" von Swami Vivekananda (Rascher-Verlag Zürich 1951) erhellen. In dem Kapitel „Wort und Weisheit" lesen wir u. a.:

„... Die Keime geistigen Wissens müssen meist mit Hilfe von entsprechenden Worten (mantra) übermittelt werden, über die sodann meditiert wird. Was sind nun diese Mantras? Alles im Weltall besitzt Name und Gestalt als Voraussetzung seiner Manifestation. Innerhalb des menschlichen Mikrokosmos gibt es keine einzige Welle des Denkens, die nicht durch Namen bedingt wäre. Da die Natur durchgängig nach dem gleichen Prinzip angelegt ist, muß diese Bedingtheit durch Name und Gestalt auch das Prinzip sein, das dem *ganzen* Kosmos zugrunde liegt. So muß das Wissen um den Menschen zum Wissen um das Weltall führen.

Nun ist Gestalt die äußere Schale, deren innerstes Wesen und Kern der Name (die Idee) ist. Der Körper ist die Gestalt, der Geist ist der *innere Name*. Lautsymbole sind ohne Ausnahme überall da mit einem Namen verbunden, wo Geschöpfe der Sprache mächtig sind. Im Menschen müssen sich die Gedanken zunächst als Wörter und dann als die konkreteren Formen (Begriffe) manifestieren. Im Weltall offenbart sich Brahman, das universelle göttliche Bewußtsein zuerst als Name (Schöpfungsidee) und dann als die gestaltgewordene geschaffene Welt. Die ganze sichtbare und greifbare Welt ist die Gestalt, hinter der dieser ewig unaussprechliche Name steht: *Spota*, das ist der Logos, das Wort, welches sich offenbart.

Dieser Spota (Schöpfungswille) ist die Kraft, aus der Gott das All erschuf. Als allein mögliches Lautsymbol hat er ein einziges Wort, es lautet in der menschlichen Sprache AUM. Dies allein, weil die drei Buchstaben A-U-M, die zusammen wie OM ausgesprochen werden, das eine Symbol für alle anderen Laute sein können. Alle artikulierten Laute werden in der Mundhöhle gebildet, im Raum zwischen Rachen und Lippen. Das A ist der Kehllaut, das M der Lippenlaut, das U erhält seinen Anstoß im Rachen und rollt von dort weiter bis zu den Lippen. Richtig ausgesprochen, stellt somit *OM* die ganze Lautbildung dar, was keinem anderen Wort in diesem menschlichen Maße möglich ist.

So wie Gedanke und Lautsymbol untrennbar miteinander verbunden sind, läßt sich diese Verbundenheit auch auf die vielen verschiedenartigen Aspekte von Gott und Weltall (Namen) anwenden: jeder dieser Aspekte muß in einem besonderen *Wortsymbol* seinen Ausdruck finden. Diese Namen, der tiefsten geistigen Schau der Weisen entsprungen, sind der genaueste Wortausdruck einer besonderen Wesensseite Gottes und des Weltalls, für die sie als Spota gesetzt sind. Sie alle sind bedeutsam bei der Meditation über das Göttliche und der Erwerbung wahren geistigen Wissens ..." (Und hier wieder ein Vorgriff auf die geistige Namensdeutung: Der Sanskritausdruck „Spota" enthält [ebenso wie „Sprache"] die ursprachliche Wurzel SP, hier in Verbindung mit dem Laut der Vollendung Ta, hebräisch Tau. Spo-ta hieße demnach „vollendete Trennung", im Sinne eines durchgeführten göttlichen Schöpfungsaktes als Hinaustritt einer Idee. Und der heilige Name AUM der Inder findet sein Gegenstück in dem christlichen AMEN, das bekanntlich die Bekräftigung einer Wahrheit bedeutet.) —

Das östliche Weisheitsgut wurde dem Westen besonders durch das umfangreiche Werk „Die Geheimlehre" von *H. P. Blavatsky,* der Begründerin der Theosophischen Gesellschaft, nähergebracht. Zum Abschluß unserer Streiflichter seien hier nur wenige, aber treffende Worte daraus angeführt:

„... Ein Wort aussprechen heißt einen gefaßten Gedanken hervorrufen. Die magnetische Kraft der menschlichen Sprache ist der Anfang einer jeden okkulten Manifestation. Die Rede eines Menschen ist, ihm selbst ganz unbewußt, ein Segen oder ein Fluch. Namen oder Worte sind wohl- oder übeltätig, entsprechend den verborgenen Einflüssen, die von der höchsten Weisheit in ihre Elemente gelegt wurden, d. h. in die Buchstaben, die sie zusammensetzen, und in die Zahlen, die diesen Buchstaben entsprechen. Im Sanskrit wie im Hebräischen und auch anderen Alphabeten hat jeder Laut seine verborgene Bedeutung und seinen Daseinsgrund. Er ist Ursache und Wirkung, und eine bestimmte Verbindung von Buchstaben bewirkt oft einen höchst magischen Effekt. Insbesondere die *Vokale* haben die geheimsten und stärksten Kräfte.

Das gesprochene Wort hat eine Macht, die von den modernen Gelehrten weder vermutet noch geglaubt wird. Weil Ton und Rhythmus in enger Beziehung zu den vier *Elementen* der Alten stehen, erwecken diese oder jene Schwingungen im Luftäther auch die entsprechenden Geistkräfte, wobei die Vereinigung mit ihnen je nach der Art eine gute oder böse Wirkung hervorruft. Buchstaben als vokalische Töne können nicht anders als Musiknoten entsprechen, daher auch Zahlen und Farben, daher auch Kräften und Elementen. Das Sanskrit-Alphabet und andere alte Sprachen haben neben anderen Kräften eine Zahl, eine Farbe und eine Silbe für jeden Laut, wie auch das alte Hebräisch des Moses ...“

So bildet das Wissen um die Mystik und Magie des Wortes ein gemeinsames Erbgut aus ältesten Menschheitstagen. Ihm schlossen sich immer wieder neue Seher und Weise an, deren Gotterleuchtung von der Kraft des Wortes und der Namen Zeugnis ablegte. Was sie davon überlieferten, gibt uns manche Fingerzeige, um nicht nur ursprachliche Mysterien, sondern auch solche *unserer* Muttersprache und anderer lebender Sprachen neu erschließen zu lernen. Denn in alle Sprachen bis auf die Gegenwart retteten sich bedeutende Reste des ursprachlichen Schöpfertums, man muß nur tiefer schürfen als die Philologen und Etymologen, um sie zu finden. Dann wird sich zeigen, daß nicht nur die Worte, sondern bereits die Einzellaute als ihre Formbildner Träger eines Ur-Sinns geblieben sind, der noch heute verborgen einen jeden Sprachausdruck bestimmt.

Weil aber *jeder* Laut (als geistiger Ton) im Menschen als Abbild des Schöpfers ruht und aus dem Innersten erweckt werden kann, prägte in einem anthroposophischen Vortrag Dr. Rudolf Steiner nicht zu Unrecht den Satz: „*Der ganze Mensch ist das ganze Alphabet!*" Wird der Geistmensch der Zukunft einmal die Strahlkräfte des Wortes — durch den Kehlkopf zeugend — seherisch zu gestalten wissen, dann wird seine Sprache (= Schöpferkraft) zum *Samen* (griechisch sper-ma = Schöpfermacht!) neuer geistiger Welten werden. Und es wird an ihm offenbar werden das Geheimnis des Gottessohns, den die christliche Esoterik den LOGOS, das Weltenwort und Weltenlicht nennt.

III

DER SCHLÜSSEL ZUM TURMBAU-MYTHOS

„Lasset uns ihre Sprache verwirren, daß keiner des anderen Rede verstehe."

1. Mose 11,7

DER SCHLÜSSEL ZUM TURMBAU-MYTHOS

Eine geistige Sprachstudie

Was Swedenborg und Lorber über den geistigen Gehalt der urtümlichen Sprachen niederschrieben, findet seine tiefste Bestätigung in jenen Schriften des Alten Testaments, die noch in dieser Sprache verfaßt wurden und nur durch deren Kenntnis ihren wahren Sinn offenbaren. Es sind dies in erster Linie die fünf Bücher Mosis und die inspirierten Prophetenwerke Israels und Judas. Wenn die symbolische Entsprechung als der Kern ursprachlicher Redeweise gilt, dann verbirgt sich auch hinter der bildhaften Bibelerzählung vom Turmbau zu Babel und seinen verwirrenden Folgen ein geistiges Menschheitsgeschehen bedeutsamster Art. Dem äußeren Sprachenbabel der Völker mußte ein geistig-seelischer Verfall vorausgegangen sein, der die Menschen ihrer inneren Anschauung beraubte und ihnen die Gabe ursprünglicher Sprachgestaltung benahm.

Was die fünf Bücher des Mose in Wahrheit festhalten, sind keine historischen Ereignisse auf irdischem Plan. Es sind Darstellungen der geistigen Entwicklungsgeschichte der Menschheit, gekleidet in die Historie eines Volkes und abgefaßt in der alten Entsprechungssprache, deren natürlichen Bildern stets ein weit tieferer geistiger Sinn zugrunde liegt. Über diese Ausdrucksweise lesen wir z. B. in Lorbers „Großem Evangelium Johannis“ u. a.:

„... Die Wissenschaft der Entsprechungen ist die innere Schrift und Sprache der Seele und des Geistes in der Seele.

Wer diese Sprache verloren hat (das „verlorene Wort"!), versteht die Schrift unmöglich und ihre Sprache kommt ihm in seinem toten Weltverstande wie eine Torheit vor. Denn die Lebensverhältnisse des Geistes und der Seele sind anderer Art als die des Leibes. So ist auch das Hören, Sehen, Fühlen, Denken und Reden wie auch die Schrift des Geistes anders beschaffen als unter den Menschen der Naturwelt. Darum kann das, was ein Geist tut oder spricht, *nur* auf dem Wege des alten Entsprechungswissens (Bildersprache, Gleichnisse!) dem irdischen Menschen begreiflich gemacht werden.

Die Menschen haben diese Wissenschaft (Analogie, Lehre der Symbolik) durch ihre eigene Schuld verloren (einseitige Verstandesentwicklung!). So haben sie sich selbst außer Verkehr mit den Geistern aller Regionen und der Himmel gestellt und können daher diese innere Schrift nicht mehr fassen. Sie lesen die geschriebenen Worte nach dem Laute des toten Buchstabens und begreifen nicht, daß der Buchstabe niemals beleben kann, sondern daß nur sein innerer verborgener Sinn lebendig macht." (Bd. IX/93.)

Diese verschlüsselte Esoterik des Alten Testaments allein ist der Grund, warum es sogar in den Kodex der Hl. Schrift des Christentums übernommen wurde. Der orthodoxen Theologie ist dieser Umstand längst nicht mehr bewußt. Sie erblickt den Wert allein in der historischen Heilsgeschichte Gottes an einem auserwählten Volke, aus dem später Christus hervorging. Und doch müßte sie bedenken, daß bei wörtlicher Auffassung der alten Bibelberichte eine Fülle scheinbarer Widersprüche und Sinnlosigkeiten ein tieferes Verständnis geradezu unmöglich macht.

Am Beispiel der Turmbau-Erzählung soll nachstehend versucht werden, etwas von jenem inneren Sinn aufzuschließen, der solchen Berichten erst den wahren geistigen

Wert verleiht. Zumeist wird diese Erzählung geschichtlich oder prähistorisch gedeutet, ohne dafür mehr Anhaltspunkte zu besitzen als ein paar archäologische Ausgrabungen und Schriftfunde. Diese weisen auf drei „Sikkurat" genannte turmartige Tempelbauten in Altbabylon hin, einst geweiht einem Gotte Marduk und später einem folgenden Baalskult. Was diese Bauten jedoch mit der Sprachenverwirrung der Völker und ihrer Zerstreuung in alle Welt zu tun haben, bleibt unerfindlich. Andere Exegeten (Bibelausleger) erblicken in jenem Berichte nichts anderes als einen bilderreichen Mythos mit der Moral „Hochmut kommt vor dem Fall". Nun, der große Eingeweihte und Seher Moses hat tiefer geblickt und mit der Turmbaulegende die Schilderung eines großen Kapitels des geistigen Menschheitszustandes jener Zeit der Nachwelt überliefert.

Im 11. Kapitel der Genesis, der Schöpfungsgeschichte Mosis, steht geschrieben, was die Übersetzung Luthers wie folgt wiedergibt:

„Es hatte aber alle Welt einerlei Zunge und Sprache. Da sie nun zogen gegen Morgen, fanden sie ein ebenes Land Sinear und wohnten daselbst. Und sie sprachen untereinander: Wohlauf, laßt uns Ziegel streichen und brennen! Und nahmen Ziegel zu Stein und Ton zu Kalk und sprachen: Wohlauf, laßt uns eine Stadt und einen Turm bauen, dessen Spitze bis an den Himmel reiche, daß wir uns einen Namen machen. Denn wir werden sonst zerstreut in alle Länder. Da fuhr der Herr hernieder, zu sehen die Stadt und den Turm, die die Menschenkinder bauten. Und der Herr sprach: Siehe, es ist einerlei Volk und einerlei Sprache unter ihnen allen. Sie haben das angefangen zu tun und werden nicht ablassen von allem, was sie sich vornahmen zu tun. Wohlauf, lasset uns herniederfahren und ihre Sprache daselbst verwirren, daß keiner des anderen Sprache verstehe! Also zerstreute sie der Herr von dort in alle Länder, daß sie mußten aufhören, die Stadt zu bauen. Daher heißt ihr Name *Babel*, weil der Herr daselbst verwirrt hatte aller Länder Sprache und sie zerstreut von dort in alle Länder ..." (Vers 1—9.)

Soweit dieser merkwürdige Bericht, zu dem die Ratio, der „gesunde Menschenverstand", etwa bemerkt: „Unbegreiflich, warum der Allmächtige ein irdisches Bauwerk mißbilligte, dessen Turm wohl kaum die Höhe der Cheopspyramide erreicht hätte! Außerdem: wozu die folgende Sprachenverwirrung, wozu die Zerstreuung in alle Welt? Ein kleines Erdbeben, und die ganze Konstruktion der Bauleute wäre ins Nichts versunken. Und überhaupt: wie allzu menschlich und rachsüchtig, dieser Jehowa! Was kann Gott daran liegen, ob die Menschen sich rühmen, große Baumeister geworden zu sein? Im Gegenteil: Das ist doch ein Beweis kulturellen Fortschritts, noch dazu im Zeichen einer völligen Einigkeit, die wir heute schmerzlich vermissen ..."

So ähnlich und mit hundert Gründen mehr muß der Menschenverstand dieses Märchen als unsinnig ablehnen. Ebenso töricht wie alle anderen Geschichten des Moses, die für das logische Denken nur ein Ärgernis bilden. Von *diesem* Standpunkte ist ein solches Urteil kaum zu widerlegen. Aber — sind jene Bibelworte selbst dem Buchstaben nach nicht auch anders lesbar? Und haben alle Übersetzungen wirklich der vielfältigen Bedeutung mancher hebräischer Wörter Rechnung getragen? Hierzu kommt noch eines: Bekanntlich wurden die altsemitischen Sprachen vokallos geschrieben. So finden sich auch die religiösen Texte der Juden (das Alte Testament, die Thora genannt) nur in Konsonantenschrift vor. Den mit der mündlichen Überlieferung vertrauten Schriftgelehrten blieb es überlassen, durch Einsetzen von Vokalen die Worte erst lesbar zu machen und ihnen damit die traditionelle Bedeutung zu verleihen. Erst als gegen Ende des ersten Jahrtausends *nach* Christus die richtige Aussprache des Althebräischen gänzlich zu verwildern drohte, legte eine jüdische Gelehrtenschule, die sogenannten Massoreten, durch ein Punktierungssystem die vokalische Lesart der heiligen Schriften verbindlich fest.

Wie Jesus schon über die Schriftgelehrten seiner Zeit und über ihre geistige Blindheit dachte, erhellt das 24. Kapitel des Evangelium Matthäus („Wehe euch, ihr Schriftgelehrten . . . !"). Daher brauchen wir keinesfalls die endgültige Vokalfixierung der späteren Massoreten als die Entschlüsselung der letzten Geheimnisse des Alten Testaments zu betrachten. Auch ist die Zuverlässigkeit der schriftlichen Überlieferung über Jahrtausende hinweg nicht derart, daß sie nicht durch Abschreibefehler oftmals entstellt wurde. Allein die Massoreten entdeckten nicht weniger als 1300 solch offenkundiger Fehler in alten Texten der Thora. Daher bilden alle hebräischen Bibeldrucke einen Mischtext verschiedener Bearbeiter, so auch die Bibelausgabe von Brescia ex 1494, nach der Luther das Alte Testament übersetzte.

Nehmen wir uns nun — bei strenger Beibehaltung des überlieferten Konsonantentextes — die erlaubte Freiheit, da und dort anders zu vokalisieren bzw. ein Wort zu zerlegen, das zusammengezogen erscheint, so ergeben sich zuweilen ganz neue Wortbedeutungen, die ein überraschendes Licht auf manchen dunklen Text zu werfen vermögen. Es ist eines jener Mittel, zum ursprachlichen Sinn mancher Schlüsselworte durchzudringen und damit aufzudecken, was die Entsprechungswissenschaft darin verborgen niedergelegt hat. Auch die Beiziehung eines umfangreicheren hebräischen Wörterbuches (z. B. Dr. E. König „Hebräisches Wörterbuch zum Alten Testament") erweist sich oft als sehr dienlich, um aus der Fülle mancher Wortbedeutungen das Sinngemäße auszuwählen. Letzten Endes aber geht es ohne Erfassen des Wesens der Symbolik durchaus nicht an, der Hl. Schrift auf den Grund kommen zu wollen. Inspirative Einfühlung wird nur gewonnen aus dem Innewerden jener Beziehungen, die das Obere mit dem Unteren, die geistige mit der natürlichen Welt untrennbar verknüpfen. Entsprechungsbilder sind niemals willkürlich gewählt, sondern immer das Ergebnis einer inneren Schau, die das verborgene Wesenhafte mit seiner natürlichen Ausdrucksform verbindet.

Nach diesen Voraussetzungen sei nun versucht, dem Turmbaubericht die geistige Seite abzugewinnen und damit einen Weg zu beschreiten, der die Gottesweisheit der Genesis ins rechte Licht des Verständnisses rückt. Alle Bibelübersetzungen geben mehr oder weniger getreu den äußeren Wortlaut, den Buchstabensinn der Urschrift wieder. So auch die Fassung Luthers, wenn er übertrug:

Genesis 11, Vers 1: *„Es hatte aber alle Welt einerlei Zunge und Sprache."*

Kommentar: Im hebräischen Text steht nicht Welt (tewel), sondern Erde (arez). — Ferner nicht Zunge (laschon), sondern Lippe (saphah). — Und für Sprache steht das Wort „dawar". — Das bedeutet in geistiger Entsprechung: „Erde" (arez) bezeichnet die größte Verdichtung des Geistes im Stoff, das irdische Denken des Menschen, sein rationelles Verstandesleben. — Die „Lippe" (saphah) stellt das äußerste Glied der Sprechwerkzeuge dar. Die geistige Analogie dazu: das *äußere* Wort, die menschliche Sprache. — „Dawar" = hebräisch sprechen, ist gebildet aus da = die Gabe und war = das Wort. Geistig wird darunter das innere Wort verstanden. — Damit aber ergibt sich der wahre Sinn des Verses:

„Im Denken der Menschen stimmte das äußere Wort mit dem inneren Wort überein."

Vers 2: *„Da sie nun zogen gegen Morgen, fanden sie ein* ebenes Land SINEAR und wohnten dortselbst."

Kommentar: Das textliche „nas'am" *) heißt nicht wegziehen, sondern eine Gemeinschaft aufgeben. (nasa' = abbrechen, ausreißen, amah = Mutterschoß, Grundlage). — „Kedem" = Osten als Sonnenaufgang, aber auch Urbeginn, Urzeit. (Mi-k'adam = von Adam her!) — Biq'ah heißt nicht ebenes Land, sondern Spalte, Tal, Niederung (von baqa' = spalten). — Das „Land Sinear": Land = Erde, siehe oben! — Sinear (richtig sin'ar) wurde als Eigenname eines Landes aufgefaßt und blieb daher unübersetzt. Und doch genügt ein Blick in das Wörterbuch, um festzustellen: sanea = nicht lieben, sinah = Lieblosigkeit! — Übersetzen wir daher sinngemäß:

„Durch Bruch mit der urzeitlichen Geistgemeinschaft gelangten sie in die Niederung des liebelosen Verstandes und verblieben darin."

Die Trennung vom Geistbewußtsein führt die Menschheit nun zu einem überheblichen Selbstbewußtsein:

Vers 3: *„Und sprachen untereinander: Wohlan, lasset uns Ziegel machen und brennen! Und sie nahmen Ziegel zu Stein und Ton zu Kalk."*

(Die Van-Ess-Bibel übersetzt richtiger: Steine wurden ihnen statt Ziegel und Erdpech statt Mörtel.)

Kommentar: Ein Vers voller Wortgeheimnisse, die sich nur durch die richtige Wahl der vielen aus den Wurzeln

*) Das Zeichen ' steht für den semitischen stummen Kehllaut Ajin

l-b-n und ch-m-r formbaren Wörter enträtseln lassen! (l'aben = Stein, laban = weiß, lebanah = Ziegel machen, la-banah = hinzubauen, aber leb-en-ah = Herz in Liebe!! Lebenim = Bausteine, aber auch „Weißes" (Weisheit, Wissen!) —

Ferner: chemor = Erdpech, chomer = Ton, Lehm, aber chamor = Esel (Sinnbild Dummheit!) und chemer = brausender Wein (Sinnbild Gärung!) — Verbleibt noch: saraph = brennen, aber sa-rapha = selbst zusammenfügen, selbst gestalten! — Welche Änderung des Sinns, wenn wir (konsonantengetreu) nunmehr übersetzen können:

„Und sie sprachen: Auf, lasset uns eigenes Wissen hinzufügen und ihm selbst Gestalt verleihen! Aber da wurde ihre Herzensliebe zu Stein und ihre gärende Begehrlichkeit trieb sie in geistige Finsternis."

In diesem Zustande erkennen sie nicht mehr die Grenzen des irdischen Verstandes, und ihr Hochmut schmiedete (wie heute!) großartige Pläne:

Vers 4: *„Und sie sprachen: Wohlan, lasset uns eine Stadt bauen und einen Turm, dessen Spitze bis an den Himmel reiche, daß wir uns einen Namen machen! Denn wir werden vielleicht zerstreut in alle Länder."*

(Van Ess übersetzt wörtlich richtiger: „... damit wir uns nicht zerstreuen über die ganze Erde".)

Kommentar: ʿir (Stadt) ist geistig: Zusammenschluß zu einer Lebensgemeinschaft. — Migdal = Turm, aber mi gadol = meine Größe! (gadal = großtun, prahlen, sich für bedeutend ansehen!!) — Rosch = Haupt, Spitze, aber roschaʿ — aufrührerisch, frevelhaft, gottlos, verrucht! — Schem = Name, aber auch „Zeichen", und schama =

Verwüstung, schauerliche Tat! — Nun folgt im Text: „... pen-naphus ʿal-pnei kol haarez“ = „daß wir uns nicht verströmen auf die *Oberfläche* der ganzen Erde“. Das bedeutet geistig etwa: „Unsere Größe (Turm) soll ein Zeichen sein, wie hoch wir mit dem Verstand über das Irdische hinausgreifen können.“ Diese Selbstüberhebung als gottlose „Spitze *gegen* den Himmel“ rechtfertigt die Auslegung des Verses wie folgt:

„Und sie sprachen: Wohlan, lasset uns zusammentun und zur eigenen Größe aufschwingen auch ohne das Gotteslicht! Beweisen wir durch Zeichen und Wunder, daß der Verstand nicht auf das irdische Äußere beschränkt ist!“ —

Durch die göttliche Weltordnung und Menschheitsführung sind jedoch allen Plänen der Widerordnung unverrückbare Grenzen gesetzt:

Vers 5: „Da fuhr der Herr hernieder, daß er sähe die Stadt und den Turm, welche die Menschenkinder bauten.“

Kommentar: jered = herabkommen, sich neigen. — raah = sehen, aber raaʿ = zerschmettern! ʿir heißt außer Stadt auch „Erregung“ (lateinisch ira). — Der Vers ist als Folge des Vorangegangenen leicht verständlich:

„Da senkte sich der Geist Gottes herab, zu zertrümmern den gemeinsamen Aufruhr und die Selbstüberhebung, die die Menschen befallen hatte.“

Vers 6: „Und der Herr sprach: Siehe, es ist einerlei Volk und einerlei Sprache unter ihnen allen! Nun sie es haben angefangen zu tun, werden sie nicht ablassen von allem, das sie sich vornahmen.“

Kommentar: Einerlei Volk (am = Gemeinschaft) und Sprache: *eine* Gesinnung und *eine* Tonart! — asah = tun, vollbringen ʿasah = wild sein, frech von Begier! —

Im Text steht nicht ablassen, sondern „entbrennen" (baʿar). — simah = Plan, besonders aber „schändliches Vorhaben". Sinngemäß wäre daher:

„Und Gott sprach: Siehe, alle bilden eine verschworene Gemeinschaft und reden die gleiche Sprache! Das Werk begannen sie in wildem Begehren und brennen nun darauf, ihre Schandtat zu Ende zu führen."

Der „Zorn Gottes" ist der Eifer der göttlichen Liebe, die nun eingreift, um die Menschheit vor dem gänzlichen Verderben zu bewahren:

Vers 7: „Wohlauf, lasset uns herniederfahren und ihre Sprache daselbst verwirren, daß keiner des anderen Sprache vernehme."

Kommentar: Textwort radah heißt nicht „niederfahren", sondern niedertreten, zerstampfen („die Kelter treten"!) — Saphat-am = Sprach-*Gemeinschaft*, die verwirrt werden soll. — schamaʿ = vernehmen, hören, aber auch verstehen, erhören. — Übersetzen wir daher:

„Wohlan, so will ICH zertreten und verwirren die Gemeinschaft ihrer Sprache, so daß keiner des anderen Rede (Gesinnung, Denkweise) mehr verstehe."

Vers 8: „Also zerstreute sie der Herr von dannen in alle Länder, daß sie mußten aufhören, die Stadt zu bauen."

Kommentar: Nicht „in alle Länder", sondern wieder „auf die *Oberfläche* (ʿal-p'nei) der ganzen Erde". Entsprechungssinn: Zulassung des Willens zur Widerordnung (als Verkehrung der göttlichen Lebensordnung) nur noch in den vielen Bereichen der irdisch-seelischen Verstandeswelt (der „Oberfläche"), während die Angriffe auf die göttliche Sphäre des Geistes (die Erbauung der widergöttlichen

„Stadt") — als einheitlicher Akt des übersinnlichen Seelenkollektivs — unterbunden werden. Man vergleiche zu diesem Bilde ein ähnliches der Johannesoffenbarung, wo Satan von Michael „aus dem Himmel auf die Erde geworfen wird" und nur noch das irdische Denken der Menschheit durchdringen kann. Auch bildet die geplante „Stadt mit dem Turm" gleichsam den Gegenpol zu der geistig neuerstehenden Stadt, dem „Neuen Jerusalem".

Der letzte Vers dieser Erzählung mit dem Schlüsselwort „BABEL" gibt dem ganzen Geschehen gewisserart seinen „Namen", wie er nunmehr dem Menschheitszustand entspricht:

Vers 9: „Daher heißt ihr Name Babel, weil der Herr daselbst verwirrte aller Länder Sprache, und sie zerstreute von dannen in alle Länder."

Kommentar: Der in der Hl. Schrift so oft genannte Name BABEL hat sprachliche Beziehungen zum Zeitwort balal = vermengen, verwirren, aber auch zu balah = verfallen lassen, vernichten, bzw. zu belaʿ = zerstören, verderben, und baʿal = Herr sein, herrschen. — Ba-bel heißt somit, „das die Herrschsucht und damit Verwirrung und Zerstörung Schaffende". Ein Zustand, der die Quelle alles menschlichen Übels und Leides bildet.

Im Zusammenhang mit dem Turmbau-Mythos von Babel steht noch ein anderer Vers aus Genesis, Kap. 10, der die Geschlechterfolge der drei Söhne *Noahs* anführt. In jener des *Sem* scheint ein Name Eber (ʿbr) auf, von dem es im Vers 25 heißt:

„Eber zeugte zwei Söhne. Einer hieß Peleg, darum, weil zu seiner Zeit die Welt zerteilet ward. Dessen Bruder hieß Jaketan".

Péleg steht demnach mit der „Babel-Zeit" (Entwicklungsstufe der geistigen Verwirrung) in unmittelbarer Verbindung. Ebenso sein „Verwandter" Jakétan. Wenn sich die Namen der alten Bibelgestalten mit ihrem Wesen decken, oder besser: wenn sie geradezu das Entsprechungssymbol eines geistigen Zustandes darstellen, dann muß sich dieser durch die Entschlüsselung des Namens offenbaren. So ist z. B. schon der Name *Noah* ein Charakteristikum ohnegleichen, wenn er ursprachlich gelesen wird. Denn dieser Patriarch der Sündflut und des Neubeginns ist der Namensträger eines *neuen Bundes* Gottes mit der Menschheit, und dieser Bund der Liebe heißt Nouah! (nou = neu, ah = Liebe.)

Es würde hier zu weit führen, die Bedeutung aller Namen seiner Söhne und ihrer Geschlechter anzuführen. Nur eines sei gesagt: sie alle drücken einen fortschreitenden geistigen Entwicklungszustand der Menschheit aus, ebenso wie ihre genauen Altersangaben, die rein kabbalistische Zahlengeheimnisse enthalten. Hiervon wird im Kapitel über Tarot und Kabbalah noch zu sprechen sein.

Hier interessieren zunächst die Namen Eber und Peleg, weil sie „Zeitgenossen" des babylonischen Stadt- und Turmbaugeschehens sind. Die Sprachwurzel zu *Eber* (sprich ewer) ist das Zeitwort awer (ʿbr) mit dem Sinn „überschreiten, ein Gesetz übertreten"! Nun wird klar, warum Eber einen Sohn zeugte mit Namen Peleg: die Übertretung der göttlichen Ordnung (Eber) schuf die geistige Verwirrung und damit den Fall des Menschheitsbewußtseins von der inneren Einheit in die Vielheit der äußeren Sinnenwelt und Verstandesbegriffe. Diese „Vielheit" wird in der Entsprechungssprache stets mit dem Bilde von „Völkern" wiedergegeben.

Nun heißt *Peleg* (oder Pheleg) im Hebräischen „Spaltung“ (vom Zeitwort phalag = zerspalten, getrennt werden)! Tatsächlich ist ein „Volk“ (geistig und natürlich) nichts anderes als eine Gemeinschaft, jedoch aus Einzelindividuen bestehend, daher „gespalten“. (Diese uralte Wurzel ph-l-g findet sich später im lateinischen „vulgus“ [v-l-g] wieder, dessen deutsche Übersetzung „Volk“ [v-l-k] lautet. Womit bereits ein Wort unserer Muttersprache bis in die Ursprache nachweisbar ist.)

Und sein Bruder *Jakétan?* Da muß doch auch sein Name geistig verwandt sein! Das hebräische „cheta“ bedeutet Missetat, Sündenschuld, das Zeitwort chata = abirren, verfehlen, sich versündigen! (Daher die „Strafvölker der Chittim“ des Propheten Jeremia als Nachkommen des „Stammvaters“ Jaketan.) Abspaltung vom Geiste und Sünde (Absonderung), sind sie nicht wirklich „Brüder“ im Blickfelde des Sehers? Ja-ket-an = er ist abgeirrt, welcher Name könnte treffender den beginnenden Abstieg der Menschheit wiedergeben? — Noch bliebe zu erwähnen, daß auch Peleg einen Sohn zeugte mit Namen *Regu.* Das zugehörige Zeitwort ragaʿ heißt „zusammenziehen, einschrumpfen“ — womit dieser Name Regu als Sohn (Folge) des Pheleg in unmißverständlicher Weise auf die notwendigen Konsequenzen der Lostrennung vom geistigen Leben, d. h. auf die *Verdichtung* des Menschen im irdischen Verstandesleben hinweist. —

So und nicht anders müssen Moses und die Propheten gelesen werden, will man ihre Worte der Wahrheit und Weisheit vom toten Gestein des Buchstabensinns befreien. Damit sei der sprachgeistige Teil dieser Studie beendet, die so erweiterungsfähig wäre, daß sie bis auf die Urschöpfung und den Ursprung des Wortes gelangen müßte. Daß ein Schöpfungs- und Prophetenwort nicht zeitbedingt, sondern ewig gültig ist, will die nachstehende Schlußbetrachtung dem Leser zur Erwägung stellen.

In kirchlich-religiösen Kreisen herrscht vielfach die irrige Ansicht, die Schöpfungsgeschichte der Bibel schildere ein abgeschlossenes Geschehen. Etwa so: in sechs Tagen hat Gott die Welt erschaffen, am siebenten Tage aber ruht er und sieht dem Leben seiner Werke zu. Was jedoch Moses in der Genesis und ihren verschlüsselten Entsprechungsbildern aufzeichnete, ist nur ein Teil des großen Schöpfungsplans Gottes in bezug auf den Menschen. Den anderen Teil finden wir in der verklärten Vision der Offenbarung des Johannes, die in jene Himmel zurückführt, aus denen Adam, der Urmensch ausging, um den Weg der Materie zu beschreiten. Moses schildert die geistigen Entwicklungsstufen des Menschen *vor* seinem Ergriffenwerden durch Christus, Johannes jene *nach* der Erlösungstat des Fleisch gewordenen Wortes.

Involution des Geistes in die Materie, Evolution der Materie durch den Geist, Abstieg und Wiederaufstieg, Fall und Erlösung: das sind die ewigen Themen dieser zwei größten aller Bücher der Heiligen Schrift. Beide wurden in bisher unerreichter Weise erläutert in zwei durch das Innere Wort inspirierten Schriften *Jakob Lorbers:* durch das dreibändige Werk „Die Haushaltung Gottes", das die Genesis des Moses aufschließt, und durch das elfbändige Werk „Das große Evangelium Johannis", das in den Lehrgesprächen Jesu Christi die großartige Entwicklungsidee der gesamten Schöpfung bis zur Vollendung alles Geschaffenen darlegt.

Sowohl die Genesis wie auch die Apokalypse kann vom Standpunkte des Einzelmenschen, wie von jenem der

Gesamtmenschheit aufgefaßt werden. Denn wie die Kräfte des Guten und Bösen ganze Kulturkreise formten, höherentwickelten oder wiederabsteigen ließen, so begegnen sich auch die Geistesmächte, die wir Christus und den Antichrist nennen, in jeder einzelnen Menschenseele. Was ist denn wahrer oder Scheinfortschritt anders als das Ergebnis freier Entscheidungen eines jeden Einzelnen, Willensakte von Individuen, die in ihrer Totalität den Begriff „Menschheit" ausmachen! Wir müssen uns von der Meinung befreien, daß die Weltgeschichte ein Resultat materieller Gegebenheiten wäre und nur von einigen Machthabern gestaltet wird. In Wahrheit ist sie das Ergebnis übersinnlicher Entscheidungen, die — dem irdischen Denken unbewußt — aus dem menschlichen Seelenkollektiv erfließen, wo ein jeder Mensch als Geistwesen seine positive oder negative Strahlungsenergie in die Waagschale wirft. Nicht von materiellen Ereignissen als *Wirkungen,* sondern von diesen seelischen Entscheidungen als *Ursachen* sprechen daher all die bildhaften Worte der großen Seher und Verkünder, deren Sprache so leicht zu einer falschen historischen Deutung verlockt. Dies umso mehr, als seelische Akte in der stofflichen Welt oftmals ähnliche, aber doch nur „entsprechende" Handlungen hervorrufen.

Das geistige und natürliche Schöpfungsgeschehen ist kein abgeschlossener Vorgang mit Perioden, die nicht wiederkehren. Betrachtet man das Universum, so finden sich heute wie vor Urzeiten in der Gestirnwelt alle Entwicklungsstufen gleichzeitig vor, vom erkalteten Weltkörper bis zur Neugeburt gigantischer Sonnen, der sogenannten Nova-Sterne. Parallel dazu finden wir in den Naturreichen alle Stufen von den primitivsten bis zu den höchstentwikkelten Pflanzen- und Tierformen gleichzeitig vertreten. Kein Nacheinander, sondern ein Nebeneinander! Warum sollte es in der Geistnatur des Menschen anders sein? So sehen wir auch hier in *jeder* Zeitepoche nicht nur höhere und niedrigere Rassen, sondern ein jeder Mensch überhaupt steht auf einer unterschiedlichen Stufe geistiger und seelischer Reife. Die Ursache aller Differenzierungen ist das frühere oder spätere Hervorgehen aus der primären geistigen Urschöpfung, die ewig neue Ideen Gottes zum lebendigen Ausdruck bringt. Diese Verschiedenheit menschlicher Entwicklungsstufen bildet jedoch keineswegs einen vergleichbaren Wertmaßstab. Ist etwa ein ABC-Schütze minderwertiger als ein Gelehrter der Wissenschaft? Wird nicht das Endziel des göttlichen Planes einmal von *allen* erreicht im Laufe des unfaßbaren Zeitraums, den wir ein Schöpfungs-Äon nennen?

Nun wird der Leser vielleicht fragen: Wozu diese Abschweifung vom Thema Babel und Turmbau? Sie mußte getan werden, um eines festzuhalten: Was die Wahrheit des prophetischen Wortes in der Heiligen Schrift niedergelegt hat, gilt *auch heute* und in künftigen Zeiten für alle Reifestufen jener Menschen, auf die sich das jeweilige Entsprechungsbild bezieht. Demnach sind auch der geistige „Turmbau" und die „Sprachenverwirrung" von Babel kein einstiger, bereits überwundener Standpunkt. Im Gegenteil, er wird immer wieder eintreten und so lange andauern, als der Einzelne oder ganze Gruppen der Menschheit („Völker") geistig in diesem Zustande verharren.

Betrachten wir doch gerade unser gegenwärtiges Zeitalter! Schließen sich nicht ganze Völkergruppen mehr denn je zu Gemeinschaften zusammen, die mit ihrer widergöttlichen Gesinnung wirklich dem Bau einer wehrhaften „Stadt" gleichen? Hat sich nicht die Menschheit längst vom Geiste der Urzeit, aus der Gemeinschaft der geistigen

Sphären gelöst und ist in das Land SHIN-AR (Scheinlicht!) gezogen, in die Niederungen des liebelosen, auf die Vernichtung des Lebens sinnenden Verstandes? Bauen sie nicht allerorts „Türme der Selbstüberhebung“ (mi gadol, meine Größe!) mit der maßlosen Überschätzung des Intellektes? Sind diese Türme nicht mit der „Spitze gegen den Himmel“ gerichtet, diese Ausgriffe in den Weltraum mit der Triebfeder Machtgier und Herrschsucht? Hat die Trennung vom Geiste Gottes nicht ihre Sprachen verwirrt, „daß keiner den anderen mehr versteht“? Sind diese nutzlosen Konferenzen falscher Friedensbeteuerungen kein Beweis dafür, daß ihr äußeres, gesprochenes Wort (Lippenbekenntnis) mit dem inneren Wort (ihrer wahren Gesinnung) nicht mehr übereinstimmt? Wurden nicht tatsächlich die „Völker“ (geistig: Spaltung des Denkens in zahllose widerstreitende „-ismen“ und Systeme des Glaubens, der Politik, Wirtschaft u. dgl.) auf die „Oberfläche der ganzen Erde“ zerstreut? (Kampf der Meinungen auf allen Gebieten des Verstandeslebens.)

Wahrlich, die Verwirrung der Sprachen und Aufspaltung der Völker hat das prophetische Bild von BABEL zur grausamen Wirklichkeit werden lassen! Und wäre uns nicht die Verheißung der Johannesoffenbarung gegenwärtig, jenes Bild, wo der Engel im Himmelraum ausruft „Sie ist gefallen, die große Stadt Babel!“ — wo bliebe die Hoffnung unserer Tage auf den Sieg des Lichtes? Und doch wußte bereits ältestes Sehertum um den vorgezeichneten Lauf der Welt. Das beweist nicht nur die Turmbaulegende der Genesis, sondern auch ein zweites Werk göttlicher Inspiration, der Tarot, die Urbibel Altägyptens. In der Reihe seiner 22 Symbolbilder, die den Weg des Menschen durch die Schöpfung malen und deren jedes eine Devise trägt, befindet sich *nach* der Karte 15 („Der Teufel, die Lüge") und *vor* der Karte 17 („Die Sterne, göttliche Verkündung") jenes Bild, das dem Babelschicksal entspricht. Die Karte trägt den Namen „Der vom Blitz getroffene *Turm*": Los und Ende der menschlichen Selbstüberhebung! Eine Mahnung auch für heute, daß ein jeder ausziehen möge aus der „Stadt", um nicht unter den Trümmern ihres Turmes begraben zu werden . . .

IV

DIE FRAGE NACH DER URSPRACHE

„Es hatte aber alle Welt einerlei Zunge und Sprache."

1. Mose 11,1

DIE FRAGE NACH DER URSPRACHE

Wenngleich die Turmbaulegende von Babel — wie zuvor dargelegt — primär ein reingeistiges Entwicklungsgeschehen innerhalb der Menschheit schildert, den Fall vom Geistbewußtsein in das Verstandesdenken, läßt sie dennoch sehr reale parallele Schlußfolgerungen zu. Der Verlust des *inneren* Wortes, geboren aus der Gabe unmittelbarer Anschauung, mußte zwangsläufig auch das *äußere* Wort der Völker verwirren und jene Übereinstimmung zunichte machen, die Moses an den Eingang seines Berichtes stellte: „Es hatte aber alle Welt einerlei Zunge und Sprache".

Den Vätern der Urzeit war noch Sinn und Schöpfungskraft der Laute ihrer Rede wohlbekannt. Sie wußten darum das Wesen aller Dinge durch die lebendig erfühlten Sprachkräfte analog auszudrücken; so zwar, daß zwischen der Buchstabenmagie ihrer Namensgebung und der geistigen Idee der bezeichneten Dinge und Geschöpfe eine tiefe Entsprechung bestand. Je weiter wir daher in die Vorzeit zurückblicken, soweit uns deren Sprachreste noch erhalten blieben, umso genauer können wir eines feststellen: in ihrem Kern, d. h. ihren Wortwurzeln rücken die ältesten bekannten Sprachen immer mehr zusammen und deuten auf eine einstige *Einheit* hin, deren Merkmal zweifellos eine völlige Lautgleichheit der Worte gewesen ist. Heute beginnt die stark erweiterte Sprachforschung endlich zwischen Altindisch (Veda, Sanskrit), Altiranisch (Zend, Awesta), Altsemitisch (Assyrisch, Hebräisch) und

Altägyptisch (Hieroglyphen, teilweise erschlossen durch Koptisch) gemeinsame Beziehungen zu entdecken, die eine Umwälzung der bisherigen Annahme völlig getrennter Sprachfamilien erwarten lassen.

Wie weit zurück jedoch die totale Urverwandtschaft des ältesten Sprachgutes gelegen ist, beweist die Vielzahl der Nachfolgesprachen, Idiome und Mundarten, die sich schon in historisch erfaßbaren Epochen wie die Äste eines reichverzweigten Baumes vom Sprachstamm der Urzeit wegrankten. Die Erinnerung an eine einstige Gemeinsamkeit blieb nur noch im Mythos verschiedener Kulturkreise erhalten. Es ist ein Irrtum, anzunehmen, nur die biblische Turmbauerzählung gäbe einen Hinweis auf die Zeiten vor der großen Sprachverwirrung. So wie sich das Sündflutereignis neben dem Bibelberichte des Mose auch im Schrifttum anderer Kulturen vorfindet (vgl. das babylonisch-assyrische Gilgamesch-Epos), bewahren auch manche religiöse Dokumente Indiens, Persiens und Chinas, ja sogar Indianerlegenden Altamerikas ein Wissen um die verlorene Einheit des Wortes, das einmal wie ein geistiges Band die ganze Menschheit umschloß.

Schon zur Blütezeit der althellenischen Kultur hatte das Sprachenbabel in der Welt einen solchen Umfang angenommen, daß sich die griechische Philosophie oftmals mit der Frage nach dem Ursprung der Sprache und ihren Zerfall in die Vielheit auseinandersetzte. Hier kann nur auszugsweise in Schlagworten zitiert werden, was Dr. *Arnold Wadler* in seinem höchst bemerkenswerten Buche *„Der Turm von Babel“* (Urgemeinschaft der Sprachen) darüber eingehend schreibt:

... Die Frage nach dem Ursprung der Sprache stand auch im Mittelpunkt altgriechischer Sprachwissenschaft. Zwei Fragen beschäftigten die griechischen Denker: Was ist das Wort, wo seine Heimat, welches seine Elemente? Und: Wie ist dieses Wort entstanden und wie hat es sich weiterentwickelt? . . . Der antike Mensch wußte noch, daß das Weltenwort vormenschlich zugleich und übermenschlich, daß es zutiefst im Weltengrunde verwurzelt ist . . . Die große Streitfrage, welche die gesamte griechische Philosophie durchzieht: ob der Mensch die Sprache aus dem Urquell der Natur, aus ihrem göttlichen Impuls empfangen hat (physei), oder aber im Wege der freien, willkürlichen Übereinkunft, somit durch Zufall (thesei) . . . Für den natürlichen Ursprung traten ein Heraklit, Kratylos, Pythagoras, Sokrates, Plato, Epikur, auch die Mystiker und Gnostiker. Für freie Übereinkunft dagegen: Demokrit, Hermogenes und Aristoteles . . .

Heraklit und *Kratylos* betrachteten die Namen der Dinge als geistgemäße Lautgebilde, die das innerste Wesen ausdrücken. Der Urmensch durchschaute wesenhaft und bildete das Wort nach seiner inneren Anschauung. Namen sind sprachliche Nachbildungen der Urbilder der Wesen . . . *Demokrit,* der die Sprache als eine Erfindung des Menschen ansah, führt als Begründung an: 1. die Homonyme = gleichklingende Wörter, die Verschiedenes bedeuten, 2. die Synonyme = verschiedene Wörter mit gleicher Bedeutung, 3. die Anomalie der Grammatik: keine Analogie, mehr Ausnahmen fast als Regeln . . .

Die Einwände des *Aristoteles:* Strömte den Lauten der Sinn auf natürlichem Wege zu, dann müßten alle Völker die gleiche Sprache haben. Denn Laute sind Ausdrücke seelischer Empfindungen, die allen Völkern gemein sind. Warum also die verschiedenen Ausdrücke für gleiche Begriffe? . . . Nicht einmal die Laute sind allen Völkern gemeinsam, noch weniger die Worte. — Aristoteles vertritt somit die Thesislehre, die in der Sprache nichts Organisches, ursprünglich Kosmisches sieht, sondern zweckdienliche Kunstgebilde, der Satzung einzelner Menschengruppen entsprungen.

In Platons Schrift „Kratylos", einem Streitgespräch zwischen dem Vertreter der Physei (geistige Natur der Sprache) und Hermogenes, dem Vertreter der Thesei (willkürliche Übereinkunft) und *Sokrates* bemerkt letzterer: Nicht alle Worte sind demiurgisches Werk, Urgebilde der Physis, sondern nur jene, die geschöpft sind von jemand, der das innerste Wesen eines Dinges wahrhaft und getreu anzuschauen vermag. Die Worte sind Abbilder der Wesen und Dinge dieses Kosmos ... Sokrates sieht schon in den einzelnen Lauten der Worte Sinnträger, ohne jedoch deren Sinngehalt ergründen zu können. Er kommt zum Schluß, daß die Sprache an Physis *und* Thesis Anteil hat ...

Epikur spricht von der „Natur" der Völker als ihrer Eigenart. Daher jeweils eigene Empfindungen und Vorstellungen, sowie eine eigene Weise, die Luft auszusenden und Laute zu bilden. Er vertritt den „unbewußten Naturtrieb", der artikulierte Geräusche hervorbringe, die dann durch Übereinkunft zum Verständigungsmittel dieser Völker wurden ... In der Dekadenzepoche der griechischen Philosophie verlor sich später völlig das Empfinden für die Geistigkeit der Sprache, deren Wesen rein materialistisch gedeutet wurde. Niemals aber rührten die griechischen Denker an die Frage, wie denn die Mannigfaltigkeit der Sprachen entstanden sei, ob nicht etwa eine Ureinheit im Laufe der Menschheitsentwicklung sich aufgelöst habe. ... Alle Anklänge zwischen Griechisch und anderen Sprachen des Orients blieben unbeachtet ...

Die Auffassung der *Römer* vom Sprachenproblem war noch materieller. Horaz verglich die ersten Menschen mit dem „stummen und eklichten Vieh" ... *Lukrez* meinte, die Natur treibe den Menschen gleich einem Tiere an, verschiedene Laute auszustoßen, bis endlich Zweckmäßigkeit ihn veranlaßt, damit allen Dingen einen Namen zu geben ... *Vitruvius* schrieb: „Da bei der Rede von Menschen durch ihren Hauch immer neue Laute entstanden, kamen im täglichen Verkehr, wie es sich eben traf (!), Worte in Gebrauch zur gegenseitigen Verständigung ... Der Staatsmann und Feldherr *Caesar* schuf eine Cicero gewidmete Schrift rationalsten Denkens mit der Forderung, daß jede Spracheigentümlichkeit gegen die Norm durch reine Vernunft abgeschafft werden müßte ...

Die sachlichen Einwände des Demokrit, scheinbar für eine Willkürlichkeit der Sprachbildung sprechend, blieben auch durch die modernen Fachzweige der Sprachwissenschaft heute nach 2500 Jahren genau so ungelöst, denn sie weicht entscheidenden Fragen bewußt aus. Gleicht die Haltung unseres Zeitalters nicht vielfach jener der antiken Dekadenz? ...

Sokrates hatte das Daimonion, die Götterwelt im Innern des Menschen entdeckt. Griechische Weisheit hatte wesentlich beigetragen zur Geburt einer neuen Menschheitsepoche, deren schicksalsreichster Augenblick das Geschehnis von Golgatha war. Niedergestiegen war das Weltenwort, hatte sich zu erkennen gegeben in der Verkündigung „ICH bin das Wort", ward gekreuzigt und ist auferstanden. So konnte Paulus viel bewußter als Sokrates auf den Christus in uns, das lebendige *innere Wort* hinweisen ... Mitten hinein in die Dämmerung der alten Götter ertönten die machtvollen Klänge uralter Wahrheit: Im Urbeginn war das Wort, und das Wort war bei Gott und Gott war das Wort! (Ev. Joh. 1,1) —

Diese aus den Buchseiten 30—53 zitierten Ausführungen

Dr. Wadlers sollten einen kurzen Überblick vermitteln, wie die uns zunächst stehenden Kulturen der Antike bereits mit dem Problem der Sprachenverwirrung rangen. Die zutage tretende Gegensätzlichkeit der Anschauungen ist für das Geistesleben selbst bezeichnend, das immer stärker in jenes „Babel", d. h. in das rationale Verstandesdenken geriet, dem sich der Urgeist der Sprache niemals erschließen wird. Es ist von Interesse, zu verfolgen, wie sich die unterschiedliche Beurteilung ursprachlicher Probleme auch im Mittelalter und in der neueren Zeit fortsetzte: ein Spiegelbild intuitiver Erleuchtung oder geistiger Blindheit all derer, die an die Fragen des Wortes rührten. Dieser Zeitepoche und ihren markanten Vertretern widmet Dr. Wadlers Buch das anschließende Kapitel (S. 53—62), aus dem wieder nur in aller Kürze zitiert sei:

... Die christliche Idee vom Logos, dem Weltenwort, fand ihre Vorläufer bei den meisten Religionen des Altertums, deren Überlieferung vom göttlichen Ursprung des Wortes zeugten. In der mystischen Tradition vom Turmbau zu Babel lebte das Wissen um ein kosmisch-geistiges Ereignis fort ... *Origenes* spricht von den gottlos gewordenen Bauleuten, der Kirchenvater *Augustinus* von der Verwirrung der Signatur der Worte ... *Dante* und *Tasso* erblicken in der Sprachenverwirrung einen Akt des Vergessens, wodurch die Ursprache im Bewußtsein der Menschen erstarb ...

Der Horizont des Altertums war zu eng, um Sprachvergleichung betreiben zu können. Erst der vordringende Islam des Mittelalters, Mittler der griechischen Wissenschaft für Europa, stärkte die Gesinnung des Materialismus, der nun nach klaren Beweisen fragte. Dies führte zu den Anfängen einer systematischen Sprachenvergleichung (Etymologie)... Ein Beispiel mittelalterlicher „Forschung" war noch die berüchtigte „Sack-Gleichung“: hebr. sak = griech. sakkos = latein. saccus = deutsch Sack. Sie wurde wie folgt gedeutet: Als beim Turmbau die Sprachen verwirrt wurden, brach unter den Bauleuten eine Panik aus. Ehe sie sich zur Flucht wandten, ergriff jeder noch das Wichtigste, seinen Sack! Darum, erklärte man, sei das Wort SACK heute noch in vielen Sprachen zu finden als Überrest der verlorenen Ursprache. Erst Leibniz, der deutsche Philosoph, gab dieser Deutung den Gnadenstoß ...

Die Renaissance brachte endlich Wandlung zu ernster Forschung. Die Schweizer *Bibliander* (1548) und *Gessner* (1610) schufen die ersten Grundlagen einer vergleichenden Sprachwissenschaft ... *Leibniz* (1646—1716) erkennt bereits in den lebenden Sprachen die Spuren einer uralten, weitverbreiteten Sprache und gibt Hinweise auf sprachliche Bedeutungen als Denkmäler der Urzeit ... Auf der Mystik Jakob *Böhmes* fußte eine Gruppe französischer Geistesforscher (Court de Gebelin, Fabre d'Olivet, Claude Saint Martin), die im Sprachproblem geistige Wege aufzeigten, jedoch tauben Ohren predigten ... Das Zeitalter der Aufklärung brachte eine neue Welle materialistischer Denkweise. *Voltaire* bezeichnete die Ursprache als „komisches Phänomen“ und leugnet sie ebenso wie ein Uralphabet oder eine Urpflanze ...

Dem abstrakten Rationalismus stand gegenüber der deutsche Idealismus philosophischer Prägung. Herder, Hamann, Schelling und die beiden Humboldt schrieben tiefe Gedanken über die Sprache nieder. Für *Schelling* bedeutete Sprache verblichene Mythologie. Er bejahte den göttlichen Ursprung und Babel war ihm eine Folge religiöser Krisis ... *W. v. Humboldt* galt die Sprache als Organ des inneren Seins, wie es nach und nach zur Selbsterkenntnis und Äußerung gelangte ... Und ein *Goethe* schrieb: „Anatomieren magst du die Sprache, doch nur ihren Kadaver. Geist und Leben entschlüpft flüchtig dem groben Skalpell.“ —

Es wäre verlockend, im gleichen Sinne noch Auszüge aus den beiden folgenden Kapiteln („Moderne Sprachwissenschaft und Ureinheit der Sprachen“ und „Der gegenwärtige Stand des Problems“) inhaltlich anzuführen, doch fällt dies nicht in den Rahmen des *unserem* Buche gesteckten Ziels. Denn in diesen Abschnitten schildert Dr. Wadler mit großer Sachkenntnis die Geschichte der *wissenschaftlichen* Sprachforschung und ihrer Entwicklung vom 19. Jahrhundert bis auf den heutigen Tag. Diese ist nun keine weltanschauliche Auseinandersetzung ihrer Vertreter mehr wie vordem, sondern eine immer ausgedehntere exakte Forschungsarbeit von Fachgelehrten, die das Gebiet der Etymologie ständig erweiterten. Ungemein fesselnd ist die Darstellung des Ringens der Linguistik und Philologie im Verbande mit der Archäologie, deren Ausgrabungen und Funde und ihre Enträtselung durch die Sprachwissenschaft immer tiefer in das äußere Sprachgut vergangener Jahrtausende einzudringen vermochte. Freilich gab es auch hier bei Beurteilung der Forschungsergebnisse stets jenen Widerstreit der Meinungen, der im Aufstellen und Bekämpfen von Theorien und Hypothesen für *alle* Gebiete der Wissenschaften so charakteristisch ist. (Man entsinne sich dabei des obzitierten Goethewortes!)

Da sich nun *unser* Werk nicht zur Aufgabe gestellt hat, den Leser mit der äußeren Sprachforschung bekanntzumachen, sei allen, die sich damit näher vertraut machen wollen, das Studium von Dr. Wadlers „Turm von Babel“ dringend empfohlen. Der Verfasser — selbst ein bekannter Sprachenexperte — steht zu der modernen, noch ganz materialistisch orientierten Sprachwissenschaft in erfreulichem Widerspruch. Leider ist diese noch immer in mehrfache, völlig getrennte Fachgebiete aufgespalten („Babel"!) in lauter „Phelegs" von Germanisten, Orientalisten, Sinologen, Assyrologen, Ägyptologen usw., die keinerlei Gesamtbeziehungen herzustellen vermögen, wenn es gilt, gemeinsam zu den Wurzeln der Urworte vorzudringen. Und die — in grammatikalischem Wirrwarr erstickend — den Wald vor Bäumen nicht sehen, wenn es darauf ankommt, die zahllosen verstreuten, aber sehr greifbaren Beweise für die einstige Spracheinheit aller Völker zu einem großen Bau der Erkenntnis zu gestalten.

Wie treffend hat doch der geniale Dichter August *Strindberg* — der ebenso wie Goethe ein hoher Verehrer Swedenborgs war — diese mangelnde Zusammenschau der modernen Gelehrten gekennzeichnet, wenn er in einem seiner Blaubücher schreibt: „Was liegt nun in all diesem Gefundenen, wenn nicht, daß es in allen Sprachen Reaktionsrückstände gibt von einer einzigen Ursprache. Man wird am Ohr zur Verwirrung von Babel zurückgeführt, aber dahin wollen die Heiden von heute nicht! Und doch haben wir eine Zeit der Verwirrung und Zerstreuung erlebt, die die Zeit der Spezialisten heißt. Da lernte ein jeder seine Einzelheit und konnte sich darum niemals mit einem anderen auseinandersetzen, der eine andere Einzelheit wußte".

Dr. Wadler aber geht es um diese Zusammenschau. Denn er ist Sprachforscher und zugleich Geisteswissenschafter anthroposophischer Prägung, deren Anliegen es ist, stets nach einer übergeordneten Synthese der irdischen Realitäten hinzustreben. Darum widmet er im weiteren Verlauf seines Werkes den scheinwissenschaftlichen Einwänden der Fachwelt sein Hauptaugenmerk und versteht es — gleichfalls rein wissenschaftlich — deren Haltlosigkeit zu demonstrieren. Hierfür zieht er das lebende und tote Sprachgut aus *allen* fünf Kontinenten heran und erbringt mit seinen Hunderten von vergleichenden Worttabellen eine grandiose wissenschaftliche Leistung, die von den getrennten Methoden bisheriger Sprachenvergleichung zu einer universalen Etymologie der menschlichen Sprache hinleitet.

Die Frage nach der Ursprache ist nicht nur ein wissenschaftliches Problem. Sie ist in erster Linie eine eminent geistige Frage. Darum sprechen auch die vielen geistigen Hinweise des Autors den religiös empfindenden Leser sehr zustimmend an. Bei entsprechenden Themen *unseres* Buches wird daher weiterhin auf ähnliche Gedankengänge im „Turm von Babel" hingewiesen werden. Wadlers vergleichende Wortketten aus Dutzenden von Sprachen lassen trotz vielfacher Wandlung der Formen meist frappante Ähnlichkeiten erkennen, aus denen sich das verlorene Urwort gleichsam als „gemeinsamer Nenner" herauskristallisiert. Und hier will unsere Arbeit einsetzen: aus dieser Wiederentdeckung ursprachlicher Worte den alten geistigen Sinn aufzuschließen, der in der mystisch-magischen Kraft ihrer Einzellaute und der Art ihrer Kombinierung zum Worte verborgen waltet. Daß Wadlers Standardwerk hierzu die äußeren Grundlagen schuf, ließ den besonderen Hinweis darauf voll gerechtfertigt erscheinen.

In seinem Buche „Das Wunder der Sprache" schreibt Walter *Porzig:* „Man darf nicht die eine Sprache auf die andere beziehen, sondern muß alle zusammen auf einem gemeinsamen Hintergrund abbilden. Diesen liefern diejenigen *Laute,* von denen anzunehmen ist, daß sie die *Ausgangspunkte* für gesetzmäßige Veränderungen in den Einzelsprachen gewesen sind ... Daß alle menschlichen

Sprachen grundsätzlich miteinander vergleichbar sind, beweist ihre gegenseitige Übersetzbarkeit. Diese Beziehung aller Sprachen zueinander bildet ihre elementare Verwandtschaft, die natürlich je nach der gemeinsamen Sprachgruppe enger oder weiter sein kann ... Das Wesen jeder Art von Sprachvergleichung besteht darin, die verschiedenen Wortgestalten als Abwandlung *einer* Urform aufzufassen. Nur dadurch wird es möglich, jede Einzelsprache in ihrem inneren Wesen zu verstehen und den Sinn dieser Abwandlung zu erkennen. Planmäßig ist dieses Forschungsgebiet einer allgemeinen Vergleichung elementar verwandter Sprachen bisher noch *nicht* bearbeitet worden, weil es noch nicht gelang, die Fragen richtig zu stellen" (!) „... Der Wortschatz einer Sprache ist zugleich eine Schatzkammer von Gedanken. Nicht jedem freilich gelingt es, diese Schätze zu erschließen, aber dem Kundigen und Spracherfahrenen bieten sie wertvolle Hilfen für sein eigenes Denken. So erhält die Sprache des Menschen durch die Zeiten hin die Überlieferung der Gemeinschaft, wie sie über den Raum hin die Einheit der Verständigung sichert ..."

Welche Fragen müßten also zuerst richtig gestellt werden? Wir können darauf antworten: diejenigen der Völkerkunde und Rassenforschung! Wenngleich hier von den zuständigen Wissenschaften viel Objektives geleistet wurde, ist es der Forschung — genauso wie bei der Ursprache — bisher noch nicht gelungen, bis zu einem gemeinsamen Ursprung z. B. der indogermanischen und semitischen Rassen durchzustoßen. Auch der vom Nationalsozialismus entfachte Kampf des „Ariertums gegen das Judentum" trug beträchtlich zur Verwirrung der Geister bei. Denn er tat alles, um auch die letzten Spuren einer einstigen Urgemeinschaft zu verdunkeln, die doch so eindringlich im Bibelberichte von den drei *Söhnen* Noahs (Sem, Ham und Japhet) aufscheint. Was Porzig von der Sprachforschung fordert — daß alle Sprachen auf einem gemeinsamen Hintergrund abgebildet werden müssen —, ergäbe bei sinnvoller Durchführung allein schon den Beweis engster vorgeschichtlicher Beziehungen zwischen beiden Rassen und ihren Völkern.

Diese einseitige Rassenlehre färbte immer wieder auf die analoge Sprachenforschung ab. Schon der berühmte Assyrologe Friedrich *Delitzsch* schrieb trotz seiner 1873 von ihm veröffentlichten „Studien über indogermanisch-semitische Wurzelverwandtschaft“ später: „Die indogermanischen und semitischen Sprachen haben mit ihren verlockenden Zusammenklängen (!) schon manchen dermaßen betört, daß es uns geboten erscheint, dieser Sirenenklippe (!) mit größter Zurückhaltung zu nahen ...“

Im gleichen Jahr publizierte der Wiener Linguist Leo *Reinisch* ein Werk „Die Einheit der Sprachen der Alten Welt“ mit dem Grundton, die Menschenrassen seien durchwegs Nachkommen der *ur-einen* Menschheit. Und auch er bemerkte im Vorwort: „Ich konnte mich der Macht überzeugender Beweise für einen sehr nahen Zusammenhang zwischen Indogermanisch und Semitisch nicht verschließen und konnte das Ergebnis nicht scheu verleugnen, nur damit ich nicht gegen das moderne Dogma der Sprachvergleichung verstieße, daß Indogermanen und Semiten von Haus aus in keinerlei Verwandtschaft stehen ...“

Die wenigen weiteren Vertreter einer universelleren Sprachforschung als die der offiziellen, in Fachgebiete aufgespaltenen Sprachwissenschaft sind bald angeführt. Es war *A. Trombetti,* der 1905—1923 einige Werke über die Einheit der Sprachen herausgab. Er sucht die Ur-Einheit im alten Indien und gliedert die Sprachgruppen der Welt in neun Stämme. Und 1907 veröffentlichte der Däne *Moeller* ein „Etymologisches Wörterbuch der indoeuropäischen und semitischen Sprachen“ mit vergleichenden Wortketten, die auf Kulturen der Vorgeschichte ein bedeutsames Licht werfen. Beide Forscher stießen auf den Widerstand der zünftigen Philologen, die bis heute an Prinzipien festhalten, welche einer wahrhaft fruchtbaren Vergleichsarbeit jeden Boden entziehen. Es ist das Verdienst *Dr. Wadlers*, daß er sich im „Turm von Babel“ mit den Einwänden der Fachwelt gegen den einstigen Bestand einer Ursprache sachlich und geistreich auseinandersetzt. Und es ist sein Schicksal, daß man darum sein Werk totzuschweigen versucht, denn „die Heiden *wollen* ja Babel“ — wie Strindberg so treffend bemerkte.

Diese Betrachtungen sollen durchaus nicht die Verdienste schmälern, die sich die Wissenschaft mit der Entzifferung alter, längst verschollener Sprachen errungen hat. Ohne ihre mühsame Detailarbeit wäre überhaupt keine Etymologie, kein Vergleich urtümlicher Wortstämme mit jüngeren Sprachzweigen möglich geworden. Nun aber, da so viele Bausteine zutage gefördert wurden, gälte es doch, sie in einer letzten Zusammenschau richtig in das Ganze einzufügen. Noch aber ist von der herrschenden Dogmatik der führenden Sprachpäpste kaum zu erwarten, daß sie mit innerer Einfühlung auf den deutlichen Spuren wandeln, die auch sprachlich vom „Lande Sinear“, dem beengten Rationalismus in die Freiheit des Geistes hinausführen: zurück nach „Kedem“, dem Sonnenaufgang und ursprünglichen Geistbewußtsein, das allein das Wunder des verlorenen Wortes wieder zu erschließen vermag. Wegweiser dahin waren bisher nur wenige Ausnahmen. Sie kamen aus dem Lager der Geisteswissenschaft, und ihrer soll in einem besonderen Kapitel gedacht werden.

Zum Abschluß noch einige Zahlen und Daten. Statistik? Nein, sie wollen dem Leser nur die ganze Größe des heutigen Sprachenbabels vor Augen führen, das — entsprechend der „Zerstreuung der Völker" — von der fernen Ur-Einheit in die bunte Mannigfaltigkeit führte, daß „einer des anderen Rede nicht versteht". Nach den letzten Erhebungen der UNESCO beträgt die Zahl der lebenden, also heute gesprochenen Sprachen der Welt fast zweitausend. Eine genauere Angabe erscheint unmöglich, da die Grenzen zwischen selbständigen Sprachen und ihren vielverzweigten Mundarten kaum bestimmbar sind. Würden grundsätzlich verschiedene Dialekte auch noch als separate Sprachen gezählt, gelangte man auf ein Vielfaches der genannten Zahl. Weitaus die größte Anzahl der Sprachen entfällt auf den amerikanischen Kontinent, danach folgen Asien und Afrika. In Europa zählt man „nur" 55 wirklich unterscheidbare Sprachen.

Rechnet man die zahllosen erloschenen Sprachen der vergangenen Jahrhunderte und Jahrtausende hinzu, von denen nur ein Teil wiedererschlossen werden konnte, denn die vergleichende Sprachforschung vermag nur bis etwa um 4500 v. Chr. vorzudringen, so drängt sich uns eine berechtigte Frage auf: Gibt es überhaupt eine Möglichkeit, dem Urworte nahezukommen? Sind die ältesten uns bekannten Sprachreste von Sumerisch und Altägyptisch nicht wieder nur Nachfolger noch älterer Sprachgemeinschaften der Urmenschheit? Oder biblisch gesprochen: Werden wir jemals ergründen, wie Adam und die Patriarchen der vorsintflutlichen Epoche gesprochen haben? Darauf wäre zu erwidern:

Die erste Wegstrecke dahin vermag uns die wissenschaftliche Sprachforschung durchaus zu bahnen. Denn einwandfrei wurde festgestellt: Je weiter man auf alte Sprachen zurückgreift, um so ähnlicher werden diese zueinander. So kam es, daß die moderne Sprachwissenschaft heute bereits drei „Grundsprachen“ annimmt, aus denen sich drei große Welt-Sprachfamilien entwickelten, nämlich der eurasische, austrasische und amerikanische Sprachstamm. In jedem fand man eine unverkennbare Verwandtschaft aller zugehörigen Sprachzweige und Einzelsprachen. Nicht jedoch wurden bisher die Beziehungen dieser drei Hauptstämme zueinander systematisch verfolgt, um auch diese auf einen gemeinsamen Nenner zu bringen. Der Grund liegt in der starren Forderung der Philologie, nur grammatikalische Übereinstimmungen oder Wandel nach entdeckten Lautgesetzlichkeiten als Verwandtschaft gelten zu lassen. Gerade hier aber scheitert ein solches Beginnen an einer schier unübersehbaren Vielfalt der Formen, die jedoch auf wenige Grundgesetze reduzierbar wären, würde man die Hinweise der *geistigen* Spracherkenntnis zur Grundlage einer entsprechenden Etymologie machen. Denn „im Anfang war das Wort“ — und nicht die Grammatik!

Somit darf nur von einer neuen Spracherforschung auf geistiger Grundlage — die bereits beim *Wort* beginnt und den Sinngehalt seiner *Laute* aufschließt — erwartet werden, daß sie trotz des vielfältigen Vokabulariums jener drei Großfamilien das gemeinsame Band aufzeigt, das die drei hypothetischen „Grundsprachen“ der Wissenschaft auf eine *einzige Ursprache* zurückzuführen weiß. Auch ohne Grammatik, nur durch die Magie der Laute des Wortes! Welche Wege dabei zu beschreiten sind, wird in den späteren Ausführungen dargelegt werden. Hier sei — gleichsam als Probe auf das Exempel — nur *eine* geistige Wortdeutung gegeben, die obige Behauptung unter Beweis stellen will:

Die Wissenschaft zählt *Chinesisch* als mongolische

Sprache doch zweifellos zu einem anderen Sprachstamm als z. B. *Griechisch*, eine indogermanische Sprache. Schlagen wir nun die beiden Wörterbücher auf, so finden wir für ein uraltes Haustier der Menschheit, den Hund: chinesisch „küin“ und griechisch „kyon“! (davon lateinisch canis, französisch chien, rumänisch câne, gesprochen küine! Auch das deutsche Hund ist durch Lautwandelgesetze von der Urform ableitbar). Was aber bedeutet das Urwort KY-on seinen geistigen Lautelementen nach? Der *Name* der althebräischen Buchstaben zeigt den Weg dahin: K (Kaph) = die greifende Hand, und Y (Ajin) = das Auge. Nun stehen nach der Entsprechungslehre diese Organe für geistige Ideen, in erster Linie auf das Göttliche bezogen, sodann im allgemein-universellen Sinn. Da bedeutet die „greifende Hand“ zunächst die Allmacht Gottes, dann aber auch das Symbol von *Kraft* in jeder Form ihrer Tätigkeit. Weiter bedeutet das „Auge“ die alles wahrnehmende göttliche Allgegenwart, dann aber auch das Symbol für *Wahrnehmung* in jeder Form, das wachsame Tätigsein.

Mit der Lautverbindung K-Y drückten die alten Seher somit die Fähigkeit aus, etwas genau wahrnehmen zu können. Hierzu das ursprachliche on = „er ist“, und wir haben leibhaftig den Hund vor uns:

Ky-on = „er ist die Kraft der Wachsamkeit“ —

eine wahrhaft unübertreffliche Bezeichnung für das seelische Wesen unseres getreuen Begleiters! Ein Wort, das selbst Adam nicht anders gestalten konnte, wenn sein inneres Auge das Seelengefüge dieses Tieres durchblickte.

Dieses kleine Beispiel wollte erhellen, daß ein Durchdringen zum Worte der Ursprache möglich ist, auch wenn es, bereits etwas lautverändert, sich nur noch in alten bekannten Sprachen abzeichnet. Die *weltliche* Sprachforschung liefert uns den Körper, die Wortformen zur Auffindung von Lautgemeinsamkeiten innerhalb der alten Kultursprachen. Die *geistige* Sprachwissenschaft hält dazu (sofern man die Entsprechungslehre intuitiv zu erfassen vermag!) den Schlüssel bereit, um das Tor zu den verborgenen Wortgeheimnissen zu öffnen.

Damit aber erweist sich die Frage nach der Ursprache nicht vergebens. Diese antwortet uns immer — durch alte wie durch lebende Sprachen —, wenn wir uns dem Worte einfühlend und mit Erkenntnis nähern. Denn Sprache ist Geist, und ihr Genius ist im Menschen heute noch ebenso schöpferisch wie am ersten Tage.

V

WEGE ZUM URSPRACHLICHEN WORT

„Die Frage nach der Ursprache ist ein eminent geistiges Problem."

Dr. Arnold Wadler

WEGE ZUM URSPRACHLICHEN WORT

Von Jakob Böhme, dem deutschen Theosophen und Mystiker, wird berichtet, daß er, durch den das innere Wort so offenkundig redete, auch die „adamitischen", d. h. paradiesischen Namen aller Tiere und Pflanzen kannte. Er soll dadurch imstande gewesen sein, mit jenen Namen, die Adam ihnen gab, die scheuen Tiere des Waldes zu sich herbeizurufen. Zu den im Geiste Wiedergeborenen spricht die ganze Natur wie ein offenes Buch und er bedarf nicht äußerer Mittel, um zu den Geheimnissen der alten Namen zu gelangen.

Die Geistesforschung aber bedient sich zweier Wege, um zu diesem Ziel durchzudringen, eines äußeren und eines inneren Wegs. Der äußere führt über die vergleichende Sprachwissenschaft, die uns die Unterlagen schafft, um auf Grund immer weiter zurückreichender Sprachenentzifferung ein Bild von der Übereinstimmung ältesten Sprachgutes zu gewinnen. Es wurde schon erwähnt, daß die Wortstämme alter Kultursprachen immer mehr zusammenrükken und damit deutlich auf einen gemeinsamen Ursprung hinweisen. Freilich zeitigt auch hier wie überall die Geisteswissenschaft mit ihren Methoden einer synthetischen Zusammenschau fruchtbarere Ergebnisse als die offizielle Sprachwissenschaft, deren Fachgebiete Philologie (Sprachenkunde) und Etymologie (Sprachenvergleichung) sich oft in widerstreitenden Theorien bekämpfen und erschöpfen.

Der zweite Weg führt über die uralten Geisteslehren — soweit sie sich mit Rede und Schrift des Menschen befassen — zu einer *Ausdeutung* des vorgefundenen Sprachschatzes im Sinne der Magie und Mystik der Laute — eine Kenntnis, die schon in den ältesten religiösen Mysterien nachweisbar ist. Mit diesem Wege werden sich die späteren Kapitel dieses Buches beschäftigen. Zunächst sei jedoch der äußere Weg skizziert, der uns gleichsam zum Körper der Ursprache hinführt und eine Art „Anatomie" des alten Wortes ermöglicht, aus der sich sodann bedeutsame geistige Rückschlüsse ziehen lassen.

Die Geschichte der modernen Sprachforschung und ihrer Erfolge ist in zahlreichen einschlägigen Büchern verzeichnet (siehe Literaturnachweis). Als das Geburtsjahr der vergleichenden Sprachwissenschaft in methodischem Sinn kann das Jahr 1816 gelten, in dem Franz *Bopp* seine „Vergleichende Grammatik des Sanskrit, Zend, des Armenischen, Griechischen, Lateinischen, Litauischen, Altslawischen, Gotischen und Deutschen" herausgab. Schon hier also wählte der Verfasser sehr alte Sprachen und strebte damit sichtlich einer Synthese des indo-europäischen Wortes zu. Ihm folgte 1822 Jakob *Grimm*, dessen Entdeckung der germanischen und deutschen Lautverschiebungsgesetze (trotz ihrer mangelnden Allgemeingültigkeit) den späteren Grammatikern als neues Mittel diente, um innerhalb der großen indogermanischen Sprachfamilie die *Urverwandtschaft* der meisten europäischen und indoasiatischen Zweige (lebende und erloschene Sprachen) demonstrieren zu können.

In der gesamten Welt spricht heute gut die Hälfte der Menschheit indogermanische Sprachen. Sie anzuführen, würde ein eigenes Kapitel füllen. Da uns jedoch aus ursprachlichen Gründen besonders die ältesten wiedererschlossenen Sprachen interessieren, sei erwähnt, daß innerhalb der indogermanischen, auch indo-europäisch genannten

Sprachgruppe hierzu Altindisch (Sanskrit und Veda), Altiranisch (Zend) und ebenso Altgriechisch und Altlateinisch zählen. Ihr gegenseitiger Vergleich bietet bereits eine ansehnliche Möglichkeit, sich ein Bild einer einstigen indogermanischen Ur-Stammsprache zu machen, von der alle Nachfolgesprachen gemeinsame Reste bewahrten. Sie wissenschaftlich zu erschließen, ist mangels Schriftdokumenten, aber auch wegen ihres hohen Alters, das man auf 5000 v. Chr. schätzt, nicht mehr möglich. Immerhin lassen sich durch sogenannte „Gleichungen" innerhalb der indogermanischen Sprachfamilie eine große Zahl von Wörtern auffinden, die zweifellos urälteste Wurzelwörter darstellen.

Die zweitgrößte Sprachenfamilie der Erde ist die *tibetochinesische,* heute gesprochen von rund 500 Millionen Menschen. Wenngleich das Hauptmerkmal dieser Sprachgruppe die isolierte Einsilbigkeit der Wörter ist, zeigt ein Rückgriff auf ältere Sprachdokumente, daß sie ursprünglich mehrsilbig waren, zusammengesetzt aus sogenannten Bildungssilben. Heute erscheinen die meisten Wörter durch den jenen Sprachen eigentümlichen Wortton (veränderte Tonhöhe ergibt andere Wortbedeutung!) zu einer Silbe zusammengezogen: eine Abschleifung, wie etwa das deutsche Wort Bischofstum zu Bistum, die einen Wortvergleich mit anderen Sprachfamilien fast aussichtslos macht, zumindest aber ungemein erschwert. Und doch schimmern durch viele, insbesonders rekonstruierte Wörter selbst hier die Zeichen einer ursprachlichen Gemeinschaft hindurch. Der Leser entsinne sich des Beispiels vom Hund (küin aus ursprachlich ky-on).

Schon ein Blick auf die 214 chinesischen „Radikale", d. s. Grundwörter, deren Schreibart durch einen bis siebzehn Striche festgelegt ist und deren Kombination die Unzahl der anderen Wörter ergibt, läßt erkennen: hier klingt vieles an etwas an, das wir schon „anderswo" gehört haben! Beispiele dazu: Mien = Antlitz, deutsch Miene! — Feu = Töpferware, Gebranntes, deutsch Feuer! — Seh = Farbe, Leuchtendes, deutsch sehen, und hebräisch sehel = strahlen! — Sin = scharf, deutsch und hebräisch Zahn! — Kü-che = Wagen, deutsch Kutsche! — Er = Ohr, englisch ear! — Ma = Mutter, Mama! — Andere Wörter zeigen die erwähnte Abschleifung deutlich: Hi = verbergen, englisch hide, deutsch hüten! — Ta = groß, englisch tall! — Kan = süß, englisch candy = Süßigkeiten. — Ho = Feuer, aber altchinesisch Pho, vgl. griechisch phos = Licht!

Die meisten dieser Radikale aber lassen sich nur aus dem ursprachlichen Wert der Laute deuten. So heißt z. B. chinesisch Ts = das Kind, weil der Urlaut Z das Symbol des Gezeugten darstellt. Folgerichtig heißt sodann Ts-ing das Grüne (Frühling), indem zu dem Z noch das gutturale G (ng oder gn) tritt, als Laut der Zeugung (vgl. Genesis = Schöpfung). — Auch das Tibetanische ist reich an solchen abgeschliffenen Urworten, wie z. B. ha = der Hauch, hebräisch cha-j = Lebenshauch, Leben. — Oder sa = die Erde, entsprechend dem Ur-Zischlaut S (hebräisch Sameq = Selbst-Ich), also dem „Schlangenlaut" Satans, dem Geiste der Verdichtung. — Wie die vokallose Schreibart des Hebräischen der Imagination und Intuition des geistigen Wortforschers breiten Spielraum läßt, so auch die nicht lautgemäße Zeichen-Wortschrift Chinas. Denn alle Zeichen sind gleichfalls abgeschliffene uralte Hieroglyphen, auf deren Verwandtschaft mit jenen der Keilschrift Assyriens und den hieratischen Zeichen Altägyptens schon der geniale Strindberg hingewiesen hat. Das dem Chinesischen eng verwandte Tibetisch nahm jedoch eine Buchstabenschrift an, aus der sich der ursprüngliche Wortbestand leichter entnehmen läßt.

Woher nun diese vielen Lautübereinstimmungen zwischen den beiden großen Sprachfamilien, wenn nicht durch eine gemeinsame Ursprache als Mutter? Die offizielle Wissenschaft ist schnell mit dem Einwand „Entlehnung" oder „Wanderworte" bei der Hand, ohne zu ahnen, daß es der *Sprachgenius* ist, der im Menschen urständet und sich mehr oder weniger in allen Sprachen gleich zum Ausdruck bringen will. Obige Musterbeispiele — sie wären hundertfach vermehrbar — wollen nicht nur auf eine Urverwandtschaft gänzlich getrennter Rassen und Sprachstämme hinweisen, deren systematische Vergleichung noch brachliegt und dankbares Neuland bildet. Sie wollen vielmehr jetzt schon andeuten, was das letzte Ziel geistiger Entschlüsselkunst ist: die Findung des ewig gleichen Sinnes der Laute menschlicher Sprache, und die Anwendung des Gefundenen auf das Sprachvermächtnis der gesamten Menschheit. Dann wird sich zeigen, daß das Sprachenbabel nur die „Völker" (Denkweisen) zerstreuen konnte, niemals aber die urgeschaffenen göttlichen Entsprechungen der Lautelemente in der menschlichen Rede.

Als dritten urtümlichen Sprachkreis, der sich etymologisch für die Forschung wesentlich günstiger erweist, wäre die *semitische* Sprachfamilie zu nennen. Zu ihr zählt gegenwärtig zunächst die Weltsprache des Orients, das Arabische. Ferner in Israel das Neuhebräische und in Abessinien das Amharische. Mit Semitisch verwandt ist auch die Sprachgruppe Nordafrikas (Berber, Somali u. a.). — Im Altertum vertrat den westsemitischen Zweig Althebräisch und Aramäisch, die Sprache Jesu Christi, ebenso Phönikisch und Punisch. Zum ostsemitischen Zweig zählten Akkadisch, auch Babylonisch-Assyrisch genannt, durch Funde der Keilschrifttafeln bis 3000 v. Chr. nachweisbar. Ferner Altägyptisch, das bis in die christliche Anfangszeit gesprochen wurde und sich in der koptischen Kirchensprache noch in Resten erhalten hat. Die älteste uns bekannte Sprache der Welt ist gegenwärtig das vor dem Akkadischen bestandene *Sumerisch* eines Volkes zwischen Euphrat und Tigris, das schon um 2000 v. Chr. ausstarb. Seine frühesten Sprachdenkmäler, aufgezeichnet in Keilschrift, datieren in das vierte Jahrtausend v. Chr. zurück.

Ausdrücklich sei bemerkt, daß uns weder vom Urhebräischen noch von Ur-Ägyptens und Ur-Indiens Sprache irgendwelche Aufzeichnungen erhalten geblieben sind, also von drei patriarchalisch alten Sprachstämmen, „deren Zunge beinahe wesenseins war" — wie das Große Evangelium nach Lorber lehrt. Da sich jedoch ein Großbestand dieser urtümlichen Sprache an ihre unmittelbaren Nachfolger vererbt haben muß — angesichts der Fülle von Gleichungen versagt hier das Ausfluchtswort „Zufall" gänzlich —, so genügen Vergleiche zwischen Altindisch, Altpersisch, Althebräisch und dem nur teilweise erschlossenen Altägyptisch vollauf, um die eingangs erwähnte „Sprachanatomie" mit geistigem Erfolg aufzustellen.

Die Zahl der erloschenen Sprachen in Vorderasien ist beträchtlich, weil wir gerade dort die älteste Überlieferung der Erde archäologisch vorfinden. Von hier läßt sich auch die Brücke schlagen zu der Sprache Urgriechenlands, die noch in den Gesängen *Homers* nachklingt. Sprachgelehrte erbrachten den Nachweis, daß das griechische Alphabet (die Grundlage auch unseres Abc) von den Phönikern übernommen wurde. Aber eben diese Lautreihe läßt sich zurückverfolgen auf die althebräischen Schriftzeichen, bekannt durch die älteste „Sinai-Inschrift". Und diese sind beinahe identisch mit den ältesten (nicht den jüngeren) ägyptischen Hieroglyphen! Welche Bedeutung das hat, wird sich bei Behandlung des Themas „Tarot" erweisen.

Sind aber die alten Schriftzeichen Urbesitz der Menschheit, warum sollte dann nicht auch von einer Ursprache das gleiche gelten?

Noch heute sind Kleinasien und die Ägäis das reichste Feld der Altertumsforschung, die immer wieder zur Neuentdeckung unbekannter Sprachreste gemeinsamer Kulturkreise führen. Mit jedem Funde aber rundet sich das Mosaik all dieser einstigen Sprachen zu einem Gesamtbild, das auf ein Urzentrum der Menschheit hindeutet und aus dem uns der Abglanz des Urwortes entgegenleuchtet. So untermauert die Wissenschaft auf ihre Weise die geheime Überlieferung vorzeitlicher Menschheitsgeschichte, wie sie uns in den Sagen und Mythen, aber auch in den religiösen Lehren uralter Mysterienweisheit in symbolischen Bildern erhalten blieb: zu verhüllt, um mit ihrem Entsprechungssinn dem nüchternen Intellekt unserer Zeit begreiflich zu sein, und doch nicht so verschleiert, daß nicht die Deutung ihrer Namen und Begebenheiten durch das Urwort ein neues Licht der Erkenntnis zu entzünden vermöchte.

Nun ist es nicht von ungefähr, daß sich das älteste Sprachgut aller Kulturen in ihrem *religiösen* Schrifttum vorfindet. Denn dieses wurde von Sehern und Propheten verfaßt, von gotterleuchteten Weisen, denen ein tiefer Einblick in das innerste Wesen der Schöpfung — und damit auch in die Kräfte des Wortes zu eigen war. Auch liegt ein hoher Sinn darin, daß sich der Wortlaut dieser Schriften bis zur Gegenwart als sogenannte Kirchensprachen bei Völkern erhielt, deren weltliche Umgangssprachen längst den archaischen Formen der alten Redeweise entwachsen sind. Beweise dafür gibt es in allen drei großen Sprachfamilien, die oben besprochen wurden:

So ist z. B. innerhalb des *indogermanischen* Sprachkreises die älteste Sammlung religiöser Epen Indiens, der brahmanische *Veda* (=Wissen) in einer althochindischen Sprache geschrieben, die sich im nachfolgenden Sanskrit fast wortgetreu erhielt. (San-skrit heißt „heilige Schrift" und nicht, wie die Philologen konstruierten: Samskrita = das Zusammengeschriebene, grammatikalisch Geordnete!) Diese Sprache vererbte sich nur unter den Schriftkundigen der Priesterkaste weiter, und ihre profunde literarische Kenntnis wird heute in Indien mit dem Titel „Pandit" (etwa „Universalgelehrter") geehrt. Dem Sanskrit nahe steht das *Pali,* die Kirchensprache des Buddhismus von Ceylon, Siam und Birma, die gleichfalls nurmehr von der Priesterschaft verstanden wird. Sie fußt auf dem heiligen Gatha-Lied, einer Art mystischer Kosmogenie. Im altiranischen Nachbarlande Indiens war es die Sprache des *Awesta,* eine Sammlung der heiligen Bücher Zoroasters (Zarathustra), die sich als religiöse Sprache bis heute unter den *Parsen* erhalten hat. Der im Laufe der Jahrhunderte unverständlich gewordenen Kirchensprache wurde ein mittelpersischer Kommentar (Zänd) beigegeben. Daraus entstand die Bezeichnung Zend-Awesta = Grundtext und Kommentar der heiligen Bücher.

In der *tibeto-chinesischen* Sprachfamilie dominieren außer buddhistischen Lehren südlicher Herkunft die fünf heiligen Bücher des *Kanon,* uralten Ursprungs, jedoch erst von Konfutse um 500 v. Chr. gesammelt und kommentiert. Der Kanon mit dem mystischen Buche *„Yih-King"* — mit seiner Zweiwesenlehre aller Dinge das metaphysische Lehrgebäude Chinas erbauend — enthält die ältesten chinesischen Schriften überhaupt, und zwar in einer Sprache, die sich als klassisches Chinesisch schon um 100 v. Chr. so weit von der Volkssprache unterschied, daß ihre Erlernung ein eigenes Studium erforderte. Auch ihre urtümlichen Schriftzeichen, das Ku-wen — der Überlieferung nach um

4000 v. Chr. durch den Kaiser Fu-hi eingeführt — blieben nur noch als literarische Schreibart erhalten. In China wie in Tibet sind die Träger der religiösen Tradition die zahlreichen Mönchsorden, doch sind ihre wahrscheinlich ältesten Schriftdenkmäler der Welt in den Klöstern des Hochlandes der Forschung bisher entzogen geblieben. In Baird Spaldings Buch „Leben und Lehre der Meister im Fernen Osten" finden sich mehrfache Hinweise auf die dort verborgene religiöse Literatur ältester Zeiten.

Die *semitische* Sprachfamilie — heute nur noch durch das weitverbreitete Arabisch groß geblieben — bewahrt sprachlich die Überlieferung zweier bedeutender Religionen, des Judentums und des Islams. Das Glaubensfundament der mohammedanischen Lehre, der *Koran*, ist in jenem klassischen Arabisch geschrieben, das in seiner Wurzelähnlichkeit dem Altsemitischen noch näher steht als das Neuhebräische. Von welcher Durchschlagskraft das Arabische ist, zeigt die Durchdringung sogar einstmals arischer Sprachstämme und Völker mit arabischem Sprach- und Schriftgut z. B. im Iran, dem alten Perserlande des Awesta. Durch den Islam wurde es zum einigenden Band zahlreicher Völker des Orients und Mittelasiens. Wir müssen daher auch das Koran-Arabisch als eine Art „Kirchensprache" werten wie etwa Latein, das die Liturgie der römisch-katholischen Kirche in aller Welt völlig einheitlich gestaltet.

Das zweite, noch bedeutendere Großdokument einer alten Religion ist die *Thora*, das Gesetz des mosaischen Glaubens. Es ist dies die Sammlung jener heiligen Bücher, die vom Christentum als das „Alte Testament" fast lückenlos übernommen wurden. Ihre je nach dem Alter ihrer Teile unterschiedliche Schreibart gibt in ihrer Gesamtheit dennoch ein klares Bild des Althebräischen.

Nimmt man noch hinzu die immer reicheren Keilschriftenfunde, die zur teilweisen Wiedererschließung des altbabylonisch-assyrischen Sprachkreises führten, so ist damit ein wichtiger weiterer Schritt möglich: die gleiche Rekonstruktion einer *semitischen* Ur-Stammsprache durch die Orientalistik, wie sie die Germanistik als *indo-europäische* Ur-Stammsprache durch Vergleich ihrer Einzelsprachen theoretisch aufgestellt hat. Leider blieb es bisher bei Ansätzen zu diesem Schritt, der allein dem anzustrebenden Wurzelvergleich *zweier* Ur-Stammsprachen das wissenschaftliche Fundament schaffen könnte.

Die sich solcherart ergebenden Sprachgleichungen würden ein überraschendes Resultat offenbaren, das als Beweis für eine ungleich weiter zurückliegende ursprachliche Gemeinschaft kaum mehr zu übersehen wäre. Es ist das Verdienst *Dr. Wadlers*, durch eine Sammlung überzeugendsten Tatsachenmaterials der modernen Sprachwissenschaft neue Zukunftswege gewiesen zu haben. Solange jedoch die offizielle Philologie auf Übereinstimmung grammatikalischer Merkmale besteht statt nur auf solcher von gemeinsamen oder wenigstens ähnlichen *Grundwurzeln* der Wörter, um die Verwandtschaft verglichener Sprachen zu bestätigen — solange tritt auch die vergleichende Etymologie auf der Stelle und vermag keine neuen Bausteine zur großen Synthese (Zusammenschau) herbeizuschaffen.

Was ist nun die Wurzel eines Wortes und warum ist diese allein wichtig, um zum Wesen der Ursprache zurückzufinden? Hier sei nochmals daran erinnert, daß Wurzel „geschaffene Urzelle" bedeutet, von der alles weitere Leben seinen Ausgang nimmt. Auch der Sprachbaum der Menschheit als geistiges Gewächs mit zahllosen Zweigen — teils schon abgestorben, teils grünend und immer neue Sprößlinge treibend — ging aus ursprachlichen Zellen hervor: aus den Urworten mit ihrer Kraft, spätere Wachstumsformen in großer Mannigfaltigkeit hervorzubringen. Wollen wir daher einzelne Sprachzweige vergleichen, um Gemeinsames festzustellen, so dürfen wir uns keineswegs mit ihrer höchst unterschiedlichen äußeren Gestalt befassen (entspricht der Grammatik), sondern mit der Übereinstimmung ihres Zellkerns (entspricht den Wurzeln der Wörter). Nur in der *Urzelle Wort* mit seinen Lautelementen liegt der geistige Same, in dem verborgen sein tiefster Sinn ruht.

Wie sehr sich die Bedeutung der Wurzel förmlich aufdrängt, zeigt die Klassifizierung aller Sprachen durch die Wissenschaft in drei große Sprachtypen im Hinblick auf die Behandlung der Wortwurzeln. Diese drei Gruppen sind die isolierenden, die agglutinierenden und die flektierenden Sprachen. Ihre Merkmale sind:

1. Isolierende (nebeneinanderstellende) Sprachen sind einsilbige, reine Wurzelsprachen. Ihre Wörter (Wurzeln) bleiben stets *unverändert,* nur ihre Stellung und Wortbetonung drückt die grammatikalischen Beziehungen im Satze aus. Chinesisch, Tibetisch, Anamitisch und Siamesisch sind die Hauptvertreter dieses Sprachtyps. Man nimmt an, daß die isolierende Form die ursprünglichste Art aller Sprachen war.

2. Agglutinierende (zusammenfügende) Sprachen leimen die Flexionsendungen nur lose an den Wortstamm. Die Wurzel ist *unveränderlich* auch in den Vokalen. In Europa zählen zu dieser Gruppe Finnisch, Türkisch und Ungarisch. (Ein Beispiel dieses Anhängens statt Flexion: ungarisch ember = der Mensch, ember-nek = des Menschen, ember-ek = die Menschen, ember-ek-nek = den Menschen usw.)

3. Flektierende (beugende) Sprachen *verändern* (?) die Wurzeln nach bestimmten Regeln und drücken die grammatikalischen Satzbeziehungen durch Flexionsänderungen aus (Deklination, Konjugation). Zu dieser Gruppe werden sämtliche indogermanischen *und* semitischen Sprachen gerechnet. Und das, trotzdem sich der grammatikalische Bau beider Sprachfamilien grundlegend unterscheidet.

Das Fragezeichen soll nicht übersehen werden! Die Behauptung, in den flektierenden Sprachen würden sich — im Gegensatz zu Gruppe 1 und 2 — die Wurzeln der Worte verändern, greift tief an das Problem: zählen zu einer Wurzel nur die Konsonanten (Mitlaute) oder auch der Selbstlaut (Vokal), der sie erst aussprechbar macht? Bekanntlich wurde das *Altsemitische* vokallos geschrieben und die Bedeutung der Wurzel liegt ausschließlich in den Konsonanten. Altindisch hingegen war eine Sprache mit Vokalschrift, weshalb die Sprachwissenschaft in allen indogermanischen Sprachen den Vokal zur Wurzel zugehörig betrachtet. Hier liegt einer der Hauptgründe, warum die Philologie beide Sprachstämme grundsätzlich für „unvergleichbar“ hält, doch rücken bereits bedeutende Repräsentanten der Sprachforschung von dieser Zwangsfessel ab. Wo liegt nun die Wahrheit bei diesen gegensätzlichen Auffassungen? Und ist es wirklich so wichtig, dieses Problem in unserem Buche zu erörtern?

Ja, es ist wichtig! Denn ohne ein richtiges Bild vom wahren Wesen einer Wortwurzel zu gewinnen, wäre ein Verständnis der später folgenden geistigen Lautlehre außerordentlich erschwert. Auch in diesem Philologenstreit vermag uns nur die geistige Erkenntnis die Wahrheit zu vermitteln. Sinn und Funktion der Konsonanten und Vokale stammen aus verschiedener Sphäre. Nach der urägyptischen Tarotlehre, aber auch der altindischen Mantramlehre von den Kräften des Wortes sind die Konsonanten der Ausdruck von *Ideen;* sie zählen daher zur mentalen Sphäre, zur geistigen Gedankenwelt. Die Vokale hingegen beleben diese Ideen. Sie sind der Lebenshauch Gottes im Worte der Schöpfung, was sich in manchen Gottesnamen der Alten ausdrückte (hebr. IEOUA = Jehowa, Gnosis IAO). In der menschlichen Sprache gehören daher die Vokale als Ausdruck der *Empfindungen* der geistigen Seelenwelt an. Nochmals sei dazu auch das Wort Swedenborgs (S. 36) in Erinnerung gerufen:

„... Da die Vokale *nicht* die eigentliche Sprache bilden (welche Gedanken ausdrückt! Kh.), sondern nur beim Sprechenden die Worte je nach seinem Gefühlswert (!) erklingen lassen, sind sie in der hebräischen Sprache, die noch viel Geistiges in sich trägt, nicht verzeichnet ..." Dies ist auch der Grund, daß die alte Geistastrologie die Konsonanten den Tierkreiszeichen (mentalen Kräften), die Vokale jedoch den Planeten (astralen Kräften) im Menschen zugeordnet hat.

Indem nun jede Wurzel eines Wortes einen scharf begrenzten *Gedanken,* eine kleine geistige Schöpfung bildet, ist sie unverrückbar an die betreffenden Konsonanten gebunden, deren Änderung sofort eine andere Idee ergäbe. Vokale als belebende *Gefühle* des Wortes zählen nicht zur Wurzel, weshalb sie sich auch vielfach wandeln können, ohne den Grundsinn einer Idee zu verändern. Ein Beispiel aus unserer Sprache: wechselt etwa das Wort „sprechen" seinen Sinngehalt, wenn durch Flexion die Zeitformen „sprach" und „gesprochen" mittels Vokalwandels gebildet werden? Gewiß nicht, denn die konsonantische Wurzel blieb unverändert: immer handelt es sich um das Reden! (Nun mag ein Kritiker einwenden, Zeitformen seien doch keine Gefühle und werden dennoch durch verschiedene Vokale ausgedrückt. Doch, die Zeit hat außerordentlich mit Gefühlswerten zu tun! Vergangene Erlebnisse klingen seelisch nach, in den *Tiefen* der Psyche; analog wählt daher der richtige Sprachgebrauch für die Zeitformen der Vergangenheit meist die tieferen Vokale.) Oder ändert sich die Bedeutung von „zwei" etwa durch die unterschiedlichen Dialekte, vom norddeutschen zwee bis zum bayrischen zwoa? — Darum nochmals in Kürze: die Konsonanten ergeben den *Sinn* eines Wortes, die Vokale stellen es in einen bestimmten *Erlebniswert* hinein.

Am Wege zum ursprachlichen Wort entsteht eine weitere Frage: Wenn die Bedeutung eines Wortes an seine Konsonanten gebunden ist, dann ist doch jeder Konsonantenwechsel eine Zerstörung des ursprünglichen Gedankens? Dann sind jene Lautverschiebungen, wie sie z. B. *Grimm* für die indogermanische Sprachfamilie zum Teil lautgesetzlich entdeckte, irgendwie ein sprachliches Abbild des geistigen Babels und seiner Verwirrung? Wirklich ist es so! Daher auch das streng religiöse Gebot im Judentum, daß an der heiligen Überlieferung der Thora nicht ein einziger Konsonant geändert werden darf, während der Vokalisation ein viel freierer Spielraum gelassen wurde. In der weltlichen Rede und Schrift aller Sprachstämme war es anders. Da benahm der stete Wechsel des Wortes im Durchgang durch zahllose Völker mit ihren Spracheigentümlichkeiten dem Urworte das, was einst seine magische Kraft ausmachte: die treffende Bezeichnung eines Wesens oder Dinges durch die geistig „entsprechenden" Laute. Und dies allein rechtfertigt das Wort „Name", der einstmals immer die geistig-seelische Substanz offenbarte. (Auch ein jeder Mensch hat als Geistwesen von der Urschöpfung her einen „inneren Namen", dessen Laute seine göttliche Individualität ausdrücken. Die Offenbarung Johannis nimmt darauf deutlich Bezug.)

Um kein neues Beispiel für die Lautverwirrung anzuführen — später werden deren genug aufgezeigt — bleiben wir bei unserem ursprachlichen Hund KYoN („er ist die Kraft der Wahrnehmung"). Welcher Wandel von dieser ursprünglichen Wurzel über das lateinische CANis zum deutschen HUNd! Hier bewahrt das französische CHIEN die alten Lautwerte entschieden getreuer als so manche andere verwandte Sprache. Und dieses kleine, nicht allzu wichtige Beispiel gibt Anlaß zu einer grundlegenden Forderung:

Etymologie (Sprachenvergleichung) muß sich auf eine möglichst große Zahl von Sprachen stützen, will sie den alten gemeinsamen Nenner als Wegweiser zum Urwort rekonstruieren. Gewiß bieten die alten Sprachen dazu mehr Anhaltspunkte als die lebenden Idiome, doch bewahrt auch eine *jede* moderne Sprache unter viel Schutt noch uralte Sprachweisheit. Mag die Benennung einer Sache heute zur konventionellen Wortmünze geworden sein, die ihren alten Wert (verborgenen Sinn) dem Redenden nicht mehr preisgibt — in irgendeiner Sprachgruppe, sei es die germanische, romanische oder slawische, blieb oft lautgetreu das alte Gut erhalten, zuweilen sogar nur in einer einzigen Sprache. Man muß es nur unter den Masken der erlittenen Lautverschiebungen auffinden und erkennen lernen.

Solche Lautwandel, die einer gewissen Gesetzlichkeit nicht entbehren, gibt es in der Gesamtheit einer Sprachfamilie ebenso im großen, wie auch jede Einzelsprache unablässig Veränderungen unterworfen ist. Denn Sprache ist Geist, und Geist ist Leben! Wer z. B. ursprachliche Wurzelworte in alten und neuen Sprachen der indogermanischen Gruppe auffinden und nachweisen will, findet in den von Jakob Grimm entdeckten Lautverschiebungsregeln eine wertvolle Hilfe, obwohl diese sich nur mit den B-G-D-Lauten befassen und mancherlei Ausnahmen nicht berücksichtigen. Natürlich bezieht sich solches Suchen nach vergleichbaren Worten nur auf den *Körper* der Sprachen. Die Geistesgeschichte, welche die *seelischen* Ursachen jener Lautverdichtungen, Erweichungen, Nasalierungen und dgl. bei der Rede jedes einzelnen Volkes aufzeigt, muß erst geschrieben werden; sie ergäbe ein grandioses Bild von der individuellen Eigenart der Völker, bedingt durch ihr überwiegendes Hinneigen zu Gemüts- oder Verstandeswerten, zur anschaulichen oder abstrakten Begriffsbildung, zur Innerlichkeit oder Äußerlichkeit. Die Formung einer Sprache ist immer ein getreues Abbild geistiger Zustände, die sich letzten Endes im Sprachzentrum des Menschen so auswirken, daß er sie in der Rede mit den entsprechenden Lauten wiedergeben *muß*.

Man betrachte z. B. den scharfen Gegensatz innerhalb der indogermanischen Sprachfamilie, wie er in den beiden Gruppen der sogenannten „Kentum- und Satemsprachen“ sichtbar wird. Wo die erstere Laute der K- und H-Reihe (Kehl- und Hauchlaute) verwendet, spricht die letztere Laute der S- und T-Reihe (Zahn- und Zischlaute). Deutsch ist beispielsweise eine Kentumsprache, Russisch (wie alle slawischen Sprachen) eine Satemsprache (vergleiche etwa Herz = serce). Dieser Bruch der Ur-Stammsprache geschah bereits vor vielen Jahrtausenden, denn bei aller Verwandtschaft ist z. B. schon Sanskrit eine Satem-, Awesta dagegen eine Kentumsprache. (Beispiele: sieben = sskr. sapta, aw. hapta. — Licht = sskr. suar, aw. hvar, — und hebr. ha-ur!) Die geistige Entsprechung des „Falls“ von den *inneren* Kehllauten in die *äußeren* Zahnlaute —

auch das gehört zu Babel — wird anderenorts beleuchtet werden.

Auch der stete Wechsel der Liquida (l, r, n) in den meisten Vergleichssprachen ist nur durch den Verfall des ursprachlichen Empfindens bedingt, denn der geistige Gehalt jedes dieser drei Laute — die übrigens im Sanskrit-Alphabet Halbvokale darstellen — ist ein völlig anderer. Dieser Lautwechsel zieht sich von Sprachen des Altertums hin bis zu solchen der Gegenwart. So unterscheidet die Wissenschaft direkt R- und L-Sprachen und meint, die betreffenden Völker könnten einen der beiden Laute nicht aussprechen und würden ihn daher durch den anderen ersetzen. Als Beispiel führt sie Altägyptisch als R-Sprache an, weil sich angeblich keine Hieroglyphe für L vorfindet. Nun ist aber das noch lebende Koptisch, auf Grund dessen man die altägyptische Aussprache rekonstruieren will, die Sprache der christlichen Ägypter im 3. Jahrhundert n. Chr. gewesen. Zu dieser Zeit aber waren bereits rund 3000 Jahre seit dem Pharao *Cheops* und 5000 Jahre seit dem König *Menes* verflossen, mit dem die aufgezeichnete Geschichte Ägyptens beginnt. Nur aus jener Epoche Ur-Ägyptens datieren auch die alten heiligen Sprachschriften, deren Zeichen auch die raffinierteste Entschlüsselungskunst moderner Archäologen nicht zu enträtseln vermochte.

Stichhaltiger, weil durch Dokumente nachweisbar, ist die Aussage, daß das Vedische, die älteste Sprache Indiens, Worte mit L-Zeichen schrieb, die das nachfolgende Sanskrit in R-Zeichen verwandelte. Im heutigen Asien ist das Chinesische eine ausgesprochene L-Sprache, Japanisch dagegen eine R-Sprache. Im „Turm von Babel“ bringt Dr. Wadler eine ausführliche Tabelle aller alten und modernen Sprachen beider Gruppen und schreibt von diesen Merkmalen: „Beachten wir dies nicht, können wir die Glieder mancher uralter Wortkette nicht mehr finden und manche Worte selbst innerhalb der gleichen Sprachsippe nicht mehr deuten". —

Und der Zweck, warum hier auf die Probleme Satem/Kentum, bzw. R/L-Sprachen näher eingegangen wurde? Geistig zeigt insbesondere der gesetzliche Wechsel von H nach S die stete Verdichtung des Geistes in der Materie an. Der göttliche Hauchlaut H (zweifach vertreten im hebr. Gottesnamen Jehowah) wurde entthront durch den „Zischlaut der Schlange", durch das S Satans, des Geistes der Materie! Auch das Absinken der primären L-Sprachen zu solchen, wo das R dominiert, liegt auf ähnlicher Linie: die L-Kräfte sind Ausdruck des Herzensfühlens (vgl. hebr. lew = Herz), die R-Kräfte dagegen jenes des Vernunftdenkens (hebr. resch = Haupt). —

Hier nimmt also die esoterische Sprachforschung ihren Anfang, wo die äußere Sprachforschung endet. Aus der „Anatomie" des Wortes wird eine lebendige „Biologie", die uns als Religion des Wortes zu den Urquellen der Menschheit zurückzuführen vermag. Wir müssen der offiziellen Sprachwissenschaft dankbar sein für die Grundlagen, die sie uns durch Erschließung immer älteren Sprachgutes schuf. Und für ihre systematischen Vergleichsmethoden, die es ermöglichen, Ursprachliches auch in den Worten wiederzufinden, die ein jeder seine Muttersprache nennt. Tritt zu diesem Forscherfleiß noch das Licht der Geisteslehre, dann vereinigen sich die Wege zur Ursprache zum Pfade der religiösen Wissenschaft in das Heiligtum des Wortes.

VI

ANFÄNGE DER GEISTIGEN SPRACHFORSCHUNG

„Die Geister der Buchstaben des Alphabets sind die Formen des einigen Geistes in der Natursprache.“

Jakob Böhme

ANFÄNGE DER GEISTIGEN SPRACHFORSCHUNG

Nicht von jenen bahnbrechenden Linguisten soll hier die Rede sein, die — wie zuvor dargelegt — auf etymologischem Wege die Grundlagen schufen, um ältestes Sprachgut untereinander und mit neuerem vergleichen zu können. Sie alle haben als fähige Philologen und Grammatiker wertvolle Facharbeit geleistet, haben registriert, klassifiziert und das Gefundene in ein exakt greifbares System, eben die Sprachwissenschaft gebracht. Allein, die alten Worte blieben unter ihren Händen museale Bausteine, an denen man nur ihr Äußeres, ihre Herkunft, ihr Alter, ihr Material, ihre Zusammenfügung und Ähnliches studierte. Gewiß ließen sich auch mit diesen Methoden beachtenswerte Rückschlüsse kultureller und historischer Natur treffen, die das Dunkel vergangener Jahrtausende in mancher Beziehung aufzuhellen vermochten. Nur eines blieb dabei das alte Geheimnis wie ehedem: *Warum* nannte man einst die Dinge so und nicht anders? Und *woher* die folgende immer stärkere Verwirrung der Menschheitssprache, dieser Zerfall in zahllose, scheinbar völlig fremde Idiome und Dialekte? Fragen, auf die die offizielle Sprachforschung die Antwort schuldig bleiben muß, weil sie in andere Kategorien des Denkens fällt.

Sprachwissenschaft im äußeren Sinn ist noch kein Weg, der vom inneren Sinn der Sprache Wissen schafft. Ein solcher Weg kann nur von Menschen beschritten werden, denen das Wort mehr bedeutet als ein konventionelles Verständigungsmittel oder eine grammatikalische Fügung von Lauten. Von Menschen, in denen der Sprachgenius lebendig blieb als ein inspirierender Führer zum Urquell, von dem alles Sprachleben immer neue Kräfte empfängt, vom schöpferisch gestaltenden Geiste. Es ist daher begreiflich, daß gerade von Mystikern und Sehern die tiefsten Aussagen über das Substantielle des Wortes gemacht wurden. Einige solcher Aussagen wurden darum an den Eingang dieses Buches gestellt; sie alle greifen vom irdisch Konkreten der Menschenrede in die Bezirke der Metaphysik hinüber, vom sinnlichen Ton zur geistigen Form, von der zeitlich und räumlich verschiedenen Gestaltung zur ewig-gleichen Idee, die als göttliches Band alles verbindet, was eines Ausdrucks des Wortes fähig ist.

Irdische Sprachwissenschaft befaßt sich immer mit einem schon Gewordenen und seiner historischen Veränderung. Geistige Sprachforschung dagegen spürt dem stets Lebendigen der Sprache nach, den inneren Gesetzen ihres Werdens und auch ihres Gewordenseins. Für sie sind die Laute der menschlichen Rede, die im Raume verhallt, nur ein Gleichnis für das innere Wort im Menschen, das wiederum ein Abbild des universalen, kosmischen Schöpfungswortes ist. „Denn nichts, das nicht durch das ewige Fiat geschaffen und erhalten würde" — wie das Evangelium Johannis offenbart. Jeder Schöpfungsakt ist eine *Bewegung;* geistig zunächst eine Erregung des Willens, etwas aus der eigenen Wesenheit zu formen und frei hinauszustellen. Einen Gedanken „denken" (= dinglich gestalten), heißt doch, sich etwas „vor-stellen". Sodann werden die Willenskräfte weiter in Bewegung gesetzt, um diesen Gedanken „auszudrücken". Dies geschieht durch seine Abgrenzung, indem er durch einen Namen, ein „ent-sprechendes" Wort benannt und damit von anderen Gedanken gleichsam separiert wird. Daher bedeutet auch das Wort „Sprache" nichts anderes als sein Name besagt: Se-pa-ra-che = Separierungskraft, Fähigkeit der Abteilung (vgl. dazu das holländische taal = Sprache, vom Wortstamm „teilen").

Da nun jede Benennung, jeder „Name", d. h. ein *jedes Wort* aus einer Summe von Einzellauten besteht, die in ihrer Wahl und Reihenfolge eine bestimmte Bedeutung ergeben, läßt sich daraus ein untrüglicher Schluß ziehen: jedem Laute der menschlichen Rede wohnt ein geistiger Sinn und eine bildende Kraft inne, die in ihrer Eigenart nur diesem Laute und keinem anderen zukommt! Die große Schöpfungslehre *Lorbers* legt dar, daß im Menschen abbildlich alles enthalten ist, was das Wesen des geistigen und kosmischen Weltalls ausmacht. Damit wird der alte hermetische Wahrspruch „Wie oben, so unten", um die Einheit alles Geschaffenen zu wahren, aufs neue bestätigt: der Mikrokosmos Mensch ein substantielles Abbild des Makrokosmos, des „großen Weltenmenschen", als welchen Lorber und Swedenborg, aber auch die alte Kabbala das Gesamtuniversum darstellen.

Demgemäß sind auch alle Elemente des göttlichen Schöpfungswortes, die „Urlaute" (Kraftstrahlungen) Gottes, die als Lebenshauch alles Geschaffene erhalten, analog im Menschen vertreten: wesend und wirkend in seinen sieben übersinnlichen Kraftzentren der geistigen Wahrnehmung und inneren Lautbildung, woraus über das innere Wort auch die äußere Sprachfähigkeit des Menschen hervorgeht. Die altindischen Weisen nannten diese Schöpferkraft „vaka" (va = schaffen, ka = Kraft), woher auch das lateinische „vox" = Stimme abstammt. Und so sind auch die tönenden „Vokale" das Belebende der Sprache, die ja durch die „Mit-laute" (Konsonanten) allein gar nicht aussprechbar wäre. Esoterische Sprachforschung beginnt daher gewisserart mit einer geistigen Phonetik

(Lautlehre) und trachtet zunächst die Gefühlswerte der Laute intuitiv zu erfassen. Sodann ist sie bestrebt, auf Grund alter Mysterienweisheit den metaphysischen Gehalt, die Ideenwelt jedes Lautes zu *ermeditieren.* (Dieser Ausdruck wird bewußt gebraucht, denn eine unverhüllte Lehre des „Abc" wurde niemals, weder schriftlich noch mündlich, überliefert. Immerhin bietet die Entsprechungswissenschaft so viele Anhaltspunkte in der Symbolik aller Religionen und Weisheitslehren, daß ein jeder geistige Schüler des Wortes erkenntnismäßig bis dorthin gelangen kann, wo die oberen Grenzen seiner geistigen Einsicht und Entwicklung liegen.)

Wenn dieses Kapitel „Anfänge der geistigen Sprachforschung" genannt wurde, so darum, weil hier in kurzen Streiflichtern gezeigt werden will, wie sich einige bedeutende Vertreter der Geisteswissenschaft bisher mit dem Problem der Ursprache, insbesondere aber mit dem okkulten *Wesen der Laute* befaßten. „Anfang" will hier nicht in zeitlichem Sinne verstanden sein, sondern als Beginn einer zukunftweisenden neuen Sprachmethodik: einer Geistlehre, die auf Wissenschaft und Religion gleichzeitig basiert und die Auferstehung des verlorenen Worterlebnisses in den Mittelpunkt ihrer Zielsetzung stellt. Und „Anfang" auch deshalb, weil wir trotz den nicht gering zu schätzenden Vorarbeiten dieser Pioniere erst am Beginn des neuen Weges stehen und es noch sehr viel geistiges Neuland zu erschließen gilt. Denn der heilige Tempel des Wortes ist wie eine Gralsburg, deren Pforten geöffnet stehen und dennoch nur jenen Einlaß gewähren, die vom Hauche des Wortgeistes berührt werden. Darum kann auch dieses Buch erst zu den Anfängen zählen, indem es dem bisher Gefundenen einige weitere Gedanken hinzufügt und die Vertiefung des inneren Sprachempfindens im Leser zu wecken versucht.

Da der Beginn systematischen Sprachenvergleichs weniger als zweihundert Jahre zurückreicht, sollen hier gleichfalls nur die Repräsentanten der geistigen Sprachbetrachtung innerhalb jenes Zeitraums Erwähnung finden. Sie hatten und haben es nicht leicht, inmitten einer „aufgeklärten" Zeitepoche gegen die materialistische Orientierung der Sprachwissenschaft ihre Stimme zu erheben! Dies um so mehr, als jeder „fachliche Außenseiter" ihrer philologischen Bezirke mit der geschlossenen Abwehrfront der Sprachprominenz zu rechnen hat, die ihre „gesicherten Ergebnisse" stets zu verteidigen bereit ist. Solange, bis der Frühlingssturm des kommenden Zeitalters auch diesen zu engen Bau zerbrechen wird, um statt des alten Babels der Verwirrung einen neuen Bau geistig-menschlicher Einheit zu errichten.

Zu den Schatzgräbern des Wortes zählten um die Wende zum 19. Jahrhundert die Namen zweier französischer Gelehrter: *Court de Gebelin* und *Fabre d'Olivet.* Von ihrer Zeit verkannt und heute vergessen, schufen sie — auf der Theosophie, d. i. Gottesweisheit des Mystikers Jakob Böhme fußend — die ersten Grundlagen dessen, was wir oben „geistige Phonetik", die Lehre vom inneren Wert der Laute nannten. Wenn *Böhme* in seinem „Mysterium Magnum" schrieb: „. . . Die *Geister* der Buchstaben des Alphabets sind die Formen des einigen Geistes in der Natursprache. Aus den fünf Vokalen redet der Name Gottes, denn „Jehowa" hat nichts in sich als nur die fünf Vokale A, E, I, O, U. Die anderen Buchstaben deuten an, was der Name Gottes im *geformten* Wort in der Natur sei . . ." — dann war diese Art geistiger Lautempfindung gewiß die Richtschnur für die Erkenntnis der beiden französischen Mystiker.

Court de Gebelins Werk „Die ursprüngliche Welt"

(Paris 1771) vertritt die grundsätzlichen Unterschiede zwischen den Selbst- und Mitlauten, indem es die Vokale der *Gefühlswelt,* die Konsonanten der *Gedankenwelt* zuordnet. (Man vergleiche dazu Swedenborg!) In diesem Gesetz erblickt der Verfasser die Grundlage aller geistigen Sprachbildung: „ . . . Wir sehen beständig, wie alles auf die Empfindung Bezügliche stets durch die Vokale, alles die Ideen Betreffende aber durch die Konsonanten ausgedrückt wurde, bei welchem Volke immer es sei . . ." Um diese Qualitäten sogar namentlich festzuhalten, nannte er die Vokale „sons", die Konsonanten hingegen „tons". (Eine m. E. nicht sehr treffende Bezeichnung, da das „s" geradezu ein Antipode des göttlichen Vokalhauches ist! Ich würde in der geistigen Sprachlehre den Vokalen den Namen „Äonen" geben: a-e-i-o-u mit dem n als dem Laute der ewigen Fortdauer.) Das anregende Werk Court de Gebelins ging im Geiste des nachfolgenden Zeitalters der Aufklärung mit seinem nach außen gerichteten Denken völlig unter.

Zu den philosophischen Werken *Fabre d'Olivets* zählt das Buch „Die wiederhergestellte hebräische Sprache" (Paris 1825). Darin findet sich auch ein Versuch, den geistigen Sinn der 22 Buchstaben des semitischen Alphabets nach ihren Namen aufzuschlüsseln. Was diese Lautreihe von allen auf uns überkommenen Alphabeten so grundlegend unterscheidet, ist ein Umstand von gewaltiger Bedeutung: im Gegensatz zu allen anderen trägt jeder hebräische Buchstabe einen Namen und einen Zahlenwert. Eine der Aufgaben unseres Buches soll es sein, nachzuweisen, daß diese Namen zu den 22 großen „Arkana" (Geheimnissen) des *Tarot,* der Urbibel Altägyptens, direkte Beziehungen haben und mit dem innersten Sinn des jeweiligen Tarotsymbols völlig übereinstimmen. Leider ging selbst der jüdischen Kabbala der Entsprechungssinn der Lautwerte verloren, die den Namen eines jeden Buchstabens bilden. Was Wunder, wenn sich dann auch die alte Schreibart der Buchstabennamen so änderte, daß sie gänzliche veränderte Bedeutung bekamen. So heißt z. B. der Name Aleph (Buchstabe A) heute „das Rind", Beth (B) „das Haus", Gimel (G) „das Kamel", Daleth (D) „die Tür" usw., womit sich allerdings geistig wenig anfangen läßt.

Fabre d'Olivet gelang es mit beachtlicher Einfühlung, diese ärgsten Klippen zu umgehen, doch vermochte er sich bei einem Teil der Lautnamen dennoch nicht von ihrer umgangssprachlichen Bedeutung freizumachen, was sich dann bei der geistigen Auslegung recht bemerkbar machte. So heißt z. B. Zajin (Buchst. Z) „Pfeil". Der Autor deutet daher: „Jeglicher Gegenstand, der einem Ziel zustrebt". Manche Buchstaben werden geistig sehr treffend gedeutet, z. B. Resch (R) „das Haupt": „Alles, was in sich eigene, *bestimmende* Bewegung birgt". In unserem Buchkapitel über Tarot und Kabbala wird auf weitere wertvolle Anregungen Fabre d'Olivets hingewiesen. Seine sprachlichen Studien mit reingeistigem Einschlag spiegeln sich unverkennbar in der illustren französischen Okkultistenschule wider, die am Ende des 19. Jahrhunderts in den kabbalistischen Kommentaren eines *Eliphas Lévi* (Abbé Constant) und *Papus* (Dr. Encausse) ihren besten Niederschlag fanden.

In dem Werke „Die Kabbala" (Paris 1902) widmet *Papus* zwei Kapitel der hebräischen Sprache und den göttlichen Namen, die in der jüdischen Mystik eine besondere Rolle spielen. Er schreibt u. a.:

„... So wie wir die Kabbala auffassen, ist sie die vollständigste Zusammenfassung dessen, was von der Lehre der altägyptischen Mysterien auf uns gekommen ist.

Ebenso wie diese Lehre hat möglicherweise auch die hebräische Sprache Veränderungen erfahren, wie es der Verlauf vieler Zeitalter mit sich bringt. Heute umfaßt die Kabbala zwei große Teile: Der erste bildet eine Art Schlüssel, der auf dem Geiste der hebräischen Sprache beruht und zu verschiedenen Anwendungen geeignet ist. (Magie oder Mystik. Kh.) Der zweite gibt eine Religionsphilosophie, die mit diesen sozusagen technischen Mitteln des Wortes erbaut ist.

Darum muß man vorher das hebräische Alphabet und die Geheimnisse seiner Bildung verstehen. Die Kabbala lehrt einen besonderen Gebrauch der Buchstaben, die als Ideen und gleichzeitig wirksame Kräfte betrachtet werden. Das hebräische Alphabet setzt sich aus 22 Buchstaben zusammen. Diese sind nicht in einer zufälligen Reihe angeordnet, sondern jeder von ihnen entspricht je nach Rang und Stellung einer Zahl, je nach seiner Form einer Hieroglyphe und je nach seinen Beziehungen zu den anderen Buchstaben einem Symbol.

Hebräische Buchstaben kombinieren heißt also Zahlen und Ideen kombinieren; daraus ergibt sich das Wesen des Tarot (und auch der alten Namen! Kh.). Jeder Buchstabe ist als eine *Macht* mit den schöpferischen Kräften des Universums verbunden. Indem diese Laute (nach dem Grundsatz der Entsprechungen. Kh.) in den drei Welten, der mentalen, astralen und physischen Sphäre Wirkungen auslösen können, ist jeder Buchstabe der Ausgangs- und Endpunkt einer Vielheit von Beziehungen. Hebräische Wörter und Namen kombinieren, heißt demnach auf das Universum selbst einwirken. Dies ist der Grund, warum wir in den magischen Formeln meist hebräische Wörter finden. Denn eine bestimmte Gruppierung der Buchstaben läßt nach mystischen Regeln Zentren wirksam werden, die der Mensch nach seinem freien Willen benützen kann ..."

Papus bezieht sich hier auf die inneren Geistorgane des Menschen, seine *Strahlzentren* (indisch Chakra), die zugleich den Sitz der Lautkräfte darstellen. Die ursprachliche Bildung der Namen aller Wesen und Dinge geschah durch das geistige Wahrnehmen ihrer inneren Substanz, welches Erkennen zugleich die analogen Lautkräfte im Menschen aktivierte und zu ihrem Ausdruck im gesprochenen Wort führte. Von den göttlichen Namen sagt Papus:

„... Jeder dieser Namen (als bestimmte Lautgruppierung) bezeichnet ein besonderes Attribut Gottes, d. h. ein geistiges Aktionszentrum und ein wirkendes Gesetz in der Natur. (Z. B. „Jehowa Elohim" = „Ich bin ewig in den Lichtern", d. s. die sechs schöpferischen Strahlen der Gottheit, durch das Zentrum zur Siebenheit geeint. Im „Großen Evangelium Johannis" Lorbers findet sich eine genaue Erläuterung dieser sieben göttlichen „Eigenschaften". Kh.) Da jedoch alle Manifestationen der göttlichen Offenbarung (d. i. *alles* Geschaffene als Gedanken Gottes! Kh.) so miteinander verbunden sind wie die Zellen im Gesamtorganismus Mensch, so wird — wenn irgendeine dieser Offenbarungen durch ihren Namen in Wirksamkeit gesetzt wird — ein wirklicher Kraftstrom erzeugt, der im ganzen Universum reflektiert wird ..."

Das ist das Geheimnis jeglichen Gebets und jeglicher Anrufung einer geistbeseelten Kraft! Hier wird die Drei-Einheit des Denkens, Fühlens und Wollens sichtbar: vom Willen gelenkte und vom Gefühl belebte Gedankenkräfte setzen das entsprechende *Abbild* im Menschen mit dem ewigen *Urbild*, der göttlichen Idee in einen unauslöschbaren Kontakt. Die Brücke dahin aber bildet das Wort im

Menschen, als Ausdruck der inneren Schöpferkraft seines Geistes. —

Zur Forschergruppe der erwähnten geisteswissenschaftlichen Schule Frankreichs zählte auch *Saint Yves d'Alveidre*, ein Sprachgelehrter ungewöhnlicher Prägung. Seine mehrjährigen Studien bei indischen Brahmanen ließen ihn dort ein Alphabet entdecken, das lange *vor* Veda und Sanskrit die Schrift eines vorsintflutlichen Volkes gewesen sein muß. St. Yves nannte es das „Alphabet der Patriarchen" und stellte fest, daß sich — im Gegensatz zu dem später viel differenzierteren Sanskrit — seine Zeichen nach Zahl und Reihenfolge genau mit dem althebräischen Alphabet deckten. Die brahmanischen Mönche nannten diese Lautreihe den „*Watan*" (entspricht indisch Veda = Weistum) und erklärten, ihrer Überlieferung nach wäre der Watan das älteste morphologische (sinnbildliche) Alphabet der Welt. Seine Zeichen wären „vom Himmel abgelesen", da die Sternenschrift am Firmament dem Eingeweihten den Logos, das Schöpfungswort offenbare. Tatsächlich finden sich in den Zeichen des Watan die Urbilder der meisten noch heute gebrauchten astrologischen Symbole der Tierkreis- und Planetensphäre.

Auch die in Watan und Kabbala übereinstimmende Zahl 22 der Buchstaben findet in beiden Lehren eine sinngemäße Deutung. Die Reihe besteht beiderseits aus a) drei *konstruktiven* Lauten, die gleichsam die *Grundidee* der Schöpfung vertreten: das A als der göttliche Ursprung, das S als der Laut der Selbstheit, der Individualisierung, und das T als der Laut der Vollendung dieser großen Schöpfungsidee. Ferner:

b) aus sieben *evolutiven* Lauten, welche den entwickelnden *Kräften* der Schöpfung entsprechen und je nach ihrer harten oder weichen Aussprache die Dualität (Polarität) dieser Kräfte ausdrücken. Diese Laute haben daher besondere Beziehungen zu den Planeten (Seelenkräften im Menschen) und finden sich als die sieben „doppelten Buchstaben" auch in der Kabbala wieder. Im bezüglichen Kapitel wird ihrer gedacht werden.

c) aus zwölf *involutiven* Lauten, die sich auf die Gestaltwerdung der göttlichen Ideen in der Schöpfung bis zu ihrer Vollendung beziehen; Lebensbereiche, in deren Formen sich die Gotteskräfte für ewig zum Ausdruck bringen können. (Zwölf ist die Zahl der Vollendung. Man vergleiche dazu ihre Rolle in der Offenbarung Johannis, die auch das geistige Wesen des Tierkreises symbolisch schildert.)

St. Yves d'Alveidre hat dieses kosmisch geschaute Alphabet zur Grundlage seines Werkes *„Der Archeometer"* (Paris 1911) gemacht und seine sprachbildende Wirkung nach vielen Richtungen hin kommentiert. Bemerkenswert ist ferner die Zuteilung der Laute zu den vier Elementen, die als Bildekräfte der Natur auch im Menschen tätig sind und daher auch seine ätherischen Sprachzentren bilden helfen. Wir werden später sehen, wie die indische Lehre von den feinstofflichen Organen (Chakras) dieses Wissen anatomisch genau wiederzugeben vermag.

Leider zeigen sich in der Zuordnung der Buchstaben zu den drei Lautgruppen zwischen Archeometer und Kabbala beträchtliche Unterschiede, wie folgende Gegenüberstellung erkennen läßt:

Buchstaben:	*Archeometer:*	*Kabbala:*
3 konstruktive Zeichen:	A-S-T.	A-M-Sh.
7 planetare Zeichen:	B-G-D-K-N-Ts-Sh.	B-G-D-K-P-R-Th.
12 zodiakale Zeichen:	H-V-Z-Ch-T-J- L-M-Y-P-Qu-R.	H-V-Z-Ch-T-J- L-N-S-Y-Ts-Qu.

Solche Differenzen können schwerwiegende Fehlschlüsse nach sich ziehen. Es bedarf viel intuitiver Einfühlung und geistiger Logik, um sich für die Lautreihen von Archeometer *oder* Kabbala (obwohl sie im Watan eins sind) richtig zu entscheiden, will man damit als Maßstab für ursprachliche Worte zu standfesten Resultaten gelangen. Derlei Unterschiede zeigen manche Geistlehren untereinander, worauf noch mehrmals hinzuweisen sein wird; ohne Zweifel dürften mangelhafte Überlieferungen über Jahrtausende hinweg der Grund hierfür sein, weshalb — wie überall — auch die blinddogmatische Annahme solcher Aufzeichnungen als *die* Wahrheit nicht geboten erscheint. Muß sich doch ein jeder Geiststrebende die tiefsten Erkenntnisse selbst erringen, indem er ihre Wahrheit in sich selbst zu *erleben* beginnt. Um wieviel mehr gilt dies für die Aufnahme des göttlichen Wortes, das der Weg, die Wahrheit und das Leben ist.

Aus solchem eigenen Erleben schrieb der geniale *August Strindberg.* Wegen seines heißen Strebens nach einer übergeordneten Schau der Dinge und seinem Forschen nach den Spuren der Ursprache soll hier seines Namens gedacht werden. Diesem schwedischen Dichter — berühmt durch seine tiefgründigen Bühnen- und Prosawerke — war überdies eine seltene Gabe zu eigen: die Zusammenfassung wissenschaftlicher Forschungsergebnisse auf zahlreichen Gebieten zu einer geistdurchleuchteten Synthese. Wer Strindbergs drei „Blaubücher" kennt, wird ebenso über die Fülle der darin angeschnittenen Probleme überrascht sein wie über die Art, mit der er die Ignoranz eines materialistischen Fachgelehrtentums sarkastisch überlegen aufzudekken verstand.

Aus vielen Kapiteln dieser Bücher, aber auch aus manch anderen Aufzeichnungen über Hebräisch, Assyrisch und

Chinesisch — Sprachen, die Strindberg selbst erlernte — oder aus Studien über die Ahnen der Muttersprache, über biblische Eigennamen u. dgl. leuchtet uns ein illustrer Geist entgegen. Das innere Licht, das ihn auch zum beglückten Anhänger der Lehre Swedenborgs machte, ließ ihn Gedanken niederschreiben wie etwa:

„... Man braucht nicht viel Hebräisch zu verstehen, um in einem biblischen Wörterbuch das Echo einer Sprache zu finden, die wahrscheinlich überall die gleiche gewesen ist ... Nachdem die hebräische Sprache von den Heiden unterschlagen wurde, hat man das Gefühl, als habe man den Boden unter den Füßen verloren, die Verbindung mit den Ahnen abgebrochen ... Es ist mir darum ein erbauliches Vergnügen, wieder die Bekanntschaft mit den Urpatriarchen anzuknüpfen und die Verwandtschaft mit Noahs Sohn Japhet, dem Ausbreiter, zu bestätigen ... Darum will ich das Wörterbuch bereichern und zeigen, daß unsere arme, in Auflösung stehende Sprache mit der des Alten Testaments *verwandt* ist und gleichzeitig mit der des Neuen, dem Griechischen ... “

Tatsächlich fand Strindbergs geistiger Spürsinn viele überzeugende Wortgleichungen zwischen semitischen und indogermanischen Sprachwurzeln. Das Geheimnis des alten Wortes verfolgte ihn bis zum Lebensende, wofür ein visionäres Erlebnis spricht, das er Weihnachten 1912 in einem Brief an Emil Schering, dem deutschen Übersetzer seiner Werke, schilderte: Zwischen Wachen und Schlaf sah er ein geschriebenes Wörterbuch vor sich, worin sich *alle* Sprachen vorfanden, ganz unten auf jeder Seite die schwedischen Ausdrücke. Drei Tage und drei Nächte, wie es ihm vorkam, blätterte er Seite um Seite durch. Dann wurde es still in dem leeren Raum, den sein ausgelöschtes Bewußtsein hinterließ. Nicht lange darauf, im Mai 1912, ging

Strindberg in jenes Reich ein, wo es keines Wörterbuches mehr bedarf, um sich von Geist zu Geist zu verständigen.

Einen großen Impuls zur geistigen Sprachforschung lieferte der Nachwelt *Dr. Rudolf Steiner*, der Begründer der Anthroposophischen Gesellschaft. Eurhythmie (Gebärdensprache) und Lautsymbolik (Wortsprache), mimische Bewegung und die Musikalität des Tons sind Offenbarungen des Geistes. Steiner, der das kosmische Wort als Urgrund des Alls in den Mittelpunkt der anthroposophischen Welt- und Menschenerkenntnis stellte, schuf demgemäß in Schriften und Vorträgen Grundlagen zu einer neuen Sprachwissenschaft und Sprachgestaltung. Da Dr. Arnold *Wadler*, der Autor des „Turm von Babel", selbst der Anthroposophie angehört, widmet er dem Gedankengut Steiners darin gebührend Raum, weshalb einige seiner Ausführungen hier auszugsweise zitiert werden sollen:

... An vielen Stellen seiner Werke spricht Rudolf Steiner von der Ursprache. Ihm ist sie nicht ein abstrakter Begriff, sondern ein kosmisches Ereignis und ein urgeschichtlicher Vorgang, dessen Spuren bis ins Physische, bis in die Gegenwart hereinreichen. Und Steiner erklärt klipp und klar: „In gewissem Sinn verstehen die Eingeweihten aller Völker diese Ursprache noch *nachzuempfinden.* Ja, in allen Sprachen sind gewisse Lautanklänge, die nichts anderes sind als die Reste jener menschlichen Ursprache ... Man muß das Paradoxon aussprechen, daß es wirklich nur *eine* Sprache gibt, nur reden diese Sprache eben keine Menschen ... Es wird einmal eine Sprachwissenschaft geben, die nicht so nüchtern sein wird wie die heutige, weil sie auf den lebendigen *Sprachgenius* eingehen wird, der heute noch unterhalb dessen liegt, was bei dem Ichmenschen der Gegenwart das bewußte Vorstellungsleben ist. Aus diesem Sprachgenius muß manches herausgeholt werden, wenn man charakterisieren will die Dinge der geistigen Welt, die ja auch hinter dem liegen, was das gewöhnliche Bewußtsein umfaßt ... "

... Steiner erblickt im *Stabreim,* der Alliteration wohl die Urform der gebundenen Rede. Scharf getrennt ist in dieser Reimart die Welt der Vokale von jener der Konsonanten. Vokale reimen auf jeden anderen, als wären sie alle urverwandt. Konsonanten dagegen fügen sich nur zu ihresgleichen, zu den ihnen organisch eng verwandten. Noch leben im Deutschen Spuren eines solchen Lautgefühls in jenen alten Wendungen, auf die Steiner hinwies mit vielen Beispielen, wie etwa Stock und Stein, Nacht und Nebel, Wind und Woge, Haus und Hof, Tod und Teufel, frisch und froh und Dutzenden anderen mehr. Was spricht sich aus in solchen Wortverbindungen, wenn nicht das urtümliche Empfinden der Menschen für den *Sinn* der Laute, für die innere Verwandtschaft urtümlicher Wortgebilde wie im Stabreim, der in allen Sprachen, ja sogar in Wendungen der Bibel nachweisbar ist? ...

... Rudolf Steiner schuf von neuem die Möglichkeit, im Labyrinth der Völkersprachen den Zugang zur Ursprache zu gewinnen, ihr Wesen zu erkennen, das verlorene Wort uns wieder zu erobern. Er stellte eine eigene Ordnung der Laute auf. Ägypter und Griechen kannten Beziehungen zwischen den sieben Grundvokalen und den Planeten. Auch Steiner ordnet die Vokale den Wandelsternen zu:

> Sonne = AU, Venus = A, Merkur = I, Mond = EI,
> Mars = E, Jupiter = O, Saturn = U.

Er fügt aber auch die Konsonanten in die Ordnung der Gestirne ein, bezieht sie auf die Tierkreiszeichen:

> Widder = W, Stier = R, Zwillinge = H, Krebs =

F, V, Löwe = D, T, Jungfrau = B, P, Waage = Z, Skorpion = S, Sch, Schütze = G, K, Steinbock = L, Wassermann = M, Fische = N.

Bewußt und scharf scheidet er damit die beiden Hauptreiche der Laute. Vom Urbeginn an dienten die Mitlaute dazu, die *Außenwelt* nachzubilden, während die Selbstlaute unsere *Innenwelt* widerspiegeln, unser Empfinden, Fühlen, Wollen. Die Konsonanten bilden das Wesen der Dinge, die Vokale aber dasjenige, was sich beim Anschauen der Außenwelt in unserem Inneren vollzieht. Vokale sind Ausdruck des Ich, Konsonanten des Nicht-Ich. Jene sind Spiegelbild des Seelisch-Geistigen, diese des Physischen; jene eher subjektiv, diese eher objektiv. Im Vokal gibt sich mehr das Individuelle, im Konsonanten mehr das Allgemeine kund ...

... In seinen Stuttgarter Vorträgen über die Sprache (1919—1920) hebt Rudolf Steiner hervor, wie die konsonantische Bildung im Grunde Gebärdenbildung ist, die sich nur verwandelt hat in einen Lautbestand. Zuerst lebt der Mensch mehr in der Außenwelt *mit* den Dingen, deren Wesen er mit ursprünglichem Hellsehen geistig durchschaut ... Auf einer zweiten Stufe seiner Entfaltung steigert der Mensch die vokalischen Bildungen im Wort. Besonders der Ablaut, der symbolische *Vokalwechsel* ist Ergebnis der damit verbundenen Verinnerlichung. Was — in sich — vokalisierend den Laut ändert, drückt aus alles, womit der Mensch sich innerlich mehr verbindet, was ihm ein Gefühltes, nicht ein bloß Angeschautes ist ... Zunehmende Abstraktion bewirkt Alterserscheinungen der Sprache, welche die Kraft zum Vokalisieren lähmen und einen Rückfall ins Konsonantische hervorrufen. Sprache tritt damit in eine dritte Entwicklungsstufe ein. Dieses

Fortschreiten von der primitiven ersten zur zweiten Stufe, vom Konsonantischen zum Vokalischen, nannte Rudolf Steiner den Gang von außen nach innen; das Hinüberschreiten von der zweiten zur dritten Stufe, den Rückfall in Vokalarmut hieß er den Gang von innen nach außen ...

... In der Sprache der Griechen und Römer, der Germanen und anderer Nationen finden wir zwei deutlich gesonderte Schichten der gleichen Wortstämme: eine *ältere*, archaische mit reicher Vokalbildung und eine *jüngere*, dekadente mit Vokalknappheit. Offenbar gab es eine Epoche, in der die meisten, wenn nicht gar alle Sprachen ähnlich *voll* vokalisierte Worte enthielten. Steiner verglich solche Wortschichten mit geologischen Gesteinslagen. Noch vor kaum einem Jahrtausend war auch die *deutsche* Sprache schöner und reicher vokalisiert als heute, selbst Mittelhochdeutsch wies noch vollere Vokalisation auf ... Nicht nur die Zahl, auch die Qualität der Vokale hat schwere Einbußen erlitten: an Stelle von vollen, helltönenden, warmen Lauten sind dumpfe, dunkle getreten, der Reichtum an Doppelvokalen ist vielfach versiegt. Stofflicher, irdischer, härter ist das Deutsche geworden. Nicht Nord und Süd, nicht Morgen- oder Abendland charakterisieren diesen Gegensatz, sondern Geistigkeit, Innigkeit oder materialistische Sachlichkeit ... Hebräische Vokalisation zeigt uns die Worte so, wie sie im Alt-Griechisch, Alt-Latein, Alt-Germanisch und gewiß auch im Ur-Indischen und Ur-Persischen einst gelautet haben ...

Tiefe *seelische* Vorgänge des Völkerlebens kommen, wie Rudolf Steiner lehrte, in solch verschiedenen Stufen der Vokalisierung zum Ausdruck. Er wies darauf hin, wie Seelisches sich im Selbstlaut ausspricht, wie jeder Vokalzunahme in der Sprache Verinnerlichung vorangeht. Den *Gefühlswert* der Grundvokale umschrieb er wie folgt:

A = Staunen, Verwunderung, Bewunderung.

E = Sich Erhalten in der Berührung, wenn etwas uns zugefügt wird.

I = Innerlich freudiges Erleben. Selbstbehauptung.

O = Sympathie. Verständnis für die Geschehnisse der Welt.

U = Sich klein Fühlen. Empfinden von Angst und Furcht.

(Anmerkung: Auf Widersprüche zwischen Steiners Zuordnungen der Vokale und Konsonanten und denen anderer Geistlehren wird später noch hingewiesen! Kh.)

... Während noch heute manche Forscher von den Abstraktionen ausgehen, von den Gedankenleichen, wie R. Steiner sie nannte, äußerte Jakob *Grimm* schon die Überzeugung: Hinter allen *abstrakten* (abgezogenen) Bedeutungen des Wortes liegt eine *konkrete*, sinnlich-anschauliche auf dem Grunde. Steiner wies dann bewußt darauf hin, was sich in solcher Tatsache ausdrückt. In einem Dornacher Vortrag schildert er drei Perioden der Sprachentwicklung:

a) In der ältesten Epoche herrscht das *imaginative* Element der Sprache vor; die menschliche Seele lebte noch in etwas Übersprachlichem, was *bildhaft* die Laute gestaltete.

b) In einer späteren Epoche lebte der Mensch in ungetrenntem *Einssein von Wort und Begriff*. Er entwickelte sein beseeltes Innenleben und beobachtete äußerlich dasjenige, was lebendig ist, was west und sich verwandelt.

c) In einer späten Epoche, die seit dem Beginn der Renaissance im 15. Jahrhundert einsetzt, lebt der Mensch innerlich intellektuell, äußerlich erkennt er und schaut die Welt an nach *Maß, Zahl und Gewicht*.

... Wir verstehen angesichts solcher Tatsachen und Anschauungen, daß es tiefere Gründe als nur physiologische gibt, die den Lautwandel der Sprachen bewirkten. Wie in anderen Fragen der Sprachforschung stehen wir auch in der Phonetik (Lautlehre) erst am Anfang neuer Erkenntnis. Nur wenn im Sinne der Anthroposophie Rudolf Steiners Lautlehre *geisteswissenschaftlich* aufgebaut wird, wenn das geistig-seelische Wesen jedes Lautes uns wieder vertraut, wenn unser Lautempfinden, Wortbewußtsein und Sprachgewissen wieder geweckt und geläutert wird, dann erst kann eine phonetische Wissenschaft entstehen, die ausschöpft den ganzen Toninhalt der Worte, erstehen läßt die Ursprache und uns wiederbringt das *verlorene* Wort ... —

Soweit einige kurze Zitate aus dem hervorragenden Werke Dr. *Wadlers,* der zu jedem seiner Gedankengänge konkrete Beispiele und vergleichende Worttabellen aus zahlreichen Sprachen anführt. Inzwischen erschien sein neues Buch „Das Rätsel der Indogermanen", welches gleichfalls neues und unwiderlegbares Material für eine ursprachliche Gemeinschaft atlantischer Herkunft zutage fördert und auch von der offiziellen Wissenschaft wird kaum übergangen werden können. Dem Sprachforscher bieten beide Werke Dr. Wadlers eine Überfülle Stoffes für etymologische Studien, dem Geistforscher überdies eine gleiche Fülle wertvoller Anregungen, die sich aus den Rückschlüssen des Autors ergeben und zum Weiterschreiten auf diesem Wege anspornen.

Zum Abschluß dieses Kapitels noch eine kurze Betrachtung zu den sprachgeistigen Schriften von Professor Dr. *Hermann Beckh,* die — 1921 als Einzelvorträge gehalten — im Jahre 1954 gesammelt unter dem Titel „Neue Wege zur Ursprache" erschienen. Professor Beckh war

Lehrer für Sanskrit und Tibetanisch an der Berliner Universität und war bestrebt, sich für die spirituelle Erneuerung des wissenschaftlichen Lebens einzusetzen. Welchen Geist seine Schriften atmen, deuten einige Sätze des Herausgebers Rudolf *Meyer* im Vorwort an:

„... Es war das Bedeutsame dieser Persönlichkeit, daß sie nicht nur ein Bewahrer alter Schriften sein wollte, sondern aus Verehrung für den *Sprachgenius* ihre edelsten Kräfte der Pflege des erneuerten Sprachkultes zu widmen bestrebt war ... Es galt seit je denen, die nach spiritueller Erkenntnis strebten, als eines der heiligsten Anliegen, das verlorengegangene *Urwort* wiederzusuchen. Denn es führt die Seele zugleich an das Geheimnis jenes erhabenen Wesens heran, von dem das Johannes-Evangelium sagt, daß es alle Dinge erschaffen habe: an den Logos, das göttliche Schöpferwort selber ... Wir glauben, daß diese Aufsätze, die als bahnbrechende erste Versuche gewiß noch manches Tastende an sich tragen, auch heute noch weckende Kräfte ausstrahlen. Das Wesen der „heiligen Texte" der Menschheit, der inspirierte Charakter der uralten sakralen Sprachen Sanskrit, Awesta und Hebräisch beginnt uns aufzugehen. Der dritte Aufsatz „Und Gott sprach: Es werde Licht!" will an einem Beispiel aufzeigen, welche Tiefen eines inspirierten Textes *solche* Sprachforschung zu erschließen vermag. Hier beginnt Wissenschaft priesterlich zu werden. Denn sie lehrt uns, durch die Verehrung des Wortes, das heute in einer bisher nie dagewesenen Weise ausgehöhlt und mißhandelt wird, wieder die *offenbarende* Fülle der großen Urkunden zu entdecken, die durch die moderne Bibelkritik und vergleichende Religionsforschung der Gefahr völliger Zersetzung zu erliegen drohen. Es gehört zu den wichtigsten Aufgaben unseres Jahrhunderts, die *Substanz* der religiösen Offenbarungen in den heiligen

Texten der Bibel und anderen inspirierten Urkunden der Menschheit vor dem schnellen Verfall zu retten. Die Erneuerung der Sprachwissenschaft, das Wiederfinden des Urwortes auf Wegen, die die *Geistesforschung* heute weist, bedeutet einen wesentlichen Beitrag zu dieser Aufgabe ...“

Warum solch eingehende Zitierung eines Vorwortes? — wird der Leser fragen. Darum, weil es dem Werk eines Mannes gewidmet ist, dessen Anliegen sich in jeder Beziehung mit der Zielsetzung *unseres* Buches deckt: Nachweis der Mystik und Magie des Wortes; Erweckung des Sprachgefühls für die Geistigkeit und Empfindungswelt der Laute; Offenbarung des Sprachgenius auch in unserer Muttersprache; Hinleitung zum bildhaften Ausdruck der alten Redeweise; Wiedererkenntnis religiöser Wahrheiten, die — hinter Bild und Buchstabensinn der Heiligen Schriften verborgen — ihr tiefstes Geheimnis noch unenthüllt bewahren. Sind diese Ziele nicht wert, daß Generationen von Sprachforschern des Geistes auf dem begonnenen Wege weiterschreiten? Zu immer größeren Höhen der Erkenntnis, die darin gipfelt, daß das Wort Mitteilung des Geistes ist, und daß *Liebe* die Urwurzel des göttlichen Wortes ist — auch wenn der Mensch noch immer dessen Abbild, die Gabe und Macht der Rede mißbraucht.

Die tiefgeistig empfundenen Gedanken Prof. Beckhs bieten eine Fülle schönster Worterkenntnisse und seine Vorschläge sind richtungweisend für eine künftige spirituelle Sprachanalyse. Das schlichte Wort von *Novalis* in seinen Fragmenten: „Etymologie ist verschieden — genetische und pragmatische“, wird von Beckh als charakteristisch für beide Arten der Sprachforschung angesehen:

„... Das Schicksal des Wortes in Raum und Zeit und seine der äußeren Forschung zugänglichen historischen Zusammenhänge können wir die *pragmatische* Etymologie nennen (griechisch pragma = das Geschehene, die Tat). Hingegen das Problem des ursprünglichen Werdens des Wortes, des Zusammenhangs zwischen Laut und Lautbedeutung, nennen wir das Gebiet der *genetischen* Etymologie (griechisch genesis = Ursprung, Schöpfung) . . . "

Während also Pragmatiker geschichtliche Sprachvergleichung auf grammatikalischer Basis betreiben, versuchen sich die Genetiker in das ursprünglich Lauthafte der Worte aller Sprachen einzufühlen. Dazu erläutert der Verfasser: „Das eigentliche *Lauterlebnis,* das in der Ursprache mit dem Sinn des Wortes zusammenfiel, ist ins Unbewußte hinabgesunken. Die Wortbedeutung ist dadurch konventionell, die Sprache von einem einst nicht nur Bezeichnenden, sondern unmittelbar Wirkenden zu einem bloßen Mittel der Verständigung geworden."

Lauterlebnis, was bedeutet das? Es ist nicht Wortbildung durch Nachahmung von Naturtönen, wie etwa das Wort „Kuckuck", oder „miauen" für die Töne der Katze. Lauterlebnis ist ein Empfinden für das Walten des Sprachgeistes, der gewisse innerlich „entsprechende" Begriffskomplexe immer wieder durch die gleichen Laute ausdrückt. So ist z. B. in alten und neuen Sprachen nachweisbar, daß die Konsonantenverbindung s-t — entstanden aus der Urwurzel sat — zumeist etwas mit dem Sinn „Verdichtung, Verfestigung, Verdunkelung" u. dgl. zu tun hat. (Beispiele: Satan, Saturn, Satz, Stein, starr, stur, satt, Stahl, sterben . . ., oder französisch sot = dumm, blöde (geistig verdunkelt!), oder slawisch stary = alt (erstarrt und Ähnliches). Dies zugleich als ein Exempel, was unter genetischer Etymologie zu verstehen ist: ein Vergleich *sinnverwandter* Worte innerhalb einer Lautgruppe, während pragmatische Etymologie lediglich die Ähnlichkeit von Wörtern innerhalb einer Sprachfamilie nachzuweisen bestrebt ist, um deren Verwandtschaft aufzuzeigen.

Prof. Beckh stellt nun eine ganze Reihe genetischer Lautbedeutungen auf; sie sind rein empfindungsmäßig ermeditiert, jedoch durch zahlreiche Beispiele aus alten Sprachen untermauert. Das stempelt diese Lautwerte zu erwiesenen Tatsachen. Freilich gibt auch der Verfasser — ebenso wie alle anderen (Steiner, Strindberg, Wadler usw.) — keine Antwort auf die zuverlässig auftauchende Frage, *warum* denn einem Laute gerade dieser oder jener Sinn zukommt. Und doch wird es sich im Verlaufe unserer Ausführungen erweisen, daß eine Antwort durchaus möglich ist, und daß nicht der Empfindungsgehalt, sondern allein der Urschöpfungssinn eines jeden sprachlichen Lautes zum letzten Verständnis ursprachlicher Wortbildung hinführen kann.

Hier einige Beispiele von Lautbedeutungen nach Beckh:

H: Lufthauch als Grundelement der Sprache überhaupt. Der Atem. Das Göttlich-Himmlische, als Laut für sich unaussprechlich, jedoch allen anderen zugrunde liegend.

CH: Übergang vom H zum Ch zeigt schon einen Anflug des Irdischen. Verbindung des Geistigen mit dem Stoff.

K: Kehlkopflaut, dem H-Laute ebenso wie G und Qu am nächsten liegend. Indisch: das Klangelement, der Ton (cantus). Im Hebräischen drükken K und G oft das Große, Mächtige, auch Erhabene aus.

T: Zahnlaut. Zeichen der Bestimmtheit. Vollendung, Abgeschlossensein einer Handlung. Differenzierung in der äußeren Form.

R: Laut der Emanation. Rollender Willens- und Bewegungsimpuls.

S: Der am meisten irdisch-physische Laut. Zischlaut, Schlangenlaut. Der Gegenpol zum geistigen H.

ST: Erdenstofflichkeit, materielles Dasein. Härte und Festigkeit.

B und P: Zwischen Kehl- und Zahnlauten stehende weiche Lippenlaute. Die umschließenden runden Formen des Lebens im Pflanzen- und Tierreich.

M: Meditatives Umfassen der geistigen Welt. Das Mütterliche. Das Maß. Empfindung des Mittelpunktes.

N: Dentaler Dauerlaut. Indisch: das Dünne, Leere, Unbestimmte. Das Formlose, Unsichtbare. Abstrakt aufgefaßtes Geistiges. Verfließen in der Unendlichkeit, daher auch Buchstabe der Verneinung.

SPR: Schöpferische Bewegung. Sprechen, Sprache. Sprießen und Sprossen (vgl. engl. spring = Frühling).

Zu dem indischen Begriff „Mantram" = Zauberwort, magischer Spruch (awestisch manthra = Gedanke, Wort) erklärt Beckh, seine Kräfte beruhen auf dem Umstand, daß es auf den genetischen Wert, d. h. die *innere* Lautbedeutung seiner Einzelelemente und ihrer Verbindung abgestimmt ist. Daher galt bei den Indern die Phonetik (Lautlehre) als eine heilige Wissenschaft.

Es würde hier zu weit führen, auch der Abhandlung Beckhs über den physischen und geistigen Ursprung der Sprache längere Betrachtungen zu widmen. Nur einige Gedanken seien hier herausgegriffen:

„... Das geistige Element der Sprache unterscheidet

sich von seinen physischen Zusammenhängen so, wie sich die physische Abstammung der *Menschenform* unterscheidet von dem, was am Menschen *geistigen* Ursprungs ist. Wie in dem, was der Sprache die feste Prägung gegeben hat (Physis), etwas Passives, so liegt in jenem anderen Faktor (Mentalität) die aktive Seite des Sprechens, seine schöpferische Gestaltung ... Die Laute der Sprache sind dieselben geistigen Schöpferkräfte, die — in die Erscheinung der sinnlichen Außenwelt ausgeflossen — auch die *Sprachorgane* des Menschen organisiert haben! Sie sind das mikrokosmische Gegenbild der Kräfte, die aus dem Makrokosmos heraus an dem Menschen gearbeitet haben ..."

Zum Abschluß noch einige Worte des Autors über das „*Babel*" und seine sprachverwirrenden Folgen:

„... Wir können das, was der Mensch durch seine materielle Entwicklung an Geistbewußtsein verloren hat, als das „verlorene Wort" bezeichnen. In gewissem Sinne ist alle Geisteswissenschaft nichts anderes als die Suche nach dem verlorenen Wort, indem geistige Spracherkenntnis zugleich Welterkenntnis bedeutet ... Durch den Schleier der Materie zum Geiste dringen, heißt zum lebendigen Schöpferwort vordringen, von dem alles irdische Sprechen nur ein schattenhaftes Abbild ist ... Wäre der Mensch im Lauthaften des Kosmos verblieben, so wäre es nie zu diesen unterschiedlichen Prägungen der Sprachen gekommen, sondern der jeweilige Eindruck hätte sich mit der ihm jeweils entsprechenden Atem- und Tonreaktion (!) des menschlichen Organismus zum sinnvollen Worte verbunden. Das Wort hat damit aufgehört, ein schöpferisches zu sein und hat sich mehr an den äußeren Sinneseindruck geheftet. So scheint das *lebendige* Wort, das ursprünglich mit Zaubergewalt die Wirklichkeit selbst gestaltete, heute zu einem Schattendasein verurteilt zu sein. In tieferen Gründen lebt jedoch, der Wiedererweckung und Auferstehung gewärtig, noch immer jene Gewalt, die das Wort einmal in wundersamer Weise mit *wesenhaftem* Leben verband ..."

Dieser kurze Streifzug durch die Gedankenwelt einiger bedeutender „Genetiker" zeigte, daß es immer Menschen gab und gibt, die sich dem Geheimnis des Wortes auf eine andere Weise nähern als die offizielle Sprachwissenschaft. Die Grundsteine zu einer geistigen Sprachlehre sind gesetzt. Betrachten wir nun im folgenden die Grundlagen selbst, auf denen sich der weitere geistige Bau errichten läßt: die Überlieferungen der *Kabbala* mit ihrer Lehre aus dem „Buch der Schöpfung", sowie den *Tarot* mit seinen geheimen Schlüsseln zur Mystik und Magie der Laute, die heute wie ehedem jedes Menschenwort formen. —

VII

SPRACHELEMENTE DER KABBALA

„22 Grundlaute: durch sie bildete ER das Wesen alles Geformten und schuf aus ihnen die ganze Welt."

Sepher Jezirah

SPRACHELEMENTE DER KABBALA

Unter den alten Mysterienlehren, die in den Lauten der menschlichen Sprache nicht nur ein Abbild des schöpferischen Logos erblicken, sondern in ihrer *geistigen* Schwingung geradezu die schaffenden Kräfte des gesamten Kosmos erkennen, nimmt die hebräische Kabbala einen hervorragenden Platz ein. Wie schon ihr Name, der sich vom hebräischen Zeitwort kabal = überliefern herleitet, besagt, ist diese Geheimlehre nicht erst jüdischen Ursprungs. Sie läßt sich zumindest auf noch ältere urägyptische Schöpfungslehren zurückführen, wie ja auch die biblische Genesis zwar durch *Moses* als einem Sohn Israels niedergelegt wurde, der jedoch die Grundlagen hierfür gleichfalls als hoher Eingeweihter in das Urweistum *Ägyptens* empfangen hatte.

Was uns heute durch die Tradition des Judentums von der ältesten Kabbalistik überliefert blieb, darf wohl nur als ein zum Teil auch veränderter Restbestand der *Ur-Kabbala* angesehen werden. Auch bildeten die Zusätze und Kommentare zahlreicher rabbinischer Schriftgelehrter während vieler Jahrhunderte aus der Kabbala ein spekulatives Denksystem, dem als Vergleich etwa die christlich-theologische Scholastik zur Seite gestellt werden kann; denn auch diese machte aus der reinen Christuslehre ein System katechetischer Glaubenssätze, durch die zuweilen der Ursinn des göttlichen Lichtes kaum mehr hindurchzuschimmern vermochte.

Die heutige Kabbala setzt sich aus einer größeren Zahl

von Schriften zusammen. Zwei Hauptwerke sind es jedoch, die das wahre Fundament der alten Kabbala bilden: zuerst der *„Sohar“* (Buch des Glanzes), der eine überaus tiefe, mystische Schau vom Wesen der Gottheit, der Urschöpfung und der Beziehungen des Menschen zu Gott zum Inhalte hat. Wie die Gesichte der Propheten Altisraels, urständet auch der Sohar in einer echt visionären Anschauung des Göttlichen, ja er nimmt — wie könnte es anders sein — geradezu christlich-fundamentales Glaubensgut vorweg. So zum Beispiel, wenn es im Sohar heißt: „... Erhabener als die Gottesfurcht ist die *Liebe,* denn in ihr ist das Geheimnis der Gotteseinheit! Nur die Liebe knüpft die niederen Stufen an die höheren und erhebt alles dahin, wo alles Eins sein muß ...“ Und es tut der Offenbarung des Johannes keinen Abbruch, wenn wir seine Schauung des „Neuen Jerusalem“ schon in einer Sohar-Betrachtung vorfinden: „... Wollt ihr wissen, wie sich die Seele mit Gott vereinigt? Im erhabensten Teil des Himmels steht der Palast der Liebe, dort sind die tiefsten Mysterien; dort sind alle Seelen, die vom himmlischen König geliebt werden; dort wohnt Er selbst, der Heilige, gepriesen sei sein Name, vereint mit allen Seelen, die in Ihm heilig geworden ...“

Wie der Sohar — dessen Kommentierung ein eigenes Buch füllen müßte — die Schöpfung als eine *Emanation* lehrt, eine Entwicklung vom Urgrund über Sphäre zu Sphäre, und zwar durch die „Sephiroth“, die gestaltenden Teilkräfte der Gottheit — so emaniert gleichsam aus den Ideen des Sohar das zweite Hauptbuch der Kabbala: *„Sepher Jezirah“*, das Buch der Formung. Es ist eine in der Sprache der Entsprechungen geschriebene Lehre von den Kräften des Wortes, die aus dem geistigen All heraus ebenso den großen Weltenbau wie den Mikrokosmos

Mensch bildeten. Das Werk nennt „32 geheimnisvolle Bahnen der Weisheit, mit denen der lebendige Gott seinen *Namen* in die Schöpfung eingegraben hat". Diese Bahnen sind zehn in sich geschlossene Zahlen und zweiundzwanzig Grundbuchstaben.

Unter diesen zehn Grundzahlen sind nicht die Ziffern 1—10 als bloße arithmetische Größen wie heute zu verstehen; es sind Ausdrucksformen und zugleich Kräfte geistiger Ideen, nach deren Plan alles Geschaffene entsteht und seinen Weg bis zur Vollendung nimmt. Diese 1+9 „Numerationen" bilden das Grundelement *jeder* geistigen Zahlenphilosophie (vgl. Pythagoras und Kepler!) und entsprechen den schöpferischen Aspekten Gottes, den zehn *Sephiroth* (göttlichen Sphären) des Sohar. Das Zehnersystem der Mathematik ist ein Abbild jener geistigen Schöpfungsorganisation, und nicht eine Erfindung der Menschen „wegen ihrer zählenden zehn Finger", wie die Kulturforschung annimmt. So Vieles und Hohes über die Zahlenmystik auszusagen wäre, hier fehlt der Raum zu einer geschlossenen Darstellung. In Verbindung mit dem noch zu besprechenden Zahlenwert der hebr. Buchstaben soll hier nur eine Probe von der Geistigkeit der Zahlen gebracht werden:

Ordnet man die Grundzahlen 1—9 in Form des bekannten magischen Quadrates an, so daß sämtliche Reihen waagrecht, senkrecht und diagonal die gleiche Summe ergeben (Prinzip vollkommener Harmonie!), so erhalten wir folgendes Bild:

8	1	6
3	5	7
4	9	2

Man beachte hier, wie die sogenannten ungeraden Zahlen (1-3-5-7-9), die in der Zahlenlehre dem *Geist* als männlich-aktivem Prinzip entsprechen, ein *Kreuz* bilden, während die geraden Zahlen (2-4-6-8), die der *Seele* als dem weiblich-empfangenden Prinzip zugeordnet sind, ein *Quadrat* bilden, das gewisserart das Kreuz einschließt. Schon hier gibt sich damit ein göttlich-kosmisches Naturgesetz kund: Das Innere alles Geschaffenen ist Geist, der von einer seelischen Hülle als gestaltgebende Form umfangen wird. So ruht auch in der Menschenseele der ewige Geistfunke Gottes als die innerste Wesenheit des Menschen.

Welch wunderbares Präzisionsinstrument das hebräische *Alphabet* ist, da es den 22 Grundbuchstaben der Kabbala genau folgt, kann die Probe auf obiges Exempel genau darlegen. Denn setzen wir für 1 und die aus ihr hervorgehende Reihe 3, 5, 7, 9 die entsprechenden Buchstaben A sowie G, H, S, T, so lesen wir das Kreuz als „A . . . G-H-S-T" (vokalisiert ghost), und das heißt: A (der Ursprung) ist *Geist!* (vgl. engl. ghost = Geist).

Sodann setzen wir für 2 und die aus ihr folgende Reihe 4, 6, 8 die analogen Buchstaben B sowie D, V, CH und können damit das Quadrat lesen als „B . . . D-U-CH", und das bedeutet: B (aus dem A stammend) ist *Seele!* (vgl. slaw. duh = Seele).

Vielleicht konnte schon dieses kleine Beispiel dem Leser zeigen, *wie* ursprachliche Wortbildung vor sich ging und *was* ein solcherart gebildeter Name alles auszudrücken vermag. An anderem Ort wird noch aufzuzeigen sein, daß in der Reihe 1—9 die erste Dreiheit der göttlich-geistigen Welt, die zweite Dreiheit der menschlich-seelischen Welt und die dritte Dreiheit der irdisch-stofflichen Welt entspricht. Verfolgen wir nun in vorstehendem Zahlenquadrat die Stellung von 1, 2, 3 gegenüber 7, 8, 9, so sehen wir beide Dreiheiten *Dreiecke* bilden, die einander gegenüberstehen. Verbunden werden beide durch die mittlere Dreiheit 4, 5, 6, die sozusagen die *Brücke* zwischen beiden herstellt. Damit ergibt sich das ursprüngliche, vollständige Hexagramm als das alte „Siegel Salomos", das symbolisch eine ewige Grundwahrheit verkündet: *Geist* und *Materie* sind Gegensätze, die jedoch durch die *Seele* als Trägerin der Lebenskraft der Vereinigung fähig sind! Dies alles und noch mehr enthält der „Judenstern", dem — welches Gleichnis! — das *verkehrt* gezeichnete uralte Sonnenrad als NS-Hakenkreuz das Ende bereiten wollte. Freilich muß auch festgestellt werden, daß der wahre Sinn ihres heiligen Symbols den heutigen Gläubigen Israels längst verlorengegangen ist...

Doch zurück zum Sepher Jezirah: Im 2. Kapitel dieser Schrift werden jene 22 „Grundbuchstaben", d. h. *geistigen* Lautkräfte des kosmischen Schöpfungswortes genannt, denen sodann im menschlichen Uralphabet die entsprechenden Lautkräfte der *irdischen* Sprache analog sind:

„... Zweiundzwanzig! Drei Mütter, sieben Doppelte und zwölf Einfache. ER zeichnete sie, wog sie und setzte alle zueinander in Beziehung. So bildete ER durch sie das Wesen alles Geformten und noch zu Formenden. 22 Grundlaute! Eingegraben in die Stimme, eingezeichnet in die Seele und geheftet im Munde an fünf Stellen: vier an der *Kehle* (die zwei Hauchlaute 'Aleph und ʿAjin, die zwei H-Laute H und Ch) — vier am *Gaumen* (G, J, K, Q) — fünf an der *Zunge* (D, T, L, N, Th) — fünf an den *Zähnen* (Z, S, Sz, R, Sch) — vier an den *Lippen* (B, V, M, P)..."

Keine wissenschaftliche Phonetik, geehrte Leser, sondern Dinge, die mit der *geistigen* Anatomie des Menschen innig zusammenhängen! Wir werden später sehen, daß besonders die indischen Lehren sich gleichfalls mit den Zentren der Lautbildung eingehend befassen. Jeder der genannten „fünf Stellen" entspricht im Ätherleib des Menschen ein bestimmtes feinstoffliches Strahlorgan, das die Schwingung des Tons — eine geistige Ätherform — auf das Medium Luft reduziert und den Laut damit erst materiell aussprechbar macht.

„... 22 Grundbuchstaben — sie sind im Kreise an 231 Pforten geheftet, indem sich der Kreis vorwärts und rückwärts dreht. Wie verband und versetzte ER sie? A mit allen und alle mit A, B mit allen und alle mit B und so fort, indem sie im Kreise wieder zurückkehren. So findet es sich, daß die ganze Schöpfung und Sprache aus einem Namen (Schema) hervorgeht ..."

Die hebräische Sprache besteht vorwiegend aus Wortstämmen, gebildet aus *drei* Lauten. Die Sprachforschung besitzt jedoch genügend Gründe anzunehmen, daß das Urhebräisch aus Wurzeln bestand, die nur aus *zwei* Konsonanten gebildet waren. Oder kabbalistisch gesehen: aus der Kombination von jeweils zwei aufeinanderwirkenden Ideen. Darauf bezieht sich nun obiger Vers, der aus den 22 Buchstaben die Zahl der mathematisch möglichen Kombinationen mit 231 nennt (Permutationsgesetz). Zwar ergäben sich 253 Möglichkeiten, würde auch A mit A usw. verbunden. Da dies nicht der Fall ist, sind von 253 die 22 Buchstaben in Abzug zu bringen, was eben 231 ergibt. — Hier sei der Leser an eine gewisse Parallele erinnert: bei Betrachtung des Chinesischen, einer uralten Sprache, wurden die 214 „Radikale" dieser Sprache erwähnt, aus der alle anderen Schriftzeichen und damit auch Wörter hervorgehen. — Geistig spricht das Buch der Formung somit von 231 Grundideen bei Gestaltung der Schöpfung, die durch Zusammentritt je *zweier* Lautkräfte eine spezifische Wirkung hervorbringen. An späteren Wortbeispielen des Hebräischen wird tatsächlich nachgewiesen werden, daß sich dreikonsonantige Wurzeln sinngemäß als Zusammenfügung von bereits *drei* Ideen aufgliedern lassen — ein Umstand, welcher der Sprachforschung bisher völlig entgangen ist.

„... Drei *Mütter* sind: A, M, Sh. Ein großes, sechsfach versiegeltes Geheimnis! Aus ihnen gingen hervor Luft, Wasser und Feuer, sich teilend als männlich und weiblich. Und ER verband sie und formte durch sie drei Mütter in der Welt, drei Mütter im Jahr und drei Mütter im Körper ..."

Hier spricht das Buch vom Grundgesetz jeder Schöpfung, die nur aus einem Zusammenspiel einer Dualität (Kraft und Gegensatz) entstehen kann und sodann ihren Bestand durch den harmonischen Ausgleich beider Kräfte erhält. Ein Gesetz, das besonders in der Schöpfungslehre *Lorbers* sehr eingehend dargelegt wird. Der Ausdruck „Mütter" deutet auf das formgestaltende Prinzip im Zusammenwirken beider Kräfte hin. Schon die geistige Urschöpfung zeigt dieses Gesetz:

„... Drei Mütter — *Feuer* (Esch), *Luft* (Awwir), *Wasser* (Majim). Der Himmel aus Feuer geformt, die Erde aus Wasser und die Luft vermittelt zwischen beiden ..."

Das göttliche Feuer ist der aktive Schöpfungswille Gottes, das himmlische *Wasser* ist die göttliche Geistseele, welche die schöpferischen Ideen weiblich-empfangend ausgebärt, die göttliche *Luft* ist der Lebenshauch Gottes, der Heilige Geist, der zwischen dem Urgrunde und der Schöpfung ewig-verbindend waltet. Und diese drei „Mütter" wirken sodann analog durch alle Sphären des Raumes, der Zeit und der Körperwelt weiter:

„... Er ließ herrschen den Buchstaben *Aleph* (A) in der Luft und schuf damit den Wind in der Welt, das Gemäßigte im Jahr und den Oberleib im Körper. — ER ließ herrschen den Buchstaben *Mêm* (M) im Wasser und schuf damit die Erde in der Welt, die Kälte im Jahr und den Unterleib im Körper. — ER ließ herrschen den Buchstaben *Schin* (S) im Feuer und schuf damit den Himmel (Äther) in der Welt, die Wärme im Jahr und das Haupt im Körper ..."

Eine großartige Entsprechungslehre, die — geistiger Anschauung entsprungen — wieder nur vom Geiste des Menschen erfaßt werden kann! Sie drückt das gleiche aus wie der Spruch des altägyptischen Hermes Trismegistos auf der Tabula Smaragdina: „Wie oben, so unten!" Darum lautet auch das urhebräische Wort für „NAME" (worunter ursprünglich stets der Name = das Wesen *Gottes* verstanden wurde): SHAM, später erst Schem. Denn mit diesen drei „Mutterlauten" Shin, Aleph und Mêm wurde die *Einheit* der göttlichen Schöpfungselemente Feuer, Luft und Wasser lautlich und sinnfällig zum Ausdruck gebracht.

Was aber ist aus diesen Analogien für den Menschen offenkundiger als die Wahrheit vom Wirken der drei Mütter in seiner eigenen Wesenheit! Denn tatsächlich waltet das *Feuer* als Geist (Vernunft, Denken) im Haupte, das *Wasser* als formgebendes Prinzip (Ernährung, Fortpflanzung) im Unterleib, während die *Luft* (Gefühlsleben, Empfindung) der Mittelregion, der Brust mit Herz und Lunge, zugeordnet ist.

Aber auch die Wortbildung ist den drei Müttern unterworfen; daher prägte die altindische Sprache für den geistigen Akt des Atems, der die Unterlage jeder Rede ist, das Wort HAMSA (A-M-S!) — Ha (A ist im Hebräischen ein leicht gehauchtes H) = der Hauch des Atemstroms, Mittler der Sprache (entspricht der Brust). — M = die Mundhöhle, die Mutter, der Uterus der Lautformung (entspricht als Wort-Zeugungsorgan dem Unterleib). — Sa = Sprechen, Singen und Sagen: Hinausdringen des Wortes als schöpferischer Willensakt (entspricht dem Haupte). —

Wenden wir uns nun der zweiten Lautkategorie zu, über die das Sepher Jezirah u. a. sagt:

„... Sieben *doppelte* Buchstaben: B G D K P R Th. Ihr Prinzip ist Leben, Friede, Weisheit, Reichtum, Gnade, Fruchtbarkeit und Herrschaft. Sie erscheinen in zwei Arten, einer harten und weichen Form; Gegensätze je nach Aussprache und Vertauschung ... ER verband sie und bildete durch sie sieben Planeten in der Welt, sieben Tage im Jahr und sieben Pforten im Körper ...“

Während die drei Mütter konstruktive Schöpfungselemente der Geistwelt sind, vertreten die sieben Doppelten duale Kräfte der *Seelenwelt.* Sie erscheinen deshalb folgerichtig den Planeten (Astralkräften) zugeteilt, die im Sinne der menschlichen Entwicklung positiv oder negativ wirken können. (Man vergleiche dazu die astrologische Lehre von den guten oder bösen Aspekten der Planeten.) Die Koppelung der Buchstaben mit „Prinzipien“ — hier durchweg als vollendete Seelenzustände genannt — schließt zugleich deren Gegensatz ein, was sich entsprechungsweise in der *zweifachen* Aussprache dieser Laute, einer weichen und harten ausdrückt. Denn der Ton ist eine geistseelische Macht und schwingt auch nach dem irdischen Verklingen in den astralen Sphären wirkend weiter. Auch diese Prinzip- und Tongegensätze führt das Sepher Jezirah wörtlich an:

„... Sieben Doppelte: B-Bh, G-Gh, D-Dh, K-Kh, P-Ph, R-Rh, T-Th je nach Aussprache. Der Gegensatz zum Leben ist der Tod, zum Frieden das Unheil, zur Weisheit die Torheit, zum Reichtum die Armut, zur Gnade die Verworfenheit, zur Fruchtbarkeit die Verwüstung, zur Herrschaft die Knechtschaft..."

Für astrologisch interessierte Leser sei hier noch die Zuteilung der Buchstaben zu den sieben Planeten wiedergegeben, wobei die Kenntnis der Planetenqualitäten vorausgesetzt wird:

B = Saturn, G = Jupiter, D = Mars, K = Sonne,
P = Venus, R = Merkur, T = Mond.

Ein erläuternder Kommentar hierzu erübrigt sich an dieser Stelle, weil wir nicht die Astrologie — so sehr diese auch Seelenlehre ist — zum Gegenstand unserer ursprachlichen Wortforschung machen, sondern in der *Tarotsymbolik* Altägyptens weit eindringlicheren Entsprechungen begegnen werden. Das hebräische Alphabet folgt in Anzahl und Reihenfolge genau den sieben „Doppelten" (Seelenlauten) der Kabbala mit Ausnahme des R, dessen Doppelwert (Zungen-R und Zäpfchen-R) verlorenging. In der Thora (unserem Alten Testament) finden wir im vokalisierten Text bei jedem Wort die weiche oder harte Aussprache seiner Doppelbuchstaben genau vorgeschrieben und haben damit die Möglichkeit einer Beurteilung, ob darin seelisch-geistige oder seelisch-materielle Ideen verborgen ruhen. Spätere Wortbeispiele sollen diese Wahrheit erhärten.

Abschließend noch ein Blick auf die dritte und letzte Lautgruppe, die zwölf „Einfachen", von denen das Buch schreibt:

„... Zwölf einfache Buchstaben: H V Z Ch T J L N Sz O S Q. Ihr Prinzip ist: Gesicht, Gehör, Geruch, Geschmack, Gefühl, Essen, Beischlaf, Gehen, Zorn, Lachen, Denken, Schlaf. Ihre Art ist die von zwölf Winkeln des Kreises. Sie erweitern sich ins Unendliche und sind die Arme der Welt ... Zwölf Einfache: ER verband sie und bildete damit zwölf Sternbilder in der Welt, zwölf Monate im Jahr und zwölf leitende Organe im Körper ...“

Wahrlich eine bunte Fülle scheinbar höchst unterschiedlicher „Prinzipien“: Sinnesorgane, Handlungen, Bewußtseinszustände, Gemütsbewegungen. Es fällt gewiß nicht leicht, sich in die Entsprechungen einzufühlen, die alles mit den zwölf Lauten verbinden sollen. Hier hilft die Lehre der Astrologie, die in den zwölf Tierkreiszeichen Symbole für die Entwicklung des Lebens erblickt; des Naturlebens (vgl. Jahresablauf), aber auch der fortschreitenden Bewußtseinsstufen im Menschen (vgl. die 12 astrologischen Charaktertypen). So finden wir auch unter den zwölf „Einfachen“ Lautkräfte, die sich auf das natürlich-vegetative Dasein, und wieder andere, die sich auf das geistig-seelische Leben beziehen. Letzten Endes aber lassen sich alle zwölf Prinzipien reingeistig auslegen. So z. B., wenn die fünf Sinne hier für das *innere* Wahrnehmungsvermögen stehen, Fortpflanzung für die Weitergabe geistiger Schöpfungen und Erkenntnisse, Gehen für seelischen Fortschritt, Schlaf für geistige Trägheit, Zorn und Lachen für Disharmonie oder Harmonie des Gemütes, usw.

Die altorientalische Spracheigentümlichkeit, Konkretes für Abstraktes, das Besondere für das Allgemeine zu setzen, läßt dem meditativen Nachempfinden weiten Spielraum; sie setzt eine innere Anschauungsgabe voraus, vor die sich heute nur allzu dicht der Schleier des Nur-Intellekts gebreitet hat. Darum die Schwierigkeit, die Entsprechungssprache dem modernen Menschen faßlich zu machen; darum auch seine Ablehnung der Astrologie, die Seelenlehre in Reinkultur ist und nur in Symbolen arbeitet, jedoch in ihrer heutigen Form der Horoskopie jedes geistige Erbe verloren hat. Immerhin aber bewahrt sie noch die Lehre von den sieben evolutiven Seelenkräften (Planeten), die ihre Wirksamkeit in einem zwölffachen involutiven Kraftfeld des Geistes im Stoff entfalten. Von dieser Zwölfheit sagt das Buch der Schöpfung u. a.:

„... Eine Norm ist die Zwölfzahl. In ihr stehen gegeneinander drei Freunde, drei Feinde, drei Belebende, drei Tötende. Gott aber, der wahrhaftige König, waltet über ihnen allen ... "

Zwölf ist das Produkt aus 3×4, bzw. 4×3, somit die Zahl der Durchdringung des Stoffes durch den Geist vermittels der (geistigen und natürlichen) vier *Elemente.* Auch die Astrologie kennt vier Dreiheiten von Tierkreiszeichen (kosmischen Kraftfeldern), in jedem eines der vier elementaren Bildekräfte herrschend, und zwar:

a) das Feuer-Trigon mit Widder, Löwe und Schütze,

b) das Erd-Trigon mit Stier, Jungfrau und Steinbock,

c) das Luft-Trigon mit Zwillinge, Waage und Wassermann,

d) das Wasser-Trigon mit Krebs, Skorpion und Fische.

Auf die Gegensätzlichkeit dieser Kräfte der Entdichtung und Verdichtung (geistig gesehen „Freunde und Feinde") und ihrer ausgleichenden Vermittler („Belebende und Tötende") bezieht sich der obzitierte Spruch. Zu einer näheren Ausführung der Elementarlehre fehlt hier leider der Raum.

Wieder für Kenner der Astrologie geben wir hier die Beziehungen der zwölf einfachen Buchstaben zu den zwölf Kräften der Tierkreiszeichen nach dem Sepher Jezirah:

H = Widder, V = Stier, S = Zwillinge, Ch = Krebs, T = Löwe, J = Jungfrau, L = Waage,

N = Skorpion, Sz = Schütze, O = Steinbock, Z = Wassermann, Q = Fische.

Damit wären also H, T und Sz Elementarlaute des *Feuers* — V, J und O solche der *Erde* — S, L und Z solche der *Luft* — und Ch, N und Q solche des *Wassers*. In einer Vergleichsübersicht verschiedener Mysterienlehren wird zu dieser Anordnung noch kritisch Stellung genommen und versucht werden, an Hand ursprachlicher Wortbildungen Bestätigungen und Widersprüche aufzuzeigen.

Mit einer grundsätzlichen Feststellung schließt das Sepher Jezirah, aus dem hier nur Bruchteile wiedergegeben werden konnten; mit einer Synthese der drei Buchstabengruppen, die — wie wir gesehen haben — den drei kabbalistischen Welten zugeordnet sind: der göttlichen Ideenwelt, der seelischen Kräftewelt und der stofflichen Formenwelt:

„... Einer (Gott) über drei, drei über sieben, sieben über zwölf, und alle miteinander verbunden! Dies sind die 22 Grundbuchstaben, mit welchen Gott gezeichnet hat und schuf aus ihnen die ganze Welt. Er bildete durch sie die ganze Schöpfung und wird weiter bilden alles, was noch geschaffen werden soll ... "

In seinem sehr tiefschürfenden Buche „Die Kabbala" schrieb der französische Geistesforscher und Arzt *Papus:*

„... Die Kabbala ist die Wissenschaft von der Seele und von Gott, sowie von allen Beziehungen, die zwischen ihnen bestehen. Sie lehrt und beweist, daß Alles in Einem ist und Eines in Allem. Vermöge des Grundsatzes der Analogie (Entsprechung) läßt sie zugleich vom Abbild zum Urbild emporsteigen und vom Urprinzip zur äußeren Form zurückkehren. Für den Kabbalisten ist ein hebräischer Buchstabe ein *Universum* mit all seinen komplizierten Beziehungen im kleinen und das Universum mit seinen ineinanderverketteten Lebensabstufungen ein kabbalistisches *Alphabet.* So ist nichts leichter zu verstehen und doch nichts schwerer zu studieren als die heilige Wissenschaft der Kabbala, die den wahren Kern jeder abendländischen Mystik bildet ...

... Drei Ebenen des Daseins, auch die *drei Welten* genannt, offenbaren die schöpferische Einheit, wenn diese aus sich heraustritt. Diese drei Welten (Geist/Idee, Kraft/Leben, Stoff/Form. Kh.) finden wir überall: in Gott, im Universum und im Menschen. Wir finden sie in entsprechendem Maßstabe ebenso in einem Samenkorn wie in einem Planeten, in einem Wurm wie in einer Sonne, in einem gesprochenen *Wort* wie in einem Schriftzeichen-Hierogramm. So ist auch ein Buchstabe als Element des Wortes ein lebendiges *Wesen,* das die drei Welten in Hülle, Substanz und innerstem Geistkern darstellt. (Daher auch die dreifache Auslegungsmöglichkeit der heiligen Schriften und Offenbarungen in natürlichem, geistigem und himmlisch-mystischem Sinn. Kh.) ...

... Es besteht eine mathematische Beziehung zwischen der sichtbaren Form und der unsichtbaren Idee, die sie entstehen ließ; zwischen der Vereinigung von Buchstaben, die ein Wort bilden, und der Idee, die dieses Wort ausdrückt. Worte schaffen heißt daher Ideen schaffen. Man versteht nun, warum sich das Buch Sepher Jezirah darauf beschränkt, die Schöpfung der 22 Grundlaute zu entwikkeln, um damit zugleich auch die Ideen und Gesetze darzustellen, welche die gesamte Schöpfung bildeten ...

... Jedes Element hat seine Quelle in einem höheren Element, deren gemeinsamer Ursprung das WORT, der Logos oder Heilige Geist ist. Im Wort finden wir daher die unveränderlichen Zeichen des Gedankens, welche sich in jeder Sphäre des Seins wiederholen und überall den Plan des Schöpfers durchblicken lassen. Daher ist das göttliche Urwort das erhabenste aller Dinge als höchste und absoluteste Offenbarung Gottes ... "

In gleichem Sinn schrieb auch Prof. *A. Franck*, Mitglied der französischen Akademie der Wissenschaften in seinem Werke „Die Kabbala als Religionsphilosophie der Hebräer" (Paris 1843):

„... Das Sepher Jezirah lehrt das Sein eines einzigen Gottes durch Dinge, in denen einesteils Mannigfaltigkeit und Vielheit, zugleich aber Einheit und Harmonie herrschen. Diese Übereinstimmung kann nur von *Einem* kommen, der *Alles* geschaffen hat. Die Schrift Gottes sind seine Schöpfungen; das Wort Gottes ist dessen Schrift; der Gedanke Gottes ist dessen Wort. So sind Gedanke, Wort und Schrift bei Gott nur eines, während sie bei Menschen drei Dinge ausmachen ...

... Das Buch der Schöpfung vertritt die Lehre vom Logos, vom *Wort Gottes*, das nicht nur als die absolute Form, sondern auch als das bildende Element und zuinnerst als die Substanz des Weltalls betrachtet wird. Das Buch behauptet ausdrücklich, daß der Geist des lebendigen Gottes durch die Stimme und das Wort ein jedes Ding bildet; daß Er nach und nach auch alle Elemente der physischen Natur gleichsam aus seinem Schoße hervorgehen ließ. Damit ist Gott selbst das zur Welt gewordene Schöpfungswort (— was ja auch die ersten Verse des Evangelium Johannis bezeugen! Kh.) ... Die materielle Form des Geistes, welche durch die 22 Buchstaben des Alphabets dargestellt wird, ist zugleich die Form alles Seienden; denn außerhalb des Menschen, des Weltalls und der Zeit kann man nur Unendlichkeit wahrnehmen. Daher werden die Buchstaben-Entsprechungen in diesen drei Reichen im

Sepher Jezirah auch die „treuen Zeugen der Wahrheit" genannt. Das letzte Wort dieser Religionsphilosophie aber ist die Setzung der absoluten *Einheit.* Denn die Substanz des göttlichen Wortes liegt allen Wesen zugrunde, und alle sind die Symbole seiner schöpferischen Intelligenz. Dieses Wort, der *Logos* wird, anstatt sich ausschließlich im Wesen der Natur zu manifestieren, vorzüglich im Menschengeiste zum Vorschein kommen. Dann wird der Mensch wieder der „urbildliche" oder „himmlische" Adam genannt werden ..."

Das Kapitel „Sprachelemente der Kabbala" wollte dem Leser nicht nur den tiefreligiösen, monotheistischen Charakter dieser Geheimlehre vor Augen führen. Es wollte auch nachweisen, welchen geradezu universellen Rang dort die „Buchstaben" einnehmen: weil sie Bildner der Sprache sind und selbe ein *Abbild* des göttlichen Wortes darstellt, aus dem alle geistigen, seelischen und natürlichen Sphären des Daseins hervorgingen. Als *Schöpfungslaute* sind diese kabbalistischen Buchstaben freilich nicht im irdischen Sinne von Tönen oder Luftschwingungen aufzufassen, sondern als wesenhafte, ewig wirkende geistige Lautkräfte.

Die Kabbala im Buche Sohar lehrt als Endziel der Schöpfung die Vollendung des Menschen zum „himmlischen Adam", zum Ebenbilde Gottes ebenso, wie es die Genesis des Mose im Alten Testament und die Vision der Johannesoffenbarung im Neuen Testamente tut. Auch die gewaltige Schöpfungslehre nach Lorber ist letzten Endes nur diesem Thema gewidmet. Erst in dieser geistigen Wiedergeburt und Feuertaufe wird auch der „Geist der Buchstaben" in ihm lebendig werden und wird den Menschen aus der Kraft des Wortes zum Schöpfer eigener, ewig bestehender Welten machen. Und wieder werden die aus ihm herausstrahlenden Schöpfungen die 22 geistigen

Grundlaute offenbaren: die *drei* Mütter als seine Kraftquellen aus Gott, die *sieben* Doppelten als seine zur vollen Harmonie geeinten seelischen Polaritäten, und die zwölf Einfachen als sein weltenformender „Tierkreis", in dessen Zentrum er selbst als Sonne nach dem Willen des ewigen Allvaters gestellt wird.

VIII

DIE BUCHSTABENSYMBOLIK DES TAROT

TAROTSPRUCH

Die Eins, die Zwei, die Drei und Vier
Sie ruhn im All und auch in dir
Sie sind der Schöpfung Sinn und Kraft
Und sind das Wort, das Leben schafft.

Einst schloß das Ich der Urgrund ein
Vom Ich und Du kam das Entzwein
Nun muß das Du zum Ich sich drehn
Aus beiden wird das Wir entstehn.

Erkenne das Gesetz der Drei
O Mensch, es macht dich stark und frei
Bedenk den Sinn von Laut und Zahl
Und triff in Weisheit deine Wahl:

Denn Eins ist Geist und Welt ist Zwei
In dir nur liegt die Kraft der Drei
Dreieinigkeit erfüllt die Vier
Nicht Ich und Du mehr, sondern Wir!

Kahir

DIE BUCHSTABEN-SYMBOLIK DES TAROT

Im engsten Zusammenhang mit der Kabbala, der von den Semiten übernommenen urägyptischen Geheimlehre, steht das mystische *Buch Thot,* das die Urbibel der ursprünglich rein monotheistischen Religion (Eingottlehre) Altägyptens genannt werden kann. Wie das Buch Sepher Jezirah der Legende nach Abraham zum Verfasser hat, so galt das Buch Thot nach Quellenangaben des Altertums als das Vermächtnis des Hermes Trismegistos, des dreimalgroßen *Hermes,* dem auch die Erfindung der Schrift zugeschrieben wurde. Es wäre unangebracht, darunter eine historische Persönlichkeit zu vermuten. Kehrt doch dieser Name als „Götterbote Hermes" auch in der griechischen Mythologie wieder, und sein lateinischer Name *Merkur* gibt uns den Schlüssel dazu, was die alte Weisheit unter diesem göttlichen Symbolnamen verstand: merk = markieren, festhalten, ur = Licht! Hermes/Merkur ist jener Zustand menschlicher Erleuchtung, wo das geistige Herzenslicht das irdische Denken durchkraftet und erhellt, denn her = Herz, und mes = das Maß. Der Bote (Zeuge) des göttlichen Geistes ist das inspirierte Schauen des Menschen in die Welt der ewigen Schöpfungsgeheimnisse, wo alles nach Zahl und Maß geordnet ist und sich dem Denken abbildlich durch die heilige Mathematik zu offenbaren vermag. Daher die alte Bedeutung des griechischen Wortes *Mathesis* als *die* Wissenschaft an sich.

Die altägyptischen Urbuchstaben stellten jedoch nicht wie die heutigen Schriftzeichen wesenlose, konventionelle Formen dar, in denen nur der geistig Erfahrene noch Spuren ihrer einstigen Bedeutung entdecken kann. Sie waren „Hieroglyphen“, d. h. heilige Zeichen in Form von Bildern, in denen die Weisheit alter Seher die verborgenen Ideen, Kräfte und Formen der ganzen Schöpfung, insbesondere aber des Menschen aufzuzeichnen wußte. Wie das alte Wort in seinen Lautverbindungen das Wesen aller Dinge wiederzugeben verstand, so auch die alte Schrift, die mit einem einzigen Zeichen die Essenz einer Schöpfungsidee bildhaft auszudrücken vermochte.

Als Grundelement des Buches Thot galten die 22 Wandgemälde im Einweihungstempel zu *Memphis.* Zwar ist diese alte Kultstätte seit Jahrtausenden schon verfallen, doch blieb uns die Beschreibung jener Bilder durch den antiken Mystiker Apollonius von Thyana genau erhalten. Auch der mittelalterliche Rosenkreuzer Raymond de Lulle gab nach alten Überlieferungen seines Ordens eine gleichlautende Darstellung dieser Tempelsymbolik. Die 22 Bilder als die großen Arkana (Geheimnisse) des Buches Thot entsprangen einer tiefen Einsicht in die Beziehungen des Menschen zu Gott und zum Universum auf allen Plänen des Daseins. Sie zeigen — um ein Wort Joachim de Fiores zu gebrauchen —, wie alles Geschaffene aus dem Willen des Vaters durch die offenbarende Kraft des Sohnes in die Vollendung des Heiligen Geistes eingeht; also eine Entwicklungslehre „von A bis Z“, oder griechisch gesprochen vom Alpha bis zum Omega, worunter sich das ganze Mysterium des Schöpfungswortes verbirgt. Denn nicht nur der Kosmos, auch der Mensch in seinen fortschreitenden Entwicklungsstufen ist das große Alphabet einer göttlichen Schöpfungsidee, weshalb auch die einzelnen Laute im menschlichen Wort evolutionären Kräften dieser Idee entsprechen.

In dem umfassenden Werke Lorbers „Das große Evangelium Johannis“ finden sich im Band IV eingehende Schilderungen der geistigen Kultur Urägyptens, von deren Gotteslehre erklärt wird: „Würde die altägyptische Religion in ihren urältesten Grundzügen — die durch den späteren Götterkult nur verwischt auf die Jetztzeit gekommen sind — gänzlich bekannt sein, so würde es heißen: Die christliche Religion ist der altägyptischen entnommen, so sehr gleichen sich diese . . . “

Was die antiken Berichte von den Tempelmysterien zu Memphis überlieferten, reicht bei weitem nicht in jene graue Vorzeit zurück, deren Beschreibung wir in genanntem Lorberwerke finden. Hier wird z. B. die Urgeschichte des Felsentempels von *Jabusimbil* (d. h. „Ich Bin, der Ich war und sein werde!“) geschildert, einer Kultstätte, die als der halbverfallene Tempel von *Abu Simbel* oberhalb des zweiten Nilkataraktes noch heute besteht, dessen Erbauung jedoch fälschlich dem Jahrtausende später regierenden Pharao Ramses II. zugeschrieben wird. Eine genaue Schilderung seines ältesten Zustands spricht von drei Hallen (die drei kabbalistischen Welten versinnbildlichend!), von 2×21 Kolossalstatuen (die positiven und negativen Aspekte der 21 großen Tarotsymbole, denn dessen Bild 22 „der Narr“ hat den Wert Null!), sowie von einem Altare des *Osiris* und der *Isis*, worunter die alte Gottesweisheit das väterlich zeugende und mütterlich ausgebärende Prinzip der schöpferischen Gottheit verstand. Und die Wände des Tempels zierten „Zeichen und Figuren, aus denen der in die alte Weisheit Eingeweihte alles entziffern kann, was der Geist Gottes den Ur-Erzweisen dieses Landes geoffenbart hat . . . “

Das alles deutet darauf hin, in diesem Tempel das älteste noch erhaltene Bauwerk zu erblicken, wo einst die Lehre des Buches Thot, auch *Tarot* genannt, in ihrer reinsten Form gepflegt wurde. Darauf deutet auch der hebräische Bibelname für Oberägypten „Pathros“ hin, entstanden aus pa-trus = Verkünder des Tarot, d. i. der Wahrheit (vgl. Jesaja 11, 11 u. a.). Durch *Moses,* den großen Eingeweihten der ägyptischen Mysterien, haben auch die Juden die Hauptzeichen jener Ur-Hieroglyphen als die 22 Buchstaben ihres Alphabets übernommen und samt ihren Zahlenwerten bis auf den heutigen Tag erhalten. Nur ging ihnen der innere Sinn dieser seltsamen Zeichen verloren, der jedoch in der Mystik der Kabbala erhalten blieb und auch die Grundlage aller Lehren der späteren „hermetischen Bruderschaften“ bildete. Bekannt sind diese als die geheimen Orden des Mittelalters (Templer, Illuminaten, Rosenkreuzer, alte Freimaurer u. a.), in denen außerhalb des dogmatischen Kirchenglaubens ein esoterisches Christentum gepflegt wurde, in welchem sich auch der unvergängliche Kern der vorchristlichen Mysterienweisheit erhielt. Ihnen ist es wohl zu verdanken, daß auch die Bildsymbolik der ägyptischen Urreligion im 14. Jahrhundert in Europa wieder auflebte, und zwar in Form eines Kartenspiels, das Tarot (später Tarock) genannt wurde. Die verbreitete Meinung, Zigeuner hätten dieses Spiel aus ihrer indischen Heimat mitgebracht, ist irrig, denn es kam über den Orient nach Europa; richtig jedoch ist, daß sich das astral sehr sensible Zigeunervolk sodann dieser Karten als divinatorisches Mittel ihrer Wahrsagekunst bediente.

Der französische Kabbalist *Eliphas Lévi* schrieb über den Tarot in der Zeitschrift „L'Initiation“ im Jahre 1891 u. a.:

„... Der Tarot ist in dem mystischen Buche der 32 Wege enthalten, das Sepher Jezirah genannt wird. Der Gelehrte Court de Gebelin hat zuerst die Bedeutung des Tarot geschildert als einen Schlüssel zu den Hieroglyphen Altägyptens. Man hat das inspirierende Buch Thot auch das Rad, lateinisch rota genannt, woher die Namen Tarot und Tora stammen. (Hier irrt der Verfasser: Das Wort Tarot stammt vom ursprachlichen tarus = die Wahrheit: ein Wort, das sich noch im englischen truth = Wahrheit erhalten hat. Dem Zahlenwert seiner hebräischen Buchstaben nach ergibt T-R-V-S den Wert der apokalyptischen Zahl 666 in ihrem *positiven* Sinn! Kh.)

Die alten Rosenkreuzer kannten dieses Buch ebenso wie die Illuminaten. Auf den Tarot gehen alle unsere Kartenspiele zurück. Die spanischen Karten des Lombre-Spiels tragen noch die wichtigsten Zeichen des ursprünglichen Tarot. „Lombre" aber stammt vom altfranzösischen Wort L'hombre = der Mensch — eine unbewußte Erinnerung an die einstige Benützung eines geheimnisvollen Buches, das die Verheißungen und Gebote aller göttlichen Weisheit enthielt. Die ältesten Tarock-Karten waren eine Art Medaillen, die man später als Talismane verwendete. Auch die „Clavigula" oder kleinen *Schlüssel Salomos* bestanden aus Figuren, die den hieroglyphischen Zeichen des Tarot entsprechen. Solche Figuren, zuweilen durch spätere Zeichner entstellt, finden sich noch in alten Manuskripten der Pariser Nationalbibliothek ..."

Wer heute ein Spiel österreichischer Tarock-Karten betrachtet, findet dort neben den üblichen Farbenkarten (zwei Sätze rote: Herz und Caro, zwei Sätze schwarze: Treff und Pik) noch 21 mit römischen Ziffern numerierte Karten I—XXI, sowie eine unnumerierte in Form eines Mannes mit einer Narrenkappe, die der „Skyss" genannt wird. Ebenso tragen die Karten I als „Pagad“ und XXI als „Mond“ Sondernamen. Diese 22 Karten sind die eigentlichen Tarocks und stechen jede Farbenkarte. Wenngleich sie heute an Stelle der einstigen Tarotsymbole belanglose Zeichnungen tragen, bildet ihre Anzahl und ihr Wert dennoch einen deutlichen Hinweis auf die 22 „großen Arkana“ des alten Tarot. Auch dessen 4×14 „kleinen Arkana“ trugen einst zwei Farbenpaare mit vier Symbolen in verschiedener Zahlenanordnung: zwei schwarze Sätze mit Szeptern und Schwertern und zwei rote Sätze mit Kelchen und Münzen, entsprechend dem Pik und Treff, bzw. dem Herz und Caro der französischen Kartenspiele. Diese vier Symbole stellten im alten Tarot die *vier Elemente* als die Bildekräfte der Natur dar. Daß die 22 Tarockkarten alle Farbenkarten stechen, zeigt an, daß die 22 wirksamen Grundideen der Schöpfung Herr über die Elemente als bloße ausführende Kräfte sind. Die merkwürdigen Sondernamen der ersten Tarock-Karte (I = Pagad), der letzten (XXI = Mond) und der unnumerierten (O = Skyss) blieben bisher auch von der Geistesforschung ungedeutet. Hier die Erklärung:

Karte I ist der Ursprung des Schöpfungsspiels: *Pagad* kommt vom griechischen pagé = die Quelle! — Karte XXI ist die Vollendung der Schöpfung: *Mond* stammt vom lateinischen mundus (französisch le monde) = die Welt, und zwar in ihrem Endzustand, daher das Kartenbild auch einen verklärten Geistmenschen als ihren Beherrscher zeigt. — Und Karte 0 ist das fliehende Narrentum, wenn der Mensch in die Vollendung schreitet: *Skyss* birgt in sich die alten Wurzeln sk (sek) = Trennung, und ys (is) = hinaus. Das vom Geiste getrennte Verstandesbewußtsein (der Narr) entflieht, sobald die geistige Wiedergeburt errungen ist. In diesen vorgenannten spärlichen

Resten spiegelt sich somit ein uraltes Weistum vom Schöpfungsplane Gottes und vom Wege des Menschen — ausgehend aus der geistigen Urschöpfung, sodann die Welt der Materie durchquerend und als frei wollendes, geläutertes Geist-Seelenwesen wieder zurückkehrend in den Zustand der göttlichen Freiheit, Liebeweisheit und Macht. Welch eine „hermetische Philosophie“, die sich da in den unscheinbaren 22 Bildern des Tarot, dem Zeugen der Wahrheit erhalten hat! Und welche Verkennung im profanen Tarock-Kartenspiel, das dem Skyss (Narren) den höchsten Wert zubilligt, indem er alle anderen Karten zu übertrumpfen vermag! Trotzdem ihm der alte Tarot ausdrücklich den Wert *Null* zugewiesen hat . . .

Bevor wir uns den Sinnbildern der 22 großen Arkana des Tarot zuwenden, ist eine Feststellung grundsätzlicher Art am Platze: Ebenso wie es im Kapitel Kabbala außerhalb unseres ursprachlichen Themas lag, dem Leser die gesamten Grundzüge dieses metaphysischen Denksystems zu vermitteln, soll auch dieser Buchabschnitt über den Tarot nicht einer näheren Kommentierung seiner vielfachen Symbolik dienen. Wer sich über das Wesen beider so innig verbundenen Lehren näher informieren will, findet im Anhang (Literaturnachweis) genügend brauchbare Werke angeführt.

Aus dem großen Gesamtbau der Kabbala wurden hier nur jene Bauelemente genannt, die wie das Sepher Jezirah mit der Bildung des Wortes zu tun haben; und die mit ihrer Lehre von der dreifachen Gliederung der Laute Unterlagen für eine weitere geistige Sprachforschung zu geben vermögen. Aus dem gleichen Grunde wird im folgenden die *Bildsymbolik* des Tarot nur gestreift, um daraus Fingerzeige auf die *Lautsymbolik* der analogen 22 hebräischen Buchstaben zu gewinnen. Denn nur der Laut führt uns zurück zur Ursprache, in der das Wort noch leuchtend war.

Jede echte alte Tarotkarte trägt neben dem Bilde einen ihrem Sinngehalt entsprechenden Buchstaben. Es ist daher geradezu unverständlich, wenn in einem deutschen Werke über den Tarot die Meinung vertreten wird, die 22 großen Arkana hätten zu den 22 hebräischen Buchstaben keinerlei direkte Beziehungen; die gleiche Zahl wäre „Zufall" und sei von den Kabbalisten nur genutzt worden, um den Tarot in ihr System einzubeziehen. In Wahrheit aber sind Sepher Jezirah und Buch Thot eine innere Einheit, ein Gemeingut des geistigen Urwissens der Menschheit!

Über die Bildsymbolik des Tarot wurde schon viel geschrieben, über den Kern seiner Lautsymbolik meines Wissens noch niemals. Stets wird den Bildern dieser Karten mit all ihren Details große Beachtung zugewendet und auch versucht, aus den Namen der Karten auf ihren verborgenen Sinn zu schließen. Wenngleich auch nicht versäumt wird, den jeder Karte „entsprechenden" (!) hebräischen Buchstaben bekanntzugeben, wurde bisher kaum ein überzeugender Versuch unternommen, diese Beziehungen auch wirklich sinnvoll zu *deuten,* d. h. Bild und Laut zu einer höheren Ideen-Einheit zusammenzufügen. Eine solche Möglichkeit aber besteht darin, die Namen jeder Karte mit dem *Namen* des ihr zugehörigen Buchstabens zu vergleichen und damit Zusammenhänge aufzudecken, an denen bisher achtlos vorübergegangen wurde.

Freilich muß man sich zu den *wahren* Namen der hebräischen Buchstaben, d. h. ihre Urbedeutung und Urschreibart geistig erst wieder durchringen, um diese Vergleichsmethode wagen zu dürfen. Denn zu dem „Babel" der Menschheit zählt nicht nur der Umstand, daß wir heute zweifellos nicht mehr im Besitze der Ur-Kabbala und des Ur-Tarot sind; niemals bleibt eine jahrtausendealte Überlieferung völlig rein erhalten: die Zeit, wie die unterschiedliche geistige Höhe der Abschreiber und Übersetzer solcher Werke verändern das alte Wort oder das unverfälschte Bild. Noch mehr zählt jedoch dabei die Veränderung der *Alphabete,* aus denen doch jenes überlieferte Schrifttum immer neu geformt wird. Man betrachte einmal, welche Wandlung z. B. schon das griechische Alphabet gegenüber dem hebräischen Mutteralphabet aufweist: trotz offenkundiger Übereinstimmung bei Reihung und Benennung der Buchstaben im ganzen dennoch Lücken oder neue Zusätze im besonderen, Veränderung der Zahlwerte u. dgl. Da jedoch die 22 Urlaute eine sich entwikkelnde folgerichtige *Ideenkette* wiedergaben, die schon im Griechischen teilweise zerstört wurde — wie können dann die daraus weiter hervorgegangenen Alphabete des Lateinischen (und somit auch des Deutschen!) noch jenes geistige Licht in sich bergen, wie es einst die Urlaute in sich schlossen?

Angesichts dieser Gegebenheit kann man nur ausrufen: „Wenn das schon am grünenden Stamm geschah, welche Wirkung mag es dann am ganzen Baume der Erkenntnis gezeitigt haben, an den vielen Zweigen schriftlicher Überlieferungen!“ Indessen erwies sich das Fundament der Ursprache immerhin so lebendig, daß ihre Kraft und ihr Nachhall noch heute in *allen* Sprachen der Menschheit nachweisbar ist. Wie in der Sprachforschung, so bedarf es überall geistiger Einfühlung, wo es gilt, das Ursprüngliche nachzuempfinden und von den Schlacken späterer Ansätze zu reinigen. Dies gilt auch für die Lautlehre der Kabbala in ihrer heutigen Form, sowie für die „Kartenspiel-Symbolik“ des bereits etwas verwässerten Tarot. Gelingt es, bis zu seinem Ur-Sinn vorzudringen, dann werden wir wohl mancher Tarotkarte wieder einen zutreffenderen Namen geben können, als sie ihn gegenwärtig trägt. Andererseits werden sich durch den wahren Sinn der Bilder gewichtige Rückschlüsse auf die ursprüngliche Bedeutung der hebräischen Buchstabennamen ergeben. Und da im alten *Namen* das Wesen des Bezeichneten festgehalten ist, wird sich dadurch auch wieder das Wesen dieser Laute dem tieferen Verständnis erschließen.

Nach dem vorgefaßten Plan haben wir zunächst die Namen der 22 Tarotsymbole den Namen der 22 zugehörigen Buchstaben gegenüberzustellen, um daraus die geistigen Schlußfolgerungen ableiten zu können. In der folgenden Übersicht stellen die ersten Namen die ältesten europäischen Bezeichnungen jeder Karte dar. Verschiedene spätere Tarotspiele benennen die Bilder nicht so sehr nach den abgebildeten Figuren oder Szenen, sondern kommen bereits dem Sinn der Karte näher. Solche Bezeichnungen werden an zweiter Stelle angeführt, wobei in Klammer Bedeutungshinweise zugefügt sind, die manche Tarotspiele am Rande beigedruckt enthalten:

1. Bild: „Der Magier" — „Osiris" — (das göttliche Aktivum) — Buchstabe Aleph (A)
2. Bild: „Die Priesterin" — „Isis" — (das göttliche Passivum) — Buchstabe Beth (B)
3. Bild: „Die Königin" — „Horus" — (der Heilige Geist) — Buchstabe Gimel (G)
4. Bild: „Der Herrscher" — „Pharao" — (Gesetz, Macht) — Buchstabe Daleth (D)
5. Bild: „Der Papst" — „Hoherpriester" — (Religion, Autorität) — Buchstabe Hê (H)

6. Bild: „Der Liebende“ — „Scheideweg“ — (Willensfreiheit) — Buchstabe Waw (V)

7. Bild: „Der Wagen“ — „Triumphwagen“ — (Verwirklichung) — Buchstabe Zajin (S)

8. Bild: „Gerechtigkeit“ — „Wahrheit“ — (Gesetzliche Ordnung) — Buchstabe Cheth (Ch)

9. Bild: „Der Eremit“ — „Pilger“ — (Weisheit, Licht) — Buchstabe Teth (T)

10. Bild: „Das Lebensrad“ — „Schicksalsrad“ — (Bestimmung) — Buchstabe Jod (I)

11. Bild: „Mut“ — „Kraft“ — (Seelenstärke) — Buchstabe Kaph (K)

12. Bild: „Der Gehenkte“ — „Prüfung“ — (Opfer) — Buchstabe Lamed (L)

13. Bild: „Der Tod“ — „Das Weib“ — (Mutter, Materie) — Buchstabe Mem (M)

14. Bild: „Einschränkung“ — „Wiederverkörperung“ — (Frucht) — Buchstabe Nun (N)

15. Bild: „Der Teufel“ — „Die Lüge“ — (Ungerechtigkeit) — Buchstabe Samek (Sz)

16. Bild: „Der zerstörte Turm“ — „Blitz“ — (Zusammenbruch) — Buchstabe Ojin (ʿO)

17. Bild: „Die Sterne“ — „Erlösung“ — (Unsterblichkeit) — Buchstabe Phe (P)

18. Bild: „Das Chaos“ — „Leidenschaft“ — (Stofflichkeit) — Buchstabe Sade (S)

19. Bild: „Die Sonne“ — „Volles Leben“ — (Geistigkeit) — Buchstabe Qoph (Kh)

20. Bild: „Das Gericht“ — „Jüngster Tag“ — (Unsterblichkeit) — Buchstabe Resch (R)

21. Bild: „Der Narr“ — (Torheit, Schein, Trug) — Buchstabe Schin (Sh)

22. Bild: „Die Welt“ — „Alles in Allem“ — (das Zeichen) — Buchstabe Taw (Th)

Zu dieser Reihung wäre zu bemerken, daß sie die richtige Folge der *Bildsymbole* darstellt. In der Numerierung der *Karten* jedoch trägt Symbol Nr. 21 die Ziffer 0, und Symbol Nr. 22 die Ziffer XXI. Wenn einige deutsche Bücher über den Tarot (entgegen Papus und Eliphas Lévi!) den „Narren“ als 22. Symbol hinter der letzten Karte „Die Welt“ folgen lassen, ist das geistig nicht vertretbar. Schon die bekannte alphabetische Reihenfolge Q-R-S-T beweist dies zur Genüge, aber auch die innere Logik: *Zuerst* muß der „Narr“, die irdische Trugwelt aus dem Menschen fliehen — und zwar durch die göttliche Erleuchtung, dargestellt durch den „Feuerbuchstaben“ Sh, einen der drei „Mütter“ der Kabbala! — *dann* erst kann die vollendete Welt im Menschen, das göttliche „Alles in Allem“ als Zeichen der Glorie offenbar werden.

Was bedeuten nun diese merkwürdigen Bilder? Wer sich noch nicht mit dem Tarot befaßt hat, dem werden jene fremdartigen Symbole kaum etwas Wesentliches zu sagen haben. Auch läßt sich nur bei Vorliegen der Karten aus den reichen Details jedes Bildes ein Gesamteindruck gewinnen, der ihren „entsprechenden“ Sinn ahnen läßt. Es ist daher notwendig, an dieser Stelle — trotzdem die Buchstabenmagie des Tarot unser Hauptanliegen ist —, einige allgemeine Hinweise auf die Bedeutung der 22 Arkana zu geben. Wenn hier andere Wege gegangen werden, als sie die meisten der bisherigen Tarotkommentatoren nahmen, soll damit nicht behauptet werden, daß ihre Ausführungen unrichtig wären, wenngleich die Höhe der

Deutekunst eine recht unterschiedliche ist. Aber abgesehen davon, daß alle die Buchstabensymbolik samt ihren Lautkräften völlig außer acht lassen, obwohl doch der Mensch selber das ganze Alphabet des Schöpfungswortes in sich trägt, begehen die meisten Autoren eine weitere Inkonsequenz: sie richten ihre Beurteilung nicht nach den *Zahlenwerten* jeder Karte aus, die sie eben durch den Wert ihres Buchstabens erhält, sondern nach der Nummer der Reihenfolge jeder Karte, wie sie von I—XXI gegeben erscheint. Zwar ist letztere durchaus nicht belanglos, doch vermag sie nicht mit jener Klarheit wie der Zahlenwert aufzuzeigen, in welche der drei „kabbalistischen Welten" eine Karte (und damit ihr Buchstabe!) einzureihen ist. Man betrachte die Zahlwerte der hebräischen Buchstaben und wird ersehen, daß sich hier keine Folge 10, 11, 12, 13 usw. vorfindet, sondern nur 10, 20, 30, 40 usw. Das heißt: Es gibt nur neun *Grundzahlen* 1—9 und ihre stete Wiederholung auf anderen Ebenen! (Was wir als 11, 12, 13 usw. bezeichnen, sind bereits zusammengesetzte Ideen 10+1, 10+2, 10+3 usf.)

Der Grund hierfür ist, daß sich die göttliche Drei-Einheit 1—3 auch in der geistig-seelischen Welt als 4—6 und in der seelisch-stofflichen Sphäre als 7—9 wiederfindet. Außerhalb dieser dreier Prinzipien aber ist nichts denkbar. Und so ist auch der Tarot entsprechend dem Werte seiner 22 Buchstaben (A—T = 1—9, J—S = 10—90, Q—Th = 100—400) auf diesem Urgrundsatze aufgebaut. Das *Buch Thot* gibt eine sinnbildliche Darstellung vom Wesen und Wege des Menschen als der höchsten Schöpfungsidee Gottes, der ihn gemäß der Genesis „IHM zum Abbilde" erschuf. So entspricht auch die erste Neunheit im Tarot dem göttlichen Schöpfungsakte, aus dem das geistige Urbild des Menschen hervorging, der „Adam Kadmon“ der Kabbala (ca daimon = aus der Kraft des Geistes).

Die erste Dreiheit 1—3 stellt dar, wie sich der *Geist* des Schöpfers im Urbild Mensch zum Ausdruck bringt: als liebender Wille („Magier“), als himmlische Weisheit („Priesterin“) und als göttliche Macht („Königin“, ebenfalls weiblich, da von Gott empfangend!) —

Die zweite Dreiheit 4—6 spiegelt das *Seelische* Gottes im Urbilde Mensch wieder: als den aktiven Geistfunken in der Seele („Herrscher“), als seinen göttlichen Lebenshauch („Hoherpriester“) und als seine vollste Freiheit des Willens („Scheideweg“, Möglichkeit der Wahl).

Die dritte Dreiheit 7—9 zeichnet das *Stoffprinzip* im Urmenschen ab, mittels dessen Gott ihn in einen Geistleib einhüllt und damit individualisiert, als einmalige und ewige Gestaltung einer göttlichen Idee: Der „Wagen“ versinnbildlicht diesen Körper als geistiges Vehikel (7 = geistige Zeugung im Stoff!). Das 8. Arkanum „Gerechtigkeit“ zeugt von der Reinheit des urbildlichen Menschen in den seelischen Bereichen seiner Feinstofflichkeit, und das 9. Symbol „Pilger mit Licht“ zeigt die Erleuchtung des Urmenschen bis in seine umhüllende Stoffwesenheit hinein an, die ihm als „Wagen“ in allen Sphären zu dienen vermag.

So etwa läßt sich der reingeistige Sinn jener ersten neun Symbole auslegen, die durchwegs auf die göttliche *Urschöpfung* Bezug nehmen. Wir finden daher unter diesen Arkana auch keines mit einer negativen Bezeichnung, wie sie einige Bilder der folgenden Neunheit aufweisen, die in die irdisch-menschliche Seelenwelt und ihre Polarität hinübergreift. Denn der Tarot wäre nicht das Buch der Wahrheit, würde er nicht auch den Fall des Geistmenschen in die Materie verzeichnen. Diese zweite Neunheit (die zweite Schöpfung Gottes, das sichtbare All und der irdische Adam) zeigt aber auch die *Heilstat* Gottes: den Weg, welchen die göttliche, sich aufopfernde Liebe eingeschlagen hat, um die Verwirklichung des Urbildes Mensch dennoch zu erreichen. Bilden die ersten neun Grundzahlen gewissermaßen den Aspekt VATER der göttlichen Drei-Einheit ab, so schildern die folgenden neun Arkana 10—18 (Zahlwerte 10—90) das Erlösungswerk des SOHNES am gefallenen Erstlingsgeist durch sein Wirken am Menschen.

Innerhalb beider Neunheiten können wir stets verfolgen, wie die Reihen einander abwechseln. So zwar, daß die Bilder 1-4-7-10-13-16 auf das Prinzip *Geist* (Idee, schöpferisches Aktivum), die Bilder 2-5-8-11-14-17 auf das Prinzip *Seele* (Kraft, Leben, empfangendes Passivum) und die Bilder 3-6-9-12-15-18 auf das Prinzip Körper (Stoff, Form als Träger von Geist und Seele) Bezug nehmen. Der französische Kabbalist *Papus* gab zum Verständnis des Wesens der neun Grundzahlen einen äußerst brauchbaren Schlüssel, durch den auch dieser Rhythmus leicht begreiflich wird: In jeder der drei Dreiheiten 1—3, 4—6 und 7—9 stellt eine Zahl das Prinzip Geist, Seele oder Körper an sich dar, während die beiden anderen Zahlen jeder Dreiheit das gegenseitige Aufeinanderwirken der drei Prinzipien anzeigen. So ergibt sich folgendes Zahlenschema:

1 = *Geist* 2 = Reflex der Seele im Geiste 3 = Reflex des Körpers im Geiste	} = Geistwelt
4 = Reflex des Geistes in der Seele 5 = *Seele* 6 = Reflex des Körpers in der Seele	} = Seelenwelt

7 = Reflex des Geistes im Körper		
8 = Reflex der Seele im Körper	}	= Stoffwelt
9 = *Körper*		

Wer nach diesem Schema (das sich übrigens im magischen Quadrat Drei ebenso abzeichnet, vgl. Seite 138!) Die Symbolik des Tarot genau studiert, erarbeitet sich damit ein tieferes Verständnis, als ihm jeder Kommentar zu geben vermag.

Hier noch eine kurze Erläuterung der Tarotbilder Nr. 10—18:

10 = „Lebensrad": Das göttliche Gesetz vom Wiederaufstieg des Menschen nach seinem Herabstieg in die Materie.

11 = „Kraft": Die Christuskraft in der Seele als Beherrscher der widergöttlichen Anreize der Welt.

12 = „Opfer": ‚. . . Und das Wort ward Fleisch'. — Durchdringung des Stoffs durch den sich hineinopfernden Geist.

13 = „Tod": Einschließung in den Stoff, aber auch Wandlung der Formen zur Aufnahme höheren Lebens.

14 = „Erneuerung": Symbol der Unzerstörbarkeit der Seele und der steten Weitergabe des Lebens.

15 = „Teufel": Wirkung der Materie auf die Seele, Gegensatz zur Erprobung der Willensfreiheit. Das Niederseelische im Menschen.

16 = „Zerstörung": Folge der Widerordnung. Das Schicksal, Karma. Mittel des Geistes zur Befreiung der gefesselten Seele.

17 = „Die Sterne": Erkenntnisse der Seele, erste Ahnung vom ewigen Leben. Hoffnung auf Erlösung.

18 = „Chaos“: Auflösung der Gebundenheit der Seele im Stoffkleide der Materie. Ende des niederen Trieblebens. —

Nach dieser „Welt des *Sohnes*“ und der Kraft seines Liebeopfers wird die „Geburt des neuen Adam“, die geistige Wiedergeburt des Menschen in der abschließenden Dreiheit gezeigt. Diese Triade ist daher der lebenerfüllenden Aura Gottes, dem *„Heiligen Geiste“* zugeordnet. Und in einem letzten Bilde wird die Verklärung des Menschen und die Vergeistigung aller Materie als das Zeichen der Glorie Gottes dargestellt:

Bild 19 = „Sonne“: Aufgang der „Liebe des Vaters“ im Menschenherzen. Ergrünen des Lebensbaumes zum wahren geistigen Leben.

Bild 20 — „Gericht“: Auferstehung des Menschen aus dem Grabe des irdischen Denkens zur göttlichen *„Weisheit des Sohnes“*.

Bild 21 = „Narr“: Versinken des nichtigen Welttums mit seinen Scheinwerten. Die *„Macht des Heiligen Geistes“* als die göttliche Alchemie des geistigen Feuers.

Schlußbild 22 (Karte XXI) = „Alles in Allem“: Das göttliche Bewußtsein in Geist, Seele und Leib des vollendeten Menschen, der damit zum Ebenbilde Gottes und zum Herrn der Schöpfung geworden ist. —

Vorstehende Ausführungen konnten nur eine skizzenhafte Andeutung von der mystischen Bildsymbolik des Tarot vermitteln. Nach der Lehre der Entsprechungen („Wie oben, so unten!“) wohnt dem Tarot auch ein geistig-seelischer und ein natürlicher Sinn inne. Und das ist der Grund, warum er auf *alle* Gebiete des Lebens anwendbar ist und wegen seiner Gesetzlichkeit sogar zur Ausübung der Wahrsagekunst genutzt wurde und wird. Wir aber wenden uns nun der *Buchstabensymbolik* dieses hermetischen Weistums zu; ein Gebiet, das bisher Brachland blieb, wenn man von den mittelalterlichen Amuletten und Talismanen absieht, die auf den kabbalistischen Laut- und Zahlenwerten des Tarotalphabets beruhten. Freilich zumeist mißverstanden, wie ein bekanntes Beispiel zeigt:

Auf alten magischen Pergamenten findet sich oft das „Zauberwort“ ABRACADABRA, dem große magische Wirkung zugesprochen wurde. In Wahrheit aber ist es gar kein einzelnes Wort, sondern ein verballhornter Satz, der eine geistige Erkenntnis zum Ausdruck bringt. Denn „A Ba Ca Da bara“ heißt nichts anderes als „Das A, B und C schufen das D“! Nun ist aus der Symbolik des Tarot ersichtlich, daß der Laut A dem göttlichen Willen (Ursprung), der Laut B der göttlichen Weisheit und der Laut C der Allmacht Gottes entspricht. Ebendiese Dreiheit aber erschuf das D = die Welt in ihrer gesetzlichen Ordnung.

Nun wollen wir den Tarot selbst über sein Wesen befragen, das sich zweifellos schon in den vorgenannten vier Urlauten, bzw. deren Entsprechung in den anderen zwei „Welten“ kundgibt. Der Leser, der in diesem Kapitel mit der Zahlenlehre etwas vertraut gemacht wurde, wird leicht begreifen, daß z. B. die Buchstaben A, J und Q eine Drei-Einheit bilden. Denn ihre Zahlenwerte 1, 10 und 100 deuten ihre Einheit, allerdings auf die drei Welten Geist, Seele, Stoff bezogen, sichtbar an. Fassen wir daher die ersten vier Drei-Einheiten wie folgt zusammen:

A = 1,	J = 10,	Q = 100
B = 2,	K = 20,	R = 200
G = 3,	L = 30,	S = 300
D = 4,	M = 40,	T = 400

Aus diesen Dreiheiten formen wir — die Grundzahlen in die Mitte stellend — die vier Worte J-A-Q, K-B-R, L-G-S, M-D-T, womit der Tarot bereits sein Wesen enthüllt! Denn vokalisiert ergeben sie den Satz

„Jaq kabar logos madet"

und das heißt ursprachlich „Ich verkünde das Gesetz der Weisheit!"

Um von Sprachwissenschaftern nicht einer „mystischen Phantasie" bezichtigt zu werden, gebe ich dazu einige sprachliche Hinweise:

a) zu „Jaq": das hebr. Qoph (q) ist bekanntlich das harte, emphatische Kh und nicht das deutsche qu. Indem das spätere Hebräisch diesen Laut oft zu Ch, ja sogar zu H erweichte, entstand aus Jaq (= Ich) der Gottesname JAH, dem wir so oft in der Bibel begegnen; nicht nur in Jah-we, sondern auch in Prophetennamen wie Eli-jah, Sachari-jah usw. — Noch heute spricht der Jude in seinem Dialekt das deutsche Ich wie „jach" aus — eine Urerinnerung an das ursprachliche jaq. Natürlich ist das hochdeutsche Ich ebenso wie das niederdeutsche ike gleichen Ursprungs.

b) zu Kabar = verkünden: die alte Schreibart von K war C (vgl. Latein). Ferner besitzt das hebr. B (als „Doppelter" der Kabbala!) den Wert von B oder W, wie auch heute im Russischen. Wir können daher auch „ca-war" lesen, was dann „Kraft des Wortes" bedeutet. In der russischen Sprache, die noch so viele alte Wortgeheimnisse bewahrt, heißt sprechen „goborit", ausgesprochen „gawarit", worin sich der Urstamm c-b-r noch rein erhalten hat. Man entsinne sich auch des Namens jenes Erzengels, der Maria die Geburt Jesu ankündigte: Gabriel! (aus ca-war-i-el = Verkünder des Lichtes).

c) zu Logos: Wir finden dieses Wort im Griechischen

wieder mit der Bedeutung „Wort, Ausspruch, Gebot, Denkkraft, Vernunft“ usw. Im Latein wurde es zu leges = lex, das Gesetz. Die „Logik Gottes“ ist demnach die höchste Vernunft, die sich in den Schöpfungsgesetzen offenbart. Und da jede Offenbarung ein „Werde“ voraussetzt, wurde in der mystischen Gnosis der Logos auch das Wort Gottes genannt.

d) zu Madet = Weisheit: die Wurzel med bedeutet im Hebräischen *und* Sanskrit „messen, das Maß“. Griechisch finden wir dazu das Wort „mathema“ = Wissenschaft, Erkenntnis, und „mathetés“ = Schüler, Jünger. (Matthäus!) Weisheit ist somit die Wissenschaft, das geistige Maß der Schöpfung zu erkennen.

Diese kurze Analyse sollte zugleich als Beispiel dienen, was man sich unter der geforderten neuen Sprachforschung vorzustellen habe und auf welchen Grundlagen der Ursinn ältester Worte zu finden ist. Es ist nichts anderes als jene „genetische“ (ursprüngliche) Etymologie, zu deren Schaffung ein Dr. Wadler und ein Prof. Beckh — wie früher dargelegt — die Sprachwissenschaft aufruft. Wirklichkeit aber wird sie erst werden, wenn ein vergeistigtes Weltbild auch die Sprachforschung ergreifen und zu den religiösen Quellen des Wortes zurückführen wird. —

Setzen wir nun nach diesem philologischen Abstecher unsere Analyse kabbalistisch fort, indem wir auch die Zahlenwerte zur Ergründung des letzten Sinnes jener vier Worte heranziehen:

Wer ist dieser „JAQ“ mit seinem Zahlenwert 10 + 1 + 100 = 111? Es ist der ewige „ICH BIN“, wie Moses die Gottheit in der Genesis benennt. In der Zahl dieses Namens 111 aber drückt sich die *Drei-Einheit* des göttlichen Wesens aus, das die christliche Religion den „Vater, Sohn und Heiligen Geist“ nennt. Es ist nicht von ungefähr, daß daher auch der Name des ersten Tarotbuchstabens *Aleph* (a-leph = Ur-Herz, oder al-eph = Licht-Eröffner!) den Zahlenwert 111 ergibt.

Wie aber der Sohn aus dem Vater, die Weisheit aus der Liebe hervorgeht, so emaniert auch CAWAR (222) aus der Herzmitte Gottes (111). Die Kraft des Ausgebärens göttlicher Ideen (Ka-bar), die Kraft des Werdens (Ca-war), das ist die Verkündigung des Vaters durch den Sohn. Darum kann man Ca-war auch mit „Träger des Wortes" übersetzen.

Folgerichtig muß nun „Logos" (333) auf den Heiligen Geist hinweisen. Und es ist auch so. Denn dem verkündenden, offenbarenden Wort folgt seine machtvolle Wirkung in der Schöpfung: als die Aura der Gottheit, die die ganze Schöpfung, das geistige All und stoffliche Universum nach heiligen Gesetzen leitet und mit dem Hauche des unzerstörbaren Lebens erfüllt. Und diese Allmacht ist es, die im Bilde der 3. Tarotkarte durch das Königinsymbol dargestellt erscheint.

Diese Trinität wirkt nun in der geistigen Welt des Menschen als „Madét" (444); die lebendige Weisheit, die „himmlische Urania" der alten Freimaurer und Rosenkreuzer (222), nun gestaltwerdend (vier ist die Zahl der Form!) im Menschen, der nun selber zum Träger des *inneren Wortes* herangereift ist.

Aber noch ein zweites Mal gibt der Tarot Zeugnis vom dreifachen Wesen Gottes und seines Wirkens. Betrachten wir nochmals das aufgestellte Buchstaben-Schema auf Seite 172 und lesen die vier Dreier-Lautgruppen diesmal *vertikal.* Wir erhalten auf diese Weise:

A-B-G-D (1+2+3+4) = 10, I-K-L-M (10+20+30+40) = 100, Q-R-S-T (100+200+300+400) = 1000.

Wieder ergeben diese Wortstämme vokalisiert gelesen das gleiche Resultat:

Ab-god = Gott Vater, Ik-lam = das ausstrahlende Licht (der Sohn), und Kr-ist, der Christus als Heiliger Geist!

(Zusatz für Sprachforscher: arab. Ab, hebr. abba = Vater. — Engl. god = Gott. — Weiter: griech. ek-lamp-o = ich leuchte hinaus. — Und: griech. aristos, aus altgriech. charist-os = der Beste, Edelste, das aber ist der Christusgeist im Menschen!)

Wie der Sohn (10) aus dem Vater (1), und der Heilige Geist (100) aus beiden hervorgeht, offenbaren somit die Laute wie ihre Zahlsummen. Denn A+B+G+D = J, weil 1+2+3+4 = 10, den Zahlwert von Jod ergibt. Jod, der Name des hebr. Buchstabens J aber heißt „der Weg" (vgl. Tarotkarte 10 = das Lebensrad!) —

10+20+30+40 = 100, d.h. I+K+L+M = Q: Iklam, der Hinausleuchtende, das geoffenbarte Wort ist auch das Qoph = der Gipfel, das Höchste, wie der Name des hebr. Q besagt. Es ist der vollendende Heilige Geist, weshalb die Tarotkarte Nr. 19 „Sonne, Geistes Leben" genannt wurde.

Mit der Zahl 400 (Buchstabe Tau = das Zeichen) endet das ursprachliche Tarotalphabet. Und 100+200+300+400 ergibt 1000 (tausend = „tau is end", wie der Engländer lesen würde!), jene mystische Zahl der *Vollendung*, die auch in der Offenbarung Johannis für das „tausendjährige Reich" symbolisch gebraucht wird. Oder in Buchstaben: Q+R+S+T, vokalisiert Khrist = *Christus*, der Gottmensch als der Vollender und Vollendete der Schöpfung...

Es mag für manchen Leser eine merkwürdige Mathematik bedeuten, die schon in der urägyptischen Religionsmystik die christliche Trinität in Namen und Zahlen auszudrücken wußte. Aber sind nicht die Zahl und der Laut das Element jeder göttlichen Schöpfungsidee und Kraft? Ist nicht der Name ein Widerschein des ewigen Wortes, aus dem alles Werden hervorgeht? Nur in diesem Sinne betrieben, sind Kabbala und Tarot wahre Geisteswissenschaft, d. h. lichtvolle Erkenntnis ewiger Wahrheiten, die schon die Weisen in grauer Vorzeit seherisch erkannten und der Nachwelt in tiefsten Entsprechungs-Symbolen hinterließen.

Aus der unerschöpflichen Fülle der Möglichkeiten, die uns das so ungeheuer präzise Denksystem des geistigen Tarot bietet, sei zum Abschluß dieses Kapitels noch ein Beispiel gewählt, das uns durch die gesamte Lautreihe des Alphabetes führen wird. Es wird sich dabei erweisen, daß alte Sprachen ursprachliche Wortstämme mit jener Bedeutung bewahren, die ihnen nach dem Schlüssel des Tarot zukommt. Wieder ein neuer Beweis, wie sich einst Name und Idee völlig deckten.

Man kann die Arkana und damit die Buchstaben des Tarot — aus anderem Blickfelde gesehen — auch als eine siebenfache Dreiheit und das abschließende *Tau* als ihr zusammenfassendes Ergebnis betrachten. Es bilden sich dabei *sieben Worte,* die — wie könnte es anders sein — wieder die göttliche Geistwelt (1—9), die menschliche Seelenwelt (10—90) und ihre Verbindung (100—300) ausdrücken; und im letzten Bilde die „mystische Hochzeit“, die Vollendung des Weges (400), den auch die chinesische Gotteserkenntnis das TAO nennt.

Nachstehend einige Worte aus alten Sprachen, die noch genau den wahren Sinn jener sieben Trisonanzen (Dreier-Wurzeln) bewahrt haben. (Es bedeutet hb. = Hebräisch, ssk. = Sanskrit, gr. = Griechisch, lt. = Latein, Asl. = Altslawisch):

1. A-B-G: die Sphäre des Vaters. — Daher ssk. abhoga = Urkraft der Ausdehnung, bhag = Gott als Schöpfer. — Asl. bog = Gott.
2. D-H-V: die Sphäre des Sohnes. — Daher bildete, indem das hb. He zu E wurde: ssk. deva = Gott, gr. theos, lt. deus = Gott, und zwar als Gottmensch persönlich gedacht!
3. S-Ch-T: die Sphäre des Hl. Geistes. — ssk. sakti = die Kraft des Geistes im Stoff. — hb. ja-sak = ausbreiten, sich ergießen.
4. J-K-L: die geistige Sphäre des Menschen. — Daher hb. jakol = können, vermögen, obsiegen (Macht als Attribut des Geistes!). Trennt man aber: j' kol, so hieße das „der Weg des Wortes" (!)
5. M-N-S: die seelische Sphäre des Menschen. — Daher ssk. manas = Gemüt, Seelenkraft, Bewußtsein. — Lt. mens = Geist, Verstand, Gemüt, Seele. — Davon deutsch „Mensch".
6. Q-R-S: die Sphäre der Vereinigung Gott und Mensch. — Daher ssk. Krish-na, der Christ. — gr. charys = Freude, Lohn, Gnade, Liebesgabe! — Asl. (russisch) charosch = gut. — Ferner hb. *Kores!* (Man lese dazu Jesaja 44/28, der mit diesem Namen den *Christus* weissagte: „Kores ist Mein Hirte und soll all Meinen Willen vollenden!" Daß die Bibelkritik Kores als den Perserkönig Cyrus deutet, gehört zum geistigen Babel, das die Sprache im Menschen verwirrte, so daß er das innere Wort nicht mehr versteht.) —

Das sind also die sechs Schöpfungsperioden des Tarot, entsprechend den sechs Schöpfungstagen der Genesis, denen sich als siebenter der große Sabbat des HERRN anschließt, an dem „Gott ruht". Denn die Weltenrunde ist zu Ende und im geistig-universalen Sinn ist Kores der neue Adam, der *Christusmensch* als Ziel und Vollendung der Schöpfung. Noch einmal zeigt ihn der Tarot im Schlußbilde als den Herrn über alle vier Elemente, in der Hand den Siegespalmzweig, ein Szepter des Lebens und Friedens. Was aber bedeutet der Buchstabe Tav (Tau) und was offenbart der Zahlwert seines Namens T-V = 406?

Hier finden wir die Zahl Vier und Sechs vereinigt, so daß sie zusammen die Zahl des Weges (Jod) ergeben: 4+6 = 10, und 10 = 1. So endet der Tarot mit der Eins des Anfangs — mit Gott, dem „Alles in Allem". Was ist nun das Geheimnis des Namens Tau, der mit „das Zeichen" übersetzt wird und dessen älteste Hieroglyphe ein Kreuz darstellte? Seine beiden Buchstaben TV offenbaren es deutlich: T ist der Laut der Voll-Endung und V jener der Willensfreiheit (vgl. 6. Karte „der Scheideweg"). Somit ist der innere Sinn des Tau „vollendete Willensfreiheit". Der mit dem göttlichen Willen geeinte eigene Wille des geistig Wiedergeborenen führt ihn in die höchste Freiheit des Gottesbewußtseins.

Indem aber dem V der Zahlwert 6 (sex, sec = Trennung) entspricht, wohnt auch dem Laut selbst jener Begriff inne. Beim TV, dem Tau handelt es sich jedoch nicht um jene widergöttliche Trennung, wie sie der gefallene Urgeist Luzifer vollzog. Gemeint ist hier die im Schöpfungsplan vorgesehene Gestaltung des Menschen zu einem Geistwesen mit eigenem Ichbewußtsein und eigenem Willen; die verwirklichte Idee des selbständig gewordenen *Gotteskindes.* Was Gott als „Urtypus Mensch" am Beginn der Schöpfung dachte, ist nun wesenhafte Wahrheit und ewiger Bestand geworden. Gott, der „ICH BIN", empfindet jedes seiner Kinder als ein geliebtes DU; und jedes geistig erwachte ICH erkennt wiederum in Gott sein ewiges DU.

Dies alles ist in der letzten Karte des Tarot und im Endbuchstaben Tau des alten Alphabets schon seit Urzeiten aufgezeichnet. Auch die lateinische Sprache (ebenso das Althochdeutsche) bewahrt noch diesen Sinn des TV, denn dort hieß das heutige Du noch TU, geschrieben tv)! Aber auch lebende Sprachen behüten noch immer verborgene Wahrheit des Tarot, so z. B. das französische „tous" = alle (vgl. „Alles in Allem"). Und das führt uns wieder zum Zahlwort tausend, englisch thousand. Nehmen wir von jedem die „richtige" Silbe, aus dem Englischen das „thou", aus dem Deutschen das „-end" und verbinden wir sie durch das englische is = ist, so erhalten wir den Satz „Thou is end", das *Du ist die Vollendung!* (Bekanntlich ist thou die rituelle Du-Anrede Gottes im englischen Gebet.) Damit wird auch begreiflich, warum die Offenbarung des Johannes gerade diese Zahl dem Reiche zuschreibt, das die Erfüllung der „Wiederkunft Christi" im Geiste des Menschen bringen wird.

So enthüllt dem Sehenden das *Buch Thot* — dessen Name schon auf seine Universalität hinweist (vgl. lat. tot-um = alles) — den gesamten Schöpfungsplan Gottes; seine Ideen, seine Kräfte und seine Gestaltwerdung. Im Hebräischen kehrt der ägyptische Name Thot wieder als „daoth" = Erkenntnis, Wissen, Einsicht, wie auch das Wort „thora" = heiliges Gesetz mit dem Tarot stammverwandt ist. Die Erkenntnis des göttlichen Urgesetzes aber ist das große Vermächtnis, das die alte hermetische Wissenschaft hinterließ und durch das Kabel der Kabbala (= Weiterleitung!) wie durch das Rad (rota) des Tarot bis in unsere Gegenwart herübertrug.

IX

NOCH EINMAL THEMA „BABEL"

„Daher heißt ihr Name Babel, weil der Herr dort hatte verwirrt aller Völker Sprache."

1. Mose 11,9

NOCH EINMAL THEMA „BABEL"

— das Symbol der großen Verwirrung! Hier gleichermaßen auf Verwirrendes in der Sprach- *und* Geisteswissenschaft bezogen. Aufgezeigt zunächst an einem Beispiel von Antworten der äußeren Sprachforschung, wenn wir an sie mit Fragen der Religion und Erkenntnislehre herantreten. Das Ergebnis wird zeigen, welche Kluft noch immer zwischen der eingesessenen „wissenschaftlich-pragmatischen" und der ihr nachfolgenden „geistig-genetischen" Etymologie besteht, welch letztere allein zu dem Ursinn der Worte hinzuleiten vermag. Anschließend soll eine Gegenüberstellung von Aussagen verschiedener Geistesforscher erweisen, daß auch hier die Einigkeit noch nicht gefunden wurde, die zu der Einheit der ursprachlichen Wort- und Sinnbildung den einzig richtigen Weg weisen kann.

Als Deutsche interessiert uns gewiß so manches Wort unserer Muttersprache, dem unserem Empfinden nach ein hoher Sinn zu eigen ist. Wenn wir nach den Quellen seiner Abstammung und ursprünglichen Bedeutung fragen, so erwarten wir, in erster Linie aus den wissenschaftlichen Fachwerken wertvolle Belehrungen zu schöpfen. Das Standardwerk der deutschen Sprachforschung ist das bekannte „Etymologische Wörterbuch der deutschen Sprache" des 1926 verstorbenen Professors Friedrich *Kluge.* Im Vorwort der 11. Neuauflage ex 1934 stehen u. a. die Sätze:

„... Fremdwörter mußten aufgenommen werden, einfach weil der Deutsche ein Recht darauf hat, daß ihm Bescheid wird. Ziel der Darstellung ist es, zu zeigen, wie das fremde Wortgut ersetzt werden kann, um der geistigen Wehrpflicht zu genügen, die dem Deutschen heute obliegt ..."

Was aber sind „deutsche" Wörter und was „Fremdwörter"? Waren sie nicht einst friedlichere Geschwister der gleichen Eltern und Ahnen, die ihnen ihre gemeinsamen Wesenszüge mit auf den Weg gaben? Diese zu ergründen, d. h. der Urbedeutung eines Wortes nachzugehen bis dorthin, wo sich seine Ahnenreihe im Dunkel der Vorgeschichte verliert, ist die hohe Aufgabe der etymologischen Sprachwissenschaft. Dann können Wörter wieder zu Worten werden, dem, der ihren geistigen *Inhalt* (das innen Gehaltene!) freizulegen weiß: Gold, das sich unter der Schale ihrer täglichen Abgegriffenheit verbirgt wie ein Kristall im toten Gestein.

Wer nun bedenkt, welche Summe fleißigster Forscherarbeit, verbunden mit umfassendem Sprachwissen auf die Schaffung dieses Wörterbuchs verwendet wurde, wird mit Recht annehmen, daß die Ergebnisse zu einer wirklichen Vertiefung der Sinnerkenntnis jener Worte führen muß, die uns als der Inbegriff des metaphysischen Denkens und Fühlens erscheinen. Es sei daher nachstehend eine kleine Wortauswahl angeführt, über die sich im neuen „Kluge" auszugsweise folgende Ableitungen und Deutungen vorfinden:

1. *Gott:* von althochd. got, altnord. guo, gotisch gudh, indogerm. ghu, altind. hu = anrufen. — Also: Gott = das angerufene Wesen. Gleichfalls mögliche Deutung: Gott von griech. chyton = germ. gudha = Gegossenes, mit Bezug auf Götzenbild. (!!)

2. *Geist:* altsächs. gest, altfries. gast, somit westgermanisch. (?) Als Grundbedeutung folgert man „Aufgeregt-

heit“ von altnord. geisa = wüten, altind. ghizd = zürnen. (!!)

3. *Mensch:* althd. mannisco, got. mannisks, altnord. menskr, altind. manu. — Mögliche Deutung: die von Mannus, dem Urvater der Germanen Abstammenden. (!!)

4. *Hölle:* althd. hella, got. halia, Wurzel hal, hel = verbergen. Somit ursprünglich Hölle = die Verbergende oder das Verborgene. (!!)

5. *Seele:* althd. sela, altsächs. seola, urgerm. saiwálo, letzteres lautlich fast gleich mit griech. aiólon = beweglich. Deutung: die Seele wurde im Volksglauben als ein bewegliches Wesen (Schmetterling, Vogel, Schlange, Maus) gedacht. (!!)

6. *Himmel:* althd. himil, got. himins, altnord. himminn. German. Stamm hemina, aus indogerm. kemeno. Vgl. altind. akmen und altpers. asman = Himmel, aber awestisch asman = Stein. — Die Bedeutung Himmel hat sich also aus Stein entwickelt, indem die Sterne mit Edelsteinen verglichen werden, die das Firmament bedecken. (!!)

„Da steh ich nun, ich armer Tor, und bin so ‚klug‘ als wie zuvor“ — möchte man angesichts *dieser* Deutungen seufzen. Was mit derartigen Auslegungen anzufangen ist, läßt sich leicht an einem Beispiel darstellen. Fassen wir etwa obige sechs Worte zu einem religiös sinnvollen Satz zusammen, wie z. B. „Gott durchdringt als Geist den Menschen, um aus der Hölle seiner Seele wieder den Himmel zu gestalten“. Dann setzen wir dafür Kluges gefundene Grundbedeutung der Stammworte ein und können lesen: „Der Angerufene durchdringt aufgeregt den Stammvater, um aus dem Verbergenden seines Beweglichen wieder das Bedeckende zu gestalten". Freunde eines grimmigeren Humors können auch den Satz bilden: „Das Götzenbild durchdringt wütend Mannus, den germanischen Stammvater, um aus dem Verborgenen seines Vogels wieder den Stein zu gestalten". — Übertrieben? Der Leser vergleiche genau und urteile selbst . . .

Es entspricht eher einer geistigen Wehrpflicht, den Nachweis zu erbringen, daß unsere Altvorderen mit der Magie des Wortes etwas anders vertraut waren als unsere Sprachgelehrten, weshalb sich aus ihren Urworten denn doch ein wesentlich anderer Sinn herausholen läßt. Freilich wird es mit dem Vertreiben der Fremdwörter schwer gehen, ohne ihnen vorher etwas ins Angesicht geblickt zu haben. Auch mit den nur-arischen Wortahnen wird es schlecht bestellt sein, wenn man an den biblischen Sohn Noahs, den „weitausgebreiteten" *Japhet* als den Stammvater aller indogermanischen Rassen zurückdenkt.

Bei der pragmatischen Etymologie, die sich nur auf Lautverschiebungen und grammatikalische Zusammenhänge stützt, dürfen wir also nach Sinn und Bedeutung geistiger Worte nicht anfragen. Eher beim Genetiker (Genesis = Schöpfung, lebendiger Ursprung), der zu den obigen Wortbeispielen etwa sagen würde:

1. *Gott:* dem gotischen „gudh" entspricht das Sanskritwort „gudha" = das Mysterium, Geheimnis! Auch das altnordische guo entstammt der altind. Wurzel „guh" = verborgen, unsichtbar sein. — Der typische Gottesbegriff *vor* dem Christuserlebnis! (Seitdem „der VATER"!)

2. *Geist:* das altsächs. „gest" bewahrt noch deutlich die Reihenfolge jener Buchstaben, die — vom Ursprung A ausgehend — die Laute der ungeraden Zahlenreihe

(1 . . . 3, 5, 7, 9 = G, E, S, T) bilden. Wie beim magischen Quadrat Drei (vgl. Seite 138) erläutert, stellen diese Zahlen, bzw. Buchstaben das aktiv-männliche *schöpferische* Prinzip dar. —

3. *Mensch:* von Sanskr. „manas" = Gemüt, Denkkraft! — Das althochdeutsche mannis-co und das altnordische mens-kr setzen diesem Wort den Buchstaben der Kraft (C, K) hinzu: Manas—Kraft (vgl. dazu S. 178, Pkt. 5).

4. *Hölle:* Kluges Ableitung von hel = verbergen trifft auf Höhle, nicht aber auf Hölle zu. Der im indogerman. Sprachstamm so oft vorkommende Lautwechsel H und S (Kentum, Satem, vgl. S. 102) läßt das deutsche Hölle und Seele, bzw. althd. hella, sela zu zwei getrennten Worten werden, während es geistig und ursprünglich *einen* Begriff ausdrückt, und zwar:

5. *Seele:* german. saiwálo, altsächsisch seóla: zum Greifen nahe die Urverwandtschaft mit dem hebr. Wort für Hölle(!) = Scheola. Warum also german. Seele und hebr. Hölle? Nach *Lorber* erklärte Jesus diesen Ausdruck wie folgt: ursprachlich sche = es dürstet, oul = der Tiermensch, a = der Ursprung, Konsistenz des Seins. — Sche-oul-a ist somit im Grunde „die Seele als Hölle", d. h. der Zustand des geistig noch unentwickelten Menschen mit all seinen Trieben und Leidenschaften. „Dürsten" aber ist der Drang jeder Seele nach ihrer Vereinigung mit dem Geiste, dem A des Ursprungs. Indem der Geist diesem Durst der Seele nachkommt und sie belehrt, nahm der Begriff Scheola später auch den Sinn „Seele als Belehrungsstätte", als Schule des Geistes an. Und das ist sprachlich verfolgbar: pers. u. ind. schehol, griech. skole, lat. schola, deutsch Schule! — Was „sche" = dürsten betrifft, so findet sich dieser

alte Wortstamm wieder in Aramäisch als es-che, aber auch noch im Mittelhochdeutschen als „esche“ = ausgedörrt, sowie im Slawischen als „sched’“ = Durst. Überall ist Ursprachliches zu finden, weil überall der Genius des Wortes weiterwirkt.

6. *Himmel:* Die Etymologen gehen zurück auf german. hemina = altind. akmen = awestisch asman. — Wird dieses altpersische „asman“ mit dem hebr. Wort für Himmel „schama-im“ verglichen, ist das Rätsel seiner Bedeutung gelöst. Denn das hebr. scha-ma (-im ist Mehrzahlendung) wird geschrieben SCH-M, also mit den beiden „Müttern“ der Kabbala, welche die geistigen Urelemente Feuer und Wasser darstellen. Geist und Stoff, im Begriff Himmel als die harmonische Vereinigung beider zusammengefaßt! (Vgl. Genesis, Beginn der Urschöpfung: „... Und der Geist (Feuer) schwebte über den Wassern ...“)

Gott ist Geist, ewiger Urgrund alles Seins. — Seele ist Hölle in ihrem ungeläuterten Zustand. — Aber Mensch ist Himmel, wenn er wieder zum Ebenbilde Gottes wird. — Heilige Sprache, Wort als Abbild des Logos, selbst Geist und Träger des Geistes!

Der Sprachwissenschaft ihren gebührenden Rang: Sie schafft die Voraussetzungen, um zu den Wurzeln der ältesten Sprachen zu dringen und aus dem Stamme die weitverzweigten Äste am Baume der Sprachfamilien zu demonstrieren. Urägyptisch, Ursemitisch, Urindisch: drei Wurzeln, drei Mütter. Allein, zu den Sprachwurzeln gelangen heißt noch nicht, ihr inneres Leben erkannt zu haben. Hier muß der faustische Mensch aus anderen Quellen schöpfen. Diese Quellen sind der Geist der Intuition und die damit erhellte Erkenntnis der Geistesschätze, die uns durch Religion und Tradition aller Kulturkreise zumeist in symbolischer Bildersprache überliefert sind.

In den Wipfeln des Sprachenbaums wiegen sich als Krone die lebenden Sprachen unseres Zeitalters, wie die jüngsten Triebe sich stets verändernd und erneuernd. Aber saugen sie nicht ihre Kraft wie alle älteren Zweige aus den Tiefen der Baumwurzeln, deren Säfte einst von einer geistigen Sonne gezeugt wurden? Indem wir die Strahlen dieser Sonne wieder auf den ganzen Baum fallen lassen, tritt die Einheit der Idee, die den Baum schuf, hellbeleuchtet hervor. Suchen wir das verlorene Wort, so finden wir in der Entsprechung seiner Laute den Sinn aller Dinge und dringen damit in die Gefilde unserer Heimat, des verlorenen Paradieses. Zuerst aber gilt es *Babel* zu überwinden, das lichtlose Land *„Sinear"*, denn ewig bleibt irdischer Verstand ohne Geist „sine ar" = ohne Licht!

Wenden wir uns nun jenen Geistlehren und ihren Vertretern zu, die in den Buchstaben Lautentsprechungen geistiger Kräfte erblicken, die auch den Kosmos formten und daher die Grundlage der Astrologie bilden. An sich ist diese Lehre, die den großen Weltenmenschen mit dem Mikrokosmos Erdenmensch in Entsprechungsbeziehungen setzt, tiefgeistig begründet. Sie vermag Zusammenhänge aufzudecken, die auf der Universalität des Schöpfungswortes beruhen und ewige Wahrheiten darstellen.

Wir haben in diesem Buche bereits solche Beziehungen kennengelernt, mußten dabei jedoch auf Widersprüche hinweisen, die in der folgenden Übersicht noch einmal zusammengefaßt werden. Erwägt man die Gründe, wieso überhaupt innerhalb alter und anerkannter Geistlehren so verschiedenartige Aussagen auftreten können, läßt sich hierfür nur ein plausibler Grund vermuten: den heutigen

Vertretern jener religiös-mystischen Schöpfungslehren — gleichviel, ob es sich um solche des Westens oder Ostens handelt, — sind nicht unmittelbar jene ältesten Quellen zugänglich, deren Einheitlichkeit auf Grund ihrer Urheber wohl vorausgesetzt werden darf. Diese heutigen Lehrer und Bearbeiter schöpfen nur mittelbar aus relativ späten Überlieferungen, die im Laufe der Jahrtausende die gleichen Abweichungen erlitten, wie es bei den Nachfolgesprachen gegenüber den ursprachlichen Elementen der Fall war.

Drei Beispiele astrologischer Lautentsprechungen wurden in früheren Kapiteln bereits wiedergegeben:

a) die Darstellungen nach dem „Archeometer“ von St. Yves d'Alveidre, die auf den brahmanischen Überlieferungen des Watan fußen (vgl. S. 117).

b) die Buchstaben-Tabelle nach Dr. Rudolf Steiner, der in der Anthroposophie eine Synthese altchristlicher und östlicher Weisheitslehren zu schaffen unternahm (vgl. S. 121).

c) die Gliederung nach dem „Sepher Jezirah“, dem Schöpfungsbuche der Kabbala in seiner heute überlieferten Fassung (vgl. S. 146).

d) Um das Vergleichsbild zu erweitern, wollen wir noch den Autor eines modernen Tarotwerks (Frank Glahn „Das deutsche Tarotbuch“) mit einbeziehen. Der Autor ordnet — ohne sich allerdings auf maßgebende Quellen stützen zu können — die ersten zwölf Buchstaben des hebräischen Alphabets ihrer Reihenfolge nach der bekannten Folge der zwölf Tierkreiszeichen (Widder bis Fische) zu. Auch die Vokale bezieht er nicht auf die Planeten, wie es die Astrologie lehrt, sondern auf die Elemente.

e) Zum Abschluß sei hier noch ein Vertreter der indischen Yogalehre herangezogen. Zu deren Zielen zählt auch das Erleben der lautbildenden Chakras (feinstofflichen Strahlorgane) im Menschen. Der gegenwärtig noch in Indien lehrende Meister Swami Sivananda Sarasvati schildert in seinem Buche „Kundalini-Yoga" diese inneren Zentren als „Lotusse" mit jeweils bestimmten *Buchstaben* auf ihren Blütenblättern, womit entsprechungsweise die Form und die tonbildende Schwingungsenergie der Chakras gemeint ist. Die vier untersten, nämlich der vier-, sechs-, zehn- und zwölfblättrige Lotus stehen zu den vier Elementen in Beziehung. Der meditierende Yogi empfindet in ihnen:

1. im 4bl. Lotus (Element Erde) die Laute V und drei unterscheidbare S-Laute (die auch das Hebräische kennt).
2. im 6bl. Lotus (Wasser) die Laute B-Bh-M-Y-R-L.
3. im 10bl. Lotus (Feuer) die Laute D-Dh-T-Th in doppelter Aussprache (Zahn- und Gaumenlaute), sowie N und P.
4. im 12bl. Lotus (Luft) die Laute K-Kh-G-Gh-Ng in doppelter Aussprache (Kehl- und Gaumenlaute), sowie ein drittes T und Th.

Aus diesen fünf Quellen a) bis e) schöpfend, lassen sich nun aufschlußreiche, jedoch fast durchwegs divergierende Vergleiche ziehen. Leider zählt auch diese Tatsache zum großen Thema „Babel", wovon infolge entstellter Überlieferungen auch die Geisteswissenschaft nicht verschont blieb.

Dem *Watan* (a) und der *Kabbala* (c) gemeinsam ist die Aussage von den drei „Müttern" als geistigen Schöpfungsprinzipien. Der Watan (bzw. St. Yves) nimmt als die drei Mütter die Buchstaben Aleph = göttlicher Wille, Samek =

geschöpflicher Eigenwille, und das Tau der Vollendung als Wiedervereinigung beider Gegensätze. — Die Kabbala sieht die drei Mütter aus anderem Blickfeld in den Kräften des Aleph, Mem und Schin: Im A den göttlichen Lebenshauch, der zwischen dem Geistfeuer Gottes (Sh) und dem „Urwasser", d. i. der göttlichen Formungskraft (M) das verbindende Leben herstellt und ewig erhält. — Beide Ideen haben ein gleich tragbares Fundament, doch ändert diese unterschiedliche Einteilung — Samek gegen Mem und Schin gegen Tau — die weitere Zuordnung der anderen Konsonanten zum Tierkreis nicht unerheblich, wie tieferstehend gezeigt wird.

Gemeinsam ist ferner dem Watan, der Kabbala und der Lehre Rudolf Steiners (b), daß sie die Selbstlaute (Vokale) zu den *Planeten*, d. h. Seelenkräften in Entsprechung setzen, was sich auch mit den Schilderungen Swedenborgs deckt, der die Vokale den Gemütskräften entspringen läßt. Frank Glahn (d) dagegen bringt sie mit den Elementen in Verbindung, obwohl selbe nach astrologischer Lehre nicht in den Planeten, sondern in der Vierheit von je drei *Tierkreiszeichen* wirksam sind, und zwar:

1. Element Feuer im Widder, Löwen und Schützen,
2. Element Erde in Stier, Jungfrau und Steinbock,
3. Element Luft in Zwillingen, Waage und Wassermann,
4. Element Wasser in Krebs, Skorpion und Fischen.

Hier ist nun die Möglichkeit gegeben, alle fünf Auffassungen a) bis e) einander gegenüberzustellen, was folgendes Bild ergibt:

Dem *Feuer-Trigon* entsprechen als Buchstaben (Lautkräfte):
nach Lehre a) die Laute: H-T-ʿO.
nach Lehre b) die Laute: W-D, T-G, K.

nach Lehre c) die Laute: H-T-Sz.
nach Lehre d) die Laute: A-H-T.
nach Lehre e) die Laute: N-D, T-P.

Dem *Erd-Trigon* entsprechen als Buchstaben:
nach Lehre a) die Laute: V-J-Ph.
nach Lehre b) die Laute: R-B, P-L.
nach Lehre c) die Laute: V-J-'O.
nach Lehre d) die Laute: B-V-J.
nach Lehre e) die Laute: V-S-Sz.

Dem *Luft-Trigon* entsprechen als Buchstaben:
nach Lehre a) die Laute: Z-L-Qu.
nach Lehre b) die Laute: H-Z-M.
nach Lehre c) die Laute: Z-L-S.
nach Lehre d) die Laute: G-Z-K.
nach Lehre e) die Laute: K-G-Th.

Dem *Wasser-Trigon* entsprechen als Buchstaben:
nach Lehre a) die Laute: Ch-M-R.
nach Lehre b) die Laute: F, V-S, Sch-N.
nach Lehre c) die Laute: Ch-N-Qu.
nach Lehre d) die Laute: D-Ch-L.
nach Lehre e) die Laute: B-M-Y-R, L.

Soviel Köpfe, soviel Meinungen! Da kann doch etwas nicht stimmen? *Babel* auch in den Überlieferungen der Geisteslehren, die heute schon wie eine Flut den Büchermarkt überschwemmen. Hellseher, Wahrsager, Tarotpraktiker, kabbalistische Namens- und Schicksalsdeuter, Horoskopfabrikanten, Yoga-Trainer, Pseudomystiker und Meister-Esoteriker: welch ein Heer sogenannter „Eingeweihter", die alle die ehrwürdige Tradition ihren Zwecken dienstbar machen, ohne auch nur das Abc. einer wahren geistigen Erkenntnis selbst zu beherrschen. Es wurde hier Abstand genommen, von den Geistesprodukten *solcher* Autoren Proben anzuführen, obwohl sich nicht wenige unter ihnen leider auch mit der Wort- und Zahlenmagie befassen. Die obigen Beispiele jedoch sind ernstzunehmenden Lehren entnommen, und dennoch: wo bleibt *hier* die Einheit und Einheitlichkeit, die man mit Recht von Dingen des Geistes erwarten darf? Wo bleibt auch eine sinnvolle Erklärung, *warum* gerade diese oder jene Zuteilung der Laute zu dieser oder jener inneren Kategorie erfolgte? Jede dieser Lehren und Lehrer hat ihren Kreis von Anhängern, der auf sie als die einzig richtige Wahrheit schwört. Und doch ist *Gott* allein die Wahrheit und der Kreis, dessen Zentrum überall und dessen begrenzender Umfang nirgends ist...

Im deutschen Worte „Wahrheit" ist ihr Wesen lautmäßig nicht mehr so erkennbar wie in alten Sprachen. Aber sogar das Lateinische bewahrt noch in dem Worte „veritas" = Wahrheit drei ursprachliche Wurzeln, deren Zusammenklang unvergleichlich schön seinen inneren Gehalt wiedergibt: ver (war) = das Wort, it = der Weg, as (entspricht als Endung dem hebräischen Laut H) = der lebendigmachende Hauch. (Auch das hebräische chaj = *Leben* entstand ursprachlich aus ca-ha-j = Kraft des göttlichen Hauches in Bewegung). Wahrheit (veritas) ist somit der Weg des lebendigen Wortes im Menschen. Und darum tat JESUS den Spruch: „ICH (das WORT) bin der Weg, die Wahrheit und das Leben!"

Weil aber der Weg des großen Anfangswortes in der Schöpfung bis zu ihrem Ende in den Sinnbildern und Buchstaben des *Tarot* klar und unmißverständlich aufscheint — weshalb der Tarot eben tarus = altägyptisch Wahrheit genannt wurde — darum ist das „Wort" und seine Elemente in keiner anderen Mysterienlehre so leuchtend dargestellt wie dort. Und noch ein Umstand ist von größter Bedeutung: das ursprachliche Tarot-Alphabet, noch erhalten in der hebräischen Lautfolge, ist mit seinen 22 Arkana (Schöpfungsgeheimnissen) unverändert auf uns überkommen. Es hat Babel *nicht* mitgemacht! Was am heutigen Tarot „Babel" ist, das sind nur die verwirrenden, weil vielfach einander widersprechenden Deutungen seiner Ausleger. Das sind jene Lehrer „aus dem Lande Sinear", die immer wieder neue Methoden ersinnen, wie man den ehrwürdigen Tarot auf die Ebene eines wahrsagenden Kartenspiels herabziehen kann, „weil es das Publikum so wünscht".

In der nun folgenden Analyse der Lautnamen des hebräischen Alphabets, die — falls geistig aufgeschlüsselt — die gleiche Symbolik enthüllen wie die Bilder des Tarot, soll auf dem Wege zur Ursprache der letzte Schritt getan werden. Ihr Geheimnis, die Dinge mit dem rechten Namen zu benennen, beruht auf nichts anderem als auf den Lautkräften seiner Einzelelemente, die das jeweilige Wort so formen, daß seine Schwingung mit der aurischen Strahlung des Benannten übereinstimmt.

Gelingt dies, dann wird der Mensch auch wieder richtig sprechen lernen. Und sein irdisches Babel wird jenem Lichte weichen, das aus einer anderen und neuen Geistgemeinschaft in ihn einzuströmen beginnt. Diese Gemeinschaft ist das einigende Band des göttlichen Geistes, dargestellt im Symbol einer anderen „Stadt", dem Neuen Jerusalem der Johannesoffenbarung. Dann wird auch das WORT wieder unter uns wohnen . . .

X

DIE NAMEN DER URSEMITISCHEN LAUTREIHE

„Jeder Buchstabe ist als eine Macht mit den Ideen und Kräften des Universums verbunden."
Papus „Die Kabbala"

DIE NAMEN DER URSEMITISCHEN LAUTREIHE

Wenn man die 22 Bilder des Buches Thot gleichsam die optische Seite des Tarot nennen kann, so sind die zugehörigen 22 Buchstaben sein akustischer Aspekt; denn primär sind Laute Tongebilde und ihre Hieroglyphen dienen als Schriftzeichen nur dazu, dem Eingeweihten ihre Ideen und Kräfte auf eine andere Art vor Augen zu führen. Da der Mensch befähigt ist, diese Laute in sich zu formen und zu Ideengebilden (Worten) zusammenzufassen, muß logischerweise das ganze Alphabet in seinem Inneren ruhen: als Gedankenwelt, als Ausdruckskraft und als formendes Element seines Mitteilungswillens.

Wahrhaft magisch kann eine Rede nur wirken, wenn ihre Worte mit ihrem geistigen Sinn übereinstimmen. Indem aber die Lautkräfte der Buchstaben jene Bausteine darstellen, die das gedachte oder gesprochene Wort bilden, ist die Kenntnis ihres Wesens das einzige Mittel, um die Einheitlichkeit ursprachlicher Wortgestaltung verstehen zu lernen. Nur was von ihrem Sprachgenius sich in die heutige Vielfalt der Sprachen herüberretten konnte — und das ist nicht wenig! — vermag auch unserer Rede einen Abglanz der Wahrheit zu verleihen, die dem Strahlen des Geistes stets zu eigen ist.

Wenn wir bedenken, daß fast alle europäischen Alphabete der Gegenwart *beinahe* zur Gänze die urtümliche Lautreihenfolge bewahren — schon der Name „ABC“

beweist dies — so ist es gewiß wert, ihrem Ursprung nachzugehen, um zu ergründen, was eigentlich mit diesen Buchstaben gemeint ist. Leider gingen die Alphabete durch mehrfache „Babel". So zerriß z. B. das spät-antike Griechisch jene urgriechische Lautfolge, die vom Hebräischen über die Phöniker übernommen wurde. Alte Laute wie das Digamma und Koppa, entsprechend dem hebräischen Waw (V) und Qoph (Kh), verschwanden. Dagegen wurden dem alten Schlußbuchstaben Tau fünf neue hinzugefügt, die teils Vokale sind, teils als „Doppelte" schon im hebräischen Alphabet eingeschlossen erscheinen. Mit der geänderten Lautfolge änderten sich auch die Zahlenwerte, so daß man mit Griechisch keine echten kabbalistischen Operationen mehr ausführen kann. Auch wandelte das griechische Alphabet die altsemitischen *Halbkonsonanten* (Aleph, He, Waw, Jod und Ojin) zu reinen *Vokalen* (A, E, U, I, O) um, während letztere im Uralphabet — das Ideen und keine Gemütswerte versinnbildlicht — als solche nicht aufscheinen.

Der Leser möge selbst vergleichen, welch tiefer Sinn z. B. der Schlußfolge der ursemitischen Lautreihe (Q-R-S-T = „Christ" als Name des vollendeten Menschen) innewohnt, während hingegen die vier letzten Buchstaben im Griechischen Ph-Ch-Ps-O als Wort einen barsten Unsinn ergäben! — Was sich über diese griechische Verwirrung hinaus noch im lateinischen und damit auch im deutschen Alphabet verändert hat, wäre eine Sache bloßer Sprachforschung, die nur den Fachmann interessieren könnte, würde damit nicht eine *geistige* Grundlage zerstört worden sein: der Ursinn jener Lautfolge der alten 22, die alle Geheimnisse verzeichnen, wie Gott und Mensch verbunden sind; alle Wege, die der Mensch vom Ursprung bis zum vollendeten Gottes-Du nimmt; alle drei Welten, denen er durch seine Drei-Einheit Geist-Seele-Körper angehört ...

Warum hier dem griechischen Alphabet ein besonderer Absatz gewidmet wurde, hat einen zweiten Grund. Außer Bruchstücken im arabischen Alphabet bewahrte einzig das griechische die *Namen* der hebräischen Laute, denen sie entsprechen; zwar nicht in völlig gleicher Form, jedoch immerhin klar erkennbar. Da nun auch das Hebräische die *ursemitischen* Lautnamen in ihrer alten Schreibweise bereits verändert wiedergibt (weshalb man sie auch nicht mehr richtig zu deuten vermag), besitzen wir durch die griechischen Buchstabennamen ein Vergleichs- und Kontrollmittel. Es wird sich bald zeigen, welche zuweilen sehr wertvollen Rückschlüsse sich dabei auf Urtümliches ergeben können. Bis dorthin aber müssen wir durchdringen, wollen wir die geistige Einheit der kabbalistischen Jezirah-Buchstaben mit den analogen Tarotsymbolen nachweisen.

Nachstehend eine Übersicht der Lautnamen zweier semitischer Völker (Hebräer und Araber) und der Griechen, die bekanntlich arischer Abstammung sind. Schon dieser Vergleich läßt Schlußfolgerungen auf eine einstige, vorhistorische Gemeinschaft der Indogermanen mit den Semiten zu. Vergleichende Sprachwissenschaft sollte daher schon bei den Lauten und nicht erst bei der Etymologie der Wörter beginnen.

Hebräisch:		*Arabisch:*	*Griechisch:*
1.	Aleph	Alif	Alpha
2.	Beth	Bai	Beta
3.	Gimel	Ghim	Gamma
4.	Daleth	Dal	Delta
5.	He	Ha	(E-psilon)
6.	Waw	Waw	(Digamma)

Hebräisch:		*Arabisch:*	*Griechisch:*
7.	Zajin	Zai	Zeta
8.	Chet	Cha	Eta
9.	Thet	Ta	Theta
10.	Jod	Ja	Jota
11.	Kaph	Kaf	Kappa
12.	Lamed	Lam	Lambda
13.	Mem	Mim	Mi
14.	Nun	Nun	Ni
15.	Samek	Za	Xi
16.	Ojin	Ên	(O-mikron)
17.	Phe	Fa	Pi
18.	Sade	Sad	—
19.	Qoph	Qaf	(Koppa)
20.	Resch	Rai	Rho
21.	Schin	Shin	Sigma
22.	Taw	Te	Tau

Wir sehen, wie das ältere Griechisch den Namensursprung seiner Buchstaben noch viel deutlicher wiedergibt als das arabische Alphabet. Beide Sprachen verzichten jedoch darauf, in den Lautbezeichnungen wirkliche „Namen“ von Dingen oder Zuständen zu erblicken; sie nehmen sie einfach als gegebene Tatsachen hin. Anders die hebräische Sprache: Wer ein Wörterbuch des Althebräischen zur Hand nimmt, findet dort bei jedem Buchstaben außer seinem Zahlwert auch die Schreibart und die Bedeutung seines Namens verzeichnet. Auffallend dabei ist für den Kenner nur ein zuweilen krampfhaftes Bemühen, durch willkürliche Vokaleinsetzung irgendeinen Sinn zu konstruieren. Auch zeigt sich manchmal eine deutliche Unsicherheit der Namenauslegung, die durch ein nachgesetztes Fragezeichen ausgedrückt erscheint. Hier die Lautnamen und ihre *offizielle* Erklärung:

1. Aleph = Rind, Stier, Ochse. — 2. Beth = Haus, Hütte, Zelt. — 3. Gimel = Kamel. — 4. Daleth = Tür, Tor. — 5. He = Luftloch (?). — 6. Wau = Haken, Nagel. — 7. Zajin = Waffe. — 8. Chet = Mauer, Gitter, Zaun. — 9. Thet = Windung, Schlange, Schlauch (?). — 10. Jod = Hand, Finger. — 11. Kaph = hohle Hand. — 12. Lamed = Stecken, Ochsenstachel, oder „er lernte“ (?). — 13. Mem = Wasser. — 14. Nun = Fisch. — 15. Samek = Stütze, Unterlage. — 16. Ojin = Auge. — 17. Phe = Mund, Öffnung (?). — 18. Sade = Fischerhaken (?), Jäger (?). — 19. Qoph = Hinterkopf, Nadelöhr (?), Affe (?). — 20. Resch = Haupt, Kopf. — 21. Schin = Zahn. — 22. Tau = Zeichen, Unterschrift (!).

Was ist hier aus dem heiligen Alphabet geworden! Mit Ausnahme einiger wirklicher Entsprechungssymbole, gewonnen aus der Form ihrer alten Hieroglyphen, ein tastendes Suchen, um den Buchstabennamen nach ihrer Klangähnlichkeit mit assyrisch-chaldäischen Wörtern überhaupt einen Sinn beilegen zu können. Die vokallose Schreibart begünstigt die Wahl verschiedener Bedeutungen, je nachdem man später willkürlich vokalisierte. So fängt das Babel schon bei den Namen jener Grundbausteine an, aus denen sich die urtümliche Rede formte. Hier kann man nicht nur vom verlorenen *Wort,* sondern sogar vom verlorenen *Lautsinn* reden.

Um dem Leser vor Augen zu führen, zu welchen Ergebnissen Sprachforschungen auf solcher Grundlage führen, mögen hier einige Beispiele aus dem Werke eines Gelehrten des heutigen Staates Israel folgen. 1951 erschien in Tel-Awiw ein Buch von Dr. Dr. Ernst Ettisch „Hebräisch, ein uraltes Hieroglyphensystem". Der Verfasser gelangt darin, wie er vermutet, zu der völlig neuen Entdeckung, daß die hebräischen Buchstaben Hieroglyphen seien und ihre Namen wirklich das meinen, was sie darstellen. (Das meine auch ich, aber nur, wenn man ihre Namen richtig und geistig aufschlüsselt! Kh.) Ausgehend von dieser epochalen Erkenntnis, gibt der Autor eine Unzahl höchst überraschender Deutungen hebräischer Worte, von denen wir hier einige herausgreifen:

1. Ab = Vater. (A = Rind, B = Haus). Daher: Es ist der *Vater*, dem das Rindvieh und das Haus gehören. (!)

2. Am = Mutter. (A = Rind, M = Wasser): Es ist die *Mutter*, welche das Vieh tränkt. (!)

3. Ben = Sohn. (B = Haus, N = Fisch, d. h. Fruchtbarkeit (?): Wenn das Haus fruchtbar ist, ist ihm ein *Sohn* geschenkt worden. (!)

4. Gad = Glück. (G = Kamel, D = Tür): Wer ein eigenes *Kamel* an seiner Tür stehen hat, der ist glücklich. (!)

5. Melek = König. (M = Wasser, L = Stecken, d. h. Autorität, K = hohle Hand): diejenige Macht, welche die Wasserverteilung reguliert. (Anmerkung: Was würde Melechi-zedek, der gerechte König von Salem dazu sagen? Kh.)

6. Jalad = Kind. (J = Hand, L = Stecken, d. h. lernen, D = Tür): Ein Kind pflegt, die *Hand* hebend, die Eltern zu bitten. Es muß *lernen*, und es rennt zur *Tür* hinaus, um mit den Freunden zu spielen. (Vielleicht rennt es auch, weil L Stecken bedeutet? Kh.)

7. -im = männliche, -oth = weibliche Wortendung. (I = Hand, M = Wasser): nur der Mann kann mit der

Hand sein Wasser (Harn) dirigieren (!) — Dagegen -oth (O = Zeit (?), Th = Abschluß): Wenn die monatliche Zeit der Frauen kommt, schließen sie sich vor den Männern ab. (!)

So zu lesen auf Seite 41 des genannten Buches, wo der Autor noch hinzufügt: „... Die obige Erklärung mag zuerst überraschend erscheinen. (Allerdings!) Aber man muß bedenken, daß in Bilderschriften immer die auffallendsten und charakteristischesten Zeichen aus verständlichen Gründen verwendet werden müssen ... “

Mit diesem Siebengestirn inspirierter Weisheit, die ein dickes Buch mit solchen Deutungen zu füllen vermochte, sollte einmal deutlich gezeigt werden: Wo „Babel“ thront, da ist es „Sine-ar“ = ohne Licht! (Ob wohl der Verfasser das Symbol des Landes Sinear aus der biblischen Turmbau-Erzählung auch nach *seiner* Methode deuten würde? Etwa: S = Zahn, I = Hand, N = Fisch, A = Rind, R = Kopf, daher: „Der Zahn ist die Hand des Fisches.“ Und Ar, das Licht? Es müßte das sein, was das Rind im Kopfe hat) ...

Es ist ein grausames Spiel, das da ein moderner Israeli ernsthaft, aber gottlob unbewußt mit der Sprache seiner Väter treibt. Wie weit muß der Materialismus auch dort eingedrungen sein, wenn solche Vertreter des auserwählten Volkes nichts mehr von der Kabbala wissen oder halten! — Da aber jede Kritik unfruchtbar ist, wenn sie nicht zugleich bessere Wege weist, soll hier sogleich die wahre und ursprüngliche Bedeutung der vorgeführten sieben Worte gegeben werden, die sich aus dem Ursinn ihrer Laute von selbst ergibt:

1. Ab = Vater: A = Buchstabe des Ursprungs, B = Buchstabe des schöpferischen Schaffens.

2. Am = Mutter: A = der Urgrund, M = Laut der Form- und Gestaltgebung, der typische „Mutterlaut".
3. Ben = Sohn: B = Schaffen, N = Fortdauer des Lebens (die Hieroglyphe zeigt daher die Wellenform!)
4. Gad = Glück: G = Geist, D = Geburt, Hingabe. Vgl. englisch god = Gott — Glück ist somit die geistige Wiedergeburt!
5. Melek = König: M = Gestaltannahme, L = Licht, K = Kraft. Daher auch hebräisch malak = Engel. Und die Aussage Jesu vor Pilatus: „Ich *bin* ein König!", da er die Kraft des göttlichen Lichtes verkörperte.
6. Jalad = Kind: J = der Weg des Geistes, „lad" = Lichtgeburt, vgl. dazu gad! — Somit primär „Kind des Lichtes".
7. -im = männliche Endung: IM = der Weg des Geistes in die Materie, ein schöpferisch-aktives Prinzip! Dagegen -oth: O (U) = Laut der trennenden Gegenüberstellung, die Idee des „Du" gegenüber dem Geiste, weiblich-empfangendes Prinzip, Seelenlaut. Und Th = Vollendung des Eigenwesens, der ausgeformten Individualität (Geistseele).

Man könnte auch ursprachlich sagen: „IM" = innen (Geist), „OUT" = außen (Seelengestalt als Geistträger). Fast deutsch, nicht? (Vgl. dazu das magische Dreieck S. 138/9.)

Nicht durch Entschlüsselung der Lautnamen, wohl aber durch meditative Erfassung des Sinns der Tarotbilder hat die kabbalistische Tradition für den Symbolgehalt der 22 hebräischen Buchstaben gewisse Deutungen überliefert. Sie beziehen sich teils auf Ideen, teils auf ausführende Schöpfungskräfte und werden zu den drei Welten im Menschen — seine geistige, seelische und stoffliche Natur —

in Beziehung gesetzt. Dies stets in Verbindung mit dem göttlichen Schöpfungsplan, dem „Weg“, der ja das Anliegen des ganzen Tarot ist. (Darum gilt auch in der kabbalistischen Buchstabenmystik das I als jener Laut, aus dem sich die anderen hieroglyphisch entwickelten. Seine älteste Form war die eines Punktes, der sich noch heute in der Schreibart des kleinen i erhalten hat).

Im Rahmen dieses knappen Buches ist es nicht möglich, auch nur andeutungsweise auf die Erläuterungen moderner Tarot-Kommentatoren einzugehen, die im Literaturnachweis Erwähnung finden. Es muß nur festgestellt werden, daß sie qualitativ sehr unterschiedlich das große Thema behandeln und vielfach profunde Fragen offen lassen — besonders solche, die an die Höhen wahrer Mystik reichen und einer tiefgreifenden eigenen Schau der Dinge bedürfen. Auch ist unverkennbar, daß das Hauptgewicht zumeist auf die „Praxis“ des Tarot, d. h. auf die Wahrsagekunst vermittels seiner Kartenlegung gerichtet wird. — Immer wieder muß betont werden, daß wir bei unseren Betrachtungen den Tarot lediglich auf den Gehalt seiner *Lautwerte* und seiner bildenden Kraft der Ursprache untersuchen. Allerdings ergeben sich auch dabei Deutungen, die jenen des Tarot-Bildsystems zumindest ebenbürtig sind, sie an Anschaulichkeit jedoch meist weit übertreffen. Hier gilt wie überall: Wer das Geheimnis der Namen zu enträtseln vermag, hat damit auch den Sinn des Bezeichneten gefunden.

Einige kleine Beispiele mögen diese überlegene Anschaulichkeit der Namendeutung gegenüber der Bilddeutung demonstrieren:

Bild 1 „Der Magier“. Symbol: Schaffender Wille. — Buchstabe *Aleph* = Urleben, Ur-Herz, göttlicher Ursprung.

Bild 5 „Hoherpriester". Symbol: Religion, Autorität. — Buchstabe *He* (aus ursprachlich ha-j): Hauch des göttlichen Lebens, Atem Gottes.

Bild 7 „Triumphwagen". Symbol: Geist als Herrscher. — Buchstabe *Zajin* = „Zeugung überwindet", d. h. die schöpferische Fleischwerdung des göttlichen Wortes im Menschen. Oder Geist durchdringt den Stoff, das materielle Vehikel, den „Wagen".

Bild 12 „Der Gehenkte". Symbol: Fesselung des Geistes in der Materie. — Buchstabe *Lamed:* La-med = Mittler des Lichtes, oder Lam-ed = Zeuge des göttlichen Lichtes in der Materie. (Das „Lamm" = Opfer der Liebe!)

Bild 15 „Der Teufel". Symbol: Gegensatz, das Widergöttliche. — Buchstabe *Samek* = das „Selbst-Ich", der als „dia-volo" von Gott getrennte Eigenwille im Menschen.

Bild 17 „Die Sterne". Symbol: lichte Seelenkräfte. — Buchstabe *Phe* (ursprachlich aus pha-j): der Mund, wörtlich: Verkündigung des Weges, d. h. Offenbarwerden des beginnenden Wirkens des Geistes in der Seele.

Bild 21 (Karte 0) „Der Narr". Symbol: Welttümlichkeit, Torheit, Unwissenheit. — Buchstabe *Schin* (aus ursprachlichem scha-jin) = sieghafte Trennung) d. h. durch das geistige Feuer der Erleuchtung wird das Untermenschentum abgetrennt. (Daher richtige Bildbezeichnung: der *fliehende* Narr!)

Über jeden Tarotbuchstaben, seine Form, seinen Namen und seinen innersten Sinn ließe sich ein eigenes Buch schreiben. Jeder erschließt eine Fülle von Ideen, deren Auswirkung in allen Daseinsebenen, im Kosmos und in der dreifachen Natur des Menschen durch diesen Laut ausdrückbar ist, weil er die entsprechungsweise Schwingung des göttlichen Wortes in sich birgt. Dies gibt sich in der Vielheit der möglichen Kombinationen kund, die Buchstaben zu Worten und damit zu bestimmten Begriffen zusammenfassen. Wer um die Lautwerte des Alphabets weiß, dem erschließen sich auch in seiner eigenen Muttersprache zahllose Geheimnisse und verborgene Weisheiten, von denen sich kein Sprachgelehrter je etwas träumen läßt.

In der nun folgenden geistsprachlichen Analyse der 22 Urlaute soll erstmalig der Versuch unternommen werden, den Namensinn der hebräischen Buchstaben mit dem Bildsymbol der zuständigen Tarotkarte in völlige Übereinstimmung zu bringen. Indem jedoch im Laufe der Jahrtausende die Rechtschreibung dieser Namen eine nicht unbeträchtliche Änderung erfuhr, mußte erst die älteste, ursemitische Schreibweise gefunden werden. Dazu gibt es zwei Wege, einen geistigen und einen sprachvergleichenden Weg. Der erstere kann nur durch intuitive Meditation gefunden werden, wie auch durch ein wirkliches Erfassen der Symbolik und Entsprechungslehre. Das wiederum setzt die Kenntnis einer geschlossenen Schöpfungslehre voraus, wie sie zum Teil in allen alten Religionen und deren Mysterienschulen gelehrt wurde. Leider sind die modernen Glaubensformen des Christentums wie auch des Judentums, ebenso der Islam und der Buddhismus nicht mehr imstande, den Grundkern ihrer eigenen Symbolik dem Volke verständlich zu machen als eine Entsprechungsform, die höchste Wahrheiten in Bild und Wort verhüllt. In einer wirklich „Offen-barung“ zu nennenden Weise aber finden wir eine solche Schöpfungslehre in dem zehnbändigen „Großen Evangelium Johannis“, das der österreichische Mystiker Jakob *Lorber* im vorigen Jahrhundert durch die Gabe des Inneren Wortes empfing und niederschrieb. Außer einer Erläuterung des biblischen Evangelieninhalts gibt dieses Werk die Schilderung der drei Lehrjahre Jesu Christi mit allen stattgefundenen Lehrgesprächen wieder und erteilt damit Antworten auf die tiefsten Fragen, die ein Mensch an den Geist zu stellen vermag. Daher läßt sich auch mit Lorber — und in gewisser Art auch mit Swedenborg — das innere Wesen des Tarot, der Urreligion Ägyptens aufschließen, weshalb das Geistesgut dieser beiden großen Seher und Hörer mit Recht das „Neuoffenbarungswerk" genannt wird.

Der zweite, sprachtechnische Weg ergänzt dieses Zurücktasten zum Urwort und damit auch zur ursprachlichen Schreibart der Lautnamen. Hilfe dazu bietet zunächst jede größere hebräische Grammatik, weil sich solche auch mit der Vorgeschichte ihrer Sprache auseinandersetzen und besonders die gesetzlichen Lautverschiebungen von früher feststellen. Auch soll durch diese sprachwissenschaftliche Untermauerung der Beweis erbracht werden, daß sich eine neue, geistige Sprachforschung („Genetische Etymologie") durchaus nicht in haltlosen Kombinationen ergeht, sondern ihre Ergebnisse einwandfrei durch sprachhistorische Tatsachen zu fundieren vermag. Da uns jedoch nur ein Teil des althebräischen Wortschatzes überliefert wurde (so wie z. B. das heutige Deutsch viele Wörter des Althochdeutschen überhaupt nicht mehr kennt) — mußte bei fehlenden Nachweisen auf Übereinstimmungen und sinnvolle Beziehungen in anderen alten Sprachen verwiesen werden; so auf Sanskrit, Griechisch und Latein, zuweilen aber auch auf lebendes Sprachgut, das oft geradezu vorbildlich den Lautsinn alter Worte bewahrt hat.

Damit hoffen wir, auch dem wissenschaftlichen und kritischen Leser Genüge zu leisten, sofern er nur für geistige Dinge genügend Aufgeschlossenheit besitzt. Und der

Zweck dieser ganzen Lautstudien? Sie wollen erweisen, daß das ursprachliche Wort bewußt, vielfach aber auch das lebende Wort der heutigen Sprachen unbewußt sich der geistig richtigen Laute bedienen, um ein Ding „treffend“, d. h. entsprechend zu benennen. Im folgenden Kapitel „Genesis der Wortbildung“ werden in hinreichender Anzahl Beispiele hierfür erbracht werden. Durch dieses neue „Lesenlernen“ erschließen sich uns im Wort die verborgenen Dinge der Schöpfung, und wahre Erkenntnis ist stets ein gewaltiger Schritt zur Vergeistigung.

Und nun zu den Namen der heiligen 22 Schöpfungssymbole:

א

(A, bzw. gehauchter Stimmansatz)

1. *Aleph:* Seine Anfangsstellung und sein Zahlwert 1 offenbaren bereits seinen Sinn: Ursprung, Urgrund, Gott-Vater als Schöpfer. — Die offizielle Schreibart A-L-Ph läßt nur die Silbentrennung in Al-eph zu (entsprechend dem griechischen Al-pha). Das hieße dann etwa „Lichtverkünder“ (Vgl. „Und Gott sprach: Es werde Licht!“) — Indem jedoch oft ein hartes Ph sich später an Stelle eines ursprachlichen B schob — das als „Doppelter“ auch den Lautwert W besitzt — dürfte die Urschreibart A-lew gewesen sein. Lew aber bedeutet im Hebräischen „das Herz“, Sinnbild des *Lebens* und der *Liebe!* Die Aussprache als „lew“ findet sich wieder im arabischen Alif, sowie im englischen life = Leben, love = Liebe. — Und

wieder anders geteilt, ergäbe sich „al-ew“ = das ewige Licht (griechisch ew = eu = gut!) Man vergleiche dazu auch den deutschen Wortanklang „der All-Ewige“!

So zeigen alle Varianten stets den gleichen Sinn, der wohl kaum noch näher erläutert werden muß. Das ist also das heilige Aleph, dessen Namen die Sprachforschung mit „das Rind“ übersetzt!

ב

2. *Bēth* (B, W): „das Haus“. In sehr übertragenem Sinn hat diese Übersetzung gewiß ihre Berechtigung. Beth, der weiblich-empfangende Laut mit Zahlwert 2 trägt den Sinn des „Ausgebärens“ in sich. Und im geistigen Sinn ist die Seele das Haus des Geistes, dessen Ideen sie zum Ausdruck bringen soll. Dieses „schaffende Wort“ (der SOHN) ist jedoch in dem ursprachlichen „Ba-jat“ (aus dem durch Zusammenziehung Bēth wurde) viel klarer erkennbar. Der Plan Gottes, eine Schöpfung mit einem bestimmten Entwicklungsgang hervorzubringen, ist gleichsam das „Kind“ des Vaters, des göttlichen Liebewillens. Darum heißt ursprachlich ba-jat „den Weg (Jot!) schaffen“. Im Entsprechungssinn nannten daher die alten Seher ein junges Kind — das, vom Vater gezeugt das Leben weiterträgt, gleichfalls Bajat. (vgl. italienisch bajazzo = Kleinkind, rumänisch bajat = junger Knabe, und lautverändert griechisch pa-is = Knabe). Der arabische Buchstabenname Baith trägt diesem Urschöpfungssinn mehr Rechnung als das hebräische Beth.

Dieser Buchstabe hat auch den Lautwert W (wie das englische w). Ferner kann auch das stimmlose th stimmhaft (wie das englische dh in them) werden. Dann sprachen die Alten statt Beth „Waidh" oder „Wadh". Und hier urständet die zweite Bedeutung des Beth: Weisheit, bzw. Wasser. (Weisheit ist das lebendige Wasser, von dem Jesus oft gleichnishaft sprach.) Auch die Schöpfungslehre nennt den „SOHN" die Weisheit, hervorgegangen aus der Liebe als dem Urgrund. In der altägyptischen Geistastrologie hieß das Zeichen Wassermann (water man = weiser Geist) WADAN = lebendige Weisheit. (Der Leser erinnere sich an den Watan der brahmanischen Buchstabenlehre, ebenso daran, daß germanisch Wotan „der Wissende" hieß!) (Sprachhinweise: arabisch wadhi = Wasserlauf, englisch water, deutsch Wasser. Englisch wet = naß, wässerig, Sanskrit udha = Wasser. — Ferner: sanskrit veda = Weisheit, slawisch voda = Wasser — überall diese Verbindung beider Geistelemente! Weiter: lateinisch vid-ere = sehen, eigentlich „wissend sein". — Das „*Wasser* des Geistes", die formgebende *Weisheit* macht wissend: bewahrt in diesen Worten die deutsche Sprache nicht überall das ursprachliche „wadh", nur in der schärferen S-Form? — Auch in jeder anderen Kultursprache findet sich diese doppelte Sinngebung des Beth und Wedh wieder, nur fehlt hier der Raum zu weiteren Beispielen. Sapienti sat — dem Wissenden genügt es!

ג

3. *Gimel* (G und stimmhaftes sch, wie französisch j, bzw. italienisch dj) — Dieser Name, mit „Kamel" übersetzt, gesellt sich würdig zu dem „Rind" Aleph der Sprachwissenschaft. Fand diese keine anderen Beziehungen zu

einer sinnvolleren Deutung? Fiel ihr nicht auf, daß dem hebräischen Gimel das griechische *Gamma* entspricht und vielleicht die Wurzel „gam“ (mit a) die ursprünglichere ist? Wir glauben dies jedenfalls und schlagen daher im hebräischen Wörterbuch nach, wo wir zwei aufschlußreiche Wörter finden: gamal = reifen lassen, tun, vollbringen, ferner gamul = Vollziehung, Tat. (Auch das verwandte gam-ar = vollenden gehört dazu.)

Gerade das aber drückt absolut genau den dritten Aspekt Gottes, den Heiligen Geist und sein machtvolles Wirken aus: die Liebeweisheit Gottes in ihrer *Allmacht*, sich in der ganzen Schöpfung kundgebend, sie zum Reifen bringend und in die Vollendung führend! Unvergleichlich, wie die Ursprache die beiden Laute G = Geist und M = Materie zu „gam“ verbanden, um das Hineinwirken des göttlichen Geistes bis in den dichtesten Stoff, bis ins Atom hinein zu kennzeichnen. Sehen Sie, meine Leser, *das* ist wahre Namensgebung!

1 + 2 = 3, Liebe + Weisheit = Macht, A + B = G, Wille und Plan ergibt Tat: dies alles drückt der genetische Zeugungslaut G geistig und sprachlich aus. Und weil er als die Drei gleichsam die „Ehe“ zwischen Eins und Zwei versinnbildlicht, verwandten die Alten diesen Laut entsprechungsweise für alles, was mit den Begriffen Ehe und schöpferischer Aktion zu tun hat: von der „himmlischen Ehe“ Swedenborgs, der Verbindung des Guten mit dem Wahren, von der „Unio mystica“ zwischen Geist und Seele bis zur irdisch-menschlichen Ehe und den stofflichen Zeugungsvorgängen, die ein neues Wesen zur Reife bringen.

Wie wir das Aleph oder Alew verschieden trennen und lesen konnten und sich dennoch immer ein einheitlicher Sinn ergab (typisch für geistige Wortbildungen!), so auch das Beth oder Wedh und das Gimel oder Gamal. Liest man gam-el, entsteht die Bedeutung „vollziehende Tat des göttlichen Lichtes“, d. i. die Verbindung des Geistes mit der Schöpfung zwecks ihrer Reifung. Liest man hingegen ga-mel, so heißt dies „Vermischung des Geistes“, Ehe zwischen Geist und Stoff. Hierzu einige Sprachwinke:

Sanskrit gamin = entwickeln, ehelichen Verkehr pflegen. — gâmi = verbunden, daraus lateinisch com-unis = zu eins verbunden, deutsch gem-ein! — Sanskrit mîl = sich verbinden, französisch mêler = vermischen, deutsch mahlen = vermengen. Auch das deutsche „Gemahl“ und „vermählen“ drückt diesen Begriff Ehe und Vereinigung noch klar aus.

Charakteristisch ist die ursprachliche Verbindung des Zeugungslautes G mit N, dem Laute der Unendlichkeit und Fortdauer des Lebens. Beispiele: griechisch Genesis = Schöpfung. — Genie = Schöpfertum. — Lateinisch genus = Geschlecht. — I-gnis = Feuer, das schöpferische Element des Geistes. — Auch umgekehrt finden wir z. B. lateinisch Ang-el-us = Engel = vom Licht Gezeugter. — Englisch spring = Frühling = der schöpfende (spr) Zeuger (ing) usw. Weitere Wortexempel finden sich in fast allen Sprachen der Welt.

ד

4. *Daleth* (D, Dh), Zahlwert 4, Bedeutung „Tür, Tor“. — Auch dieser Name ist zu rechtfertigen, weil er das Hinaustreten der göttlichen Trinität 1—3 als Verwirklichung der Schöpfung versinnbildlicht. Vier ist die Zahl der Formgebung, die durch die geistigen Gesetze des

Schöpfers nach der *Ordnung* des Planes vor sich geht. Der „Pharao“ der 4. Tarotkarte will diese machtvolle Gesetzlichkeit darstellen. Ursprachlich heißt Da-leth *„Gabe der Geburt“*, wobei die gesamte Schöpfung als ein neues Wesen gegenüber der Gottheit aufgefaßt wird. Die Zahl Vier heißt hebräisch arbaʿ, was Menge, Vielheit bedeutet und ebenso wie das Da-leth die Fruchtbarkeit und schöpferische Fülle der gestaltwerdenden Gottesideen ausdrückt.

Sprachlich findet man dazu: hebräisch dalah = schöpfen, herausziehen (Geburt!), sowie das verwandte tsalah = durchdringen, zum Ziel gelangen. Ferner: ledah = gebären, davon jalad = das Kind. — Im Sanskrit: da = hervorbringen, und dâ = abschneiden, wegbewegen (Geburt!) — Indem aber die Schöpfung ein Geschenk der Liebe Gottes ist, finden wir den Aspekt des Gebens und der schenkenden Fülle gleichfalls durch die Wortwurzel Da vertreten. Z. B. sanskrit dadâ = Geschenk, lateinisch dare, französisch donner = geben, slawisch daj = gib! usw. —

Nach Erläuterung dieser ersten vier Urlaute betrachten wir nochmals den alten „Zauberspruch“ Abrakadabra, der richtig abaca da bara heißt: (das A-B-C schafft das D):

A-lew, die Urliebe, *Wedh,* die Urweisheit, und *Gam-el,* die Macht ihrer Vermählung schaffen *Da-leth,* das „Kind“, die Geburt der Schöpfung, den Urgeist Mensch, den ewigen Adam Kadmon ...

So beginnt das esoterische Alphabet und setzt dann fort:

ה

5. *H ē* (H), Zahl Fünf, die Seelenzahl des Menschen. Zu diesem Buchstaben schrieb der seinerzeit führende

Hebräologe Gesenius: „Für den Namen He kann keine Bedeutung gefunden werden." Jede hebräische Grammatik lehrt aber, daß das lange e einem ursemitischen aj entspricht. Zu dem Ursinn dieses aj führt uns das Sanskrit, wo aj (ây-u) „Leben" heißt! Und da sanskrit hâ = aussenden, und yâ = Weg bedeutet, so ist das urtümlich Gemeinte unschwer wiederzuerschließen: HA, der ausgesandte Hauch Gottes, am Wege (YA) durch die Schöpfung, ist das Leben (HAYA). Tatsächlich führt auch die hebräische Sprache das Wort „chaj" für Leben. Auch die Kabbalisten geben dem Laute H den mystischen Sinn „Atem Gottes". Dieser geistige Hauch ist das Leben der menschlichen Seele und erweckt in ihr die Ahnung von der Unzerstörbarkeit ihres Seins und von der Heimat ihres Ursprungs. Darum trägt die 5. Tarotkarte den Namen „Hoherpriester" als Symbol für Religion, die Verbindung des Menschen mit Gott.

Zu dieser Deutung vergleiche man noch: hebräisch chajva (Heva, Eva) = Trägerin des Lebens, und griechisch aéi (analog dem hebräischen haj) = immer, ewig!

ו

6. *W a w* (Vau), Lautwerte W, V, U: „der Haken". — Der Buchstabe erhielt diese gebräuchliche Namensdeutung zweifellos nach der Form seiner Hieroglyphe, die allerdings einst eine Schlange darstellte. Da die 6. Karte „Scheideweg" auch die Versuchung darstellt (Wahl zwischen himmlischer und irdischer Liebe), ist der Name „Widerhaken" begreiflich. Ursprachlich jedoch heißt wa-u etwa „Wunsch nach dem Du" (diesen Du-Laut „U" lernten

wir bereits bei dem Endlaute Ta-u kennen). Indem aber die Menschenseele ihre Liebe auf den Geist *oder* die Materie als ihr „geliebtes Du“ richten kann, symbolisiert das Waw in erster Linie die *Willensfreiheit* des Menschen. (Das sind die beiden Arme des „V“!)

Sprachlich: hebräisch aw = wünschen, begehren, lieben. — Lateinisch aveo = begierig sein. — Auch soll darauf hingewiesen werden, daß sich die negative Begehrlichkeit des Waw in dem hebräischen Wort ôw = Dunkel, Verdichtung widerspiegelt, das von dem ursprachlichen uv = Schlange (!) abstammt. Ferner darf der Name der zuständigen *Zahl 6* (Sexus = Trennung) nicht übersehen werden, wie auch ihre Form: eine Schlange mit erhobenem Haupt! Sechs ist „Reflex des Stoffes in der Seele“ (vgl. S. 169), also das Körperseelische im Menschen, dem nur die Vier = „Reflex des Geistes in der Seele“, d. i. die Macht des Daleth entgegentreten kann. Dann wird aus wa-w, der Begierde, wa-dh, die Weisheit (Vergeistigung der Stofflichkeit). —

ז

7. *Z a j i n* (stimmhaftes, weiches S): „Waffe, Pfeil“. — Wieder dürfte die Form der Hieroglyphe diese Namensgebung bestimmt haben. Auch ließen sich Beziehungen zur 7. Tarotkarte „Triumphwagen“ = Sieg herstellen, wollte man damit den siegreichen Kampf des Geistes in der Materie ausdrücken. Noch befinden wir uns aber in der *ersten* Neunheit, welche die Erschaffung des Urtypus Mensch als Ebenbild Gottes schildert. Da war noch kein Kampf und keine Waffe, wenngleich die *Möglichkeit* des

Falls schon im vorhergehenden Laute (Waw = Willensfreiheit) angedeutet erscheint. Gewiß kann das Zajin, die schöpferische Sieben als „Sieg" aufgefaßt werden; hier jedoch nicht im Sinne eines Sieges des Geistes in der Materie des gefallenen Menschen, sondern als der Triumph der Vollendung der Gottesidee „Mensch", da ER die Seele des Adam Kadmon mit einem siderischen Ätherleib (dem „Wagen") umgab und ihn damit erst als Eigenwesen abgrenzte.

Sprachlich läßt sich diese Deutung meines Wissens durch kein hebräisches Wort nachweisen. Dagegen findet sich wiederum im Sanskrit zu Zajin eine Parallele: sâya = einhüllen, bedecken! Zaj-in hieße dann „das Innere einhüllen, mit einem Leibe umgeben". (S ist an sich ein Laut der Stofflichkeit, doch ist von den drei hebräischen S-Lauten nur Zajin kein Zischlaut, sondern ein „gesummtes" S, das tönt, weil es trotz seiner Stofflichkeit noch den Hauch der göttlichen Urschöpfung an sich trägt.)

Anmerkung: Der Tarot als Entsprechungssymbolik ist selbstverständlich mehrfach auslegbar und auf jede der drei Welten konsequent vom Aleph bis zum Tau anwendbar. So kann man z. B. schon beim A mit dem *irdischen* Menschen beginnen, das hier seinen Geistwillen, sein höheres Ich repräsentiert. Dann ist B seine Vernunft, G seine schöpferische Geisteskraft, D sein höherseelisches Leben, usw. Auch die Bilder des Tarot stellen zumeist den irdischen Weg dar. Hier aber wird versucht, vom höchsten, mystischen Sinn auszugehen: 1—9 = Idee und Erschaffung des göttlichen Ur-Adam, 10—90 = Weg der göttlichen Liebe, den gefallenen Geistmenschen rückzuführen (Gleichnis vom verlorenen Sohn!), und 100—400 = die Glorie des vollbrachten Werkes, die Vollendung der zweiten Schöpfung. Bei *dieser* beginnt die Genesis des Mose mit dem Worte „Bereschith“, das mit „am Anfang“ übersetzt wird. Es deutet aber schon das Ziel an, denn Ba-re-schi-th bedeutet „Schaffen des Resch, Schin und Thau“, also der Vollendungsphase dieser evolutionären „Heimkehr-Schöpfung“!

ח

8. *Chet* (Ch): „Gitter, Damm, Zaun“. — Die Hieroglyphe zeigt eine gitterartige H-Form, jedoch mit zwei Querstrichen. Wer Sprachgefühl besitzt, wird merken, daß das deutsche „Git-ter“ mit dem hebräischen Chet lautverwandt ist. Das aber beweist zugleich seine Sinnverwandtschaft: Absonderung, Trennung! Wie die Acht aus der Sieben hervorgeht, so das Chet aus dem Zajin: durch den Einhüllungsakt der Geistseele ist jene geplante Trennung erreicht, durch die der Ur-Mensch als ein selbständiges Geistwesen und Kind Gottes vor Seinem Angesichte steht. Die zugehörige Zahl Acht symbolisiert treffend diesen Zustand, denn die beiden Kreise der 8 stellen das große ICH (Gott) und das DU (sein Kind) dar. Auch der *Name* „Acht“ drängt uns geradezu das ch-t auf. Das Wort stammt von sanskrit ahtau und meint „A-chet-U“, das A (Gott) trennt das U (Du) als Eigenwesen von sich ab.

Die Urbedeutung des Chet ist somit *„Kraft der Trennung“*. Auch im Sanskrit findet sich das Wort khid mit gleicher Bedeutung. Wir erkennen es wieder im englischen cut = abschneiden, wie im französischen couteau = Messer. — Hebräisch bildete das Wort chatab = abtrennen, indem es dem Chet den Laut des Schaffens hinzufügt (Cht-b = Trennung schaffen). Mit so geringen Mitteln arbeiteten die alten Sprachbildner! Später übertrug sich der Ursinn „Absondern“ auch auf die Begriffe der materiellen Ebenen, wo es sodann auch einen negativen Sinn annahm. So heißt z. B. hebräisch chata = sündigen (weil Absonderung!), und cheta = Abtrünnigkeit, *Strafe.* Im Sanskrit ist das analoge Wort Kheda = Absonderung, *Zerstörung.* (Daher verkündeten die Propheten Jeremia und Habakuk für die Endzeit die grausamen Völker der „*Chittim*“ als die „Strafvölker von Mitternacht“, (die Zerstörung gebärenden negativen Geistesrichtungen der völligen Verfinsterung, der „Mitternacht“).

Wozu jedoch so weit zurückgreifen, wo wir doch in der eigenen Muttersprache vielfach den Wortstamm chet als „schit“ (eine Satem-Variante des alten Kentum-Kh) vorfinden! Und zwar stets mit der Bedeutung „Trennung“ — so wie auch das deutsche „ä-cht-en“ = in Acht (!) und Bann tun einen Ausschluß aus der Gemeinschaft meint. Aus Schit wurde das Zeitwort scheid-en = Abschied, Trennung. Ein „Scheit“ ist ein zertrümmertes Holzstück; die „Scheide“ das weibliche Gebärorgan (Abtrennung). „Schießen“ = die Kugel vom Lauf trennen, um zu zertrümmern, usw.

Und hier noch ein Beitrag zum Geheimnis des Namens, dessen *innerer* Sinn sich oftmals sogar im *äußeren,* irdischen Namen derer ausprägt, die von der Vorsehung bestimmt oder zugelassen sind, „Weltgeschichte zu machen“. So finden wir z. B. im Namen *Luther,* der mit der Reformation eine ganze Welt in Bewegung setzte, wörtlich das Sanskritwort „luth“ = ins Rollen bringen! Die beiden Männer der letzten Geschichtsperiode, die an der Grenze zweier Zeitalter Weltgeschicke bestimmten, hießen *Stalin* und *Hitler.* Im ersten Namen drücken die ursprachlichen Wurzeln „sat“ = verdichtet, al (el) = Licht, in = innen absolut den Geist des Materialismus aus, der seine Denkart leitete. — Und Hitler, war er nicht tatsächlich ein *„Chit-ler"*, ein Trenner und Zertrümmerer eines absterbenden Zeitalters? Freilich muß man hellhörig sein, um diese seltsamen Zusammenhänge zu erfassen, und lautkundig, um die Kräfte der Namen zu erkennen . . .

ט

9. *Ṭēth* (scharf gestoßenes t): „Schlauch". — Mit diesem Namen läßt sich nichts beginnen. Auch aus der Form der Hieroglyphe ist er nicht ableitbar, denn diese zeigt ein kreisförmiges Gebilde, das mit einem Strahl nach innen weist. Auch das griechische Theta besitzt eine ähnliche Gestalt. Wie beim Beth läßt jedoch das lange e des Teth vermuten, daß es gleichfalls einem alten aj entstammt. Man könnte dann lesen „Ta it" und das heißt ursprachlich „das ist der Weg"! Gemeint ist die göttliche Schaffung des Lebens in einem neuen, frei hinausgestellten Geistwesen. So läßt sich auch die Form des Buchstabens deuten: der Kreis ist die eigene Sphäre, der Strahl nach innen weist auf das Eigenbewußtsein des neuen Adam Kadmon hin. Und weil die Neun das Ende der einfachen Grundzahlen ist, kommt dem Teth auch der Sinn „vollbrachtes Werk" zu. Die 9. Tarotkarte zeigt einen Pilger und wird oft fälschlich mit dem Namen „Eremit" belegt. Er ist jedoch zur Wanderung aufbrechend dargestellt (Stab in der Hand) und trägt eine Lampe, die nach vorne leuchtet. Auf den Ur-Adam bezogen heißt dies, daß er seinen Weg in die Schöpfung unter göttlicher Führung (Stab) und mit innerem Geisteslicht (Lampe) antritt.

Zum Teth findet sich im Hebräischen das Wort „tata" = zum Weggehen bringen, fortschreiten. Ebenso zum arabischen Tâ das Zeitwort „taza" = lostrennen. So versinnbildlicht der Laut T das *vollzogene* Werk der ersten Urschöpfung. Der Ur-Geistmensch soll nun, im Innersten stets verbunden mit Gott, seinem Urleben — den eigenen Weg gehen als ein Zeuge der göttlichen Liebe, Weisheit und Machtfülle.

In diesem Sinne kann man das Teth auch als die *„Tat"* bezeichnen, weil eine jede Tat einen Plan zur Verwirklichung bringt. Und das ist der Grund, warum so viele Sprachen das T als den Buchstaben des Vollzogenen, der Vergangenheit bewahrt haben. Man vergleiche im Deutschen: haben/gehab-t usw. Auch das aus „sein" gebildete gewesen hieß noch im Mhd. wie heute im Holländ. gewes-t. Wir nennen die Bildung der Mitvergangenheit mit t die *schwache* Form (sagen/sag-te), obwohl sie die *starke* heißen müßte, da sie noch ursprachliche Lautweisheit unbewußt zum Ausdruck bringt.

Ein Blick auf die dem Teth zugehörige Zahl Neun zeigt, daß wir mit obiger Deutung kaum fehlgegangen sind. Sie schließt die Reihe der Grundzahlen ab (10 ist eine Eins auf neuer Stufe), und ihr Name sagt, daß sie etwas *Neues* versinnbildlicht, eben das neue Gottes-Du. Auch die Form der Ziffer 9 zeigt, wie aus dem oberen Kreis, der Gottessphäre ein schöpferischer Strahl gedrungen ist, der das neue Geschöpf schuf. Wie sinnverwandt Neun und das Neue sind, beweisen nicht nur die deutsche, sondern auch viele andere alte und neue Sprachen (vgl. lateinisch novem = neun, novum = neu. Griechisch en-néa = neun, néos = neu, usw. Überhaupt die Zahlen! Man müßte das geistige Eins-Zwei-Drei ebenso neu lernen wie das A-B-C der Laute. In beiden Fällen aber bieten sich uns die *Namen* förmlich als Führer in dieses Neuland an, das letzten Endes uralter geistiger Boden ist. Betrachten wir einmal diese letzte Dreiheit 7—9, welche die *Verwirklichung* der göttlichen Idee „Mensch" deutlich in den Namen wiedergibt, wie z. B. im Sanskrit:

7 = saptá: sap (hebräisch seph) = schöpfen, ta (aus tau) = das Du.

8 = ahtau (aus ursprachlichem a-chet-tau): A (Gott) trennt das Tau (Du).

9 = nava: na = neu, va (ba) = Geburt. (Auch das griechische ennéa hieß einst gen-néa = Genesis, Schöpfung, Neugeburt.)

In seherischer Weise zeigt auch das hebräische Wort für Neun „tischah" das fertige „Magnum Opus Dei", das Liebewerk des Schöpfers: t = Vollendung, isch = Mensch, Mann, und ah = Liebe. Dieser Ur-Mensch ist *der* Neue vor dem Antlitz Gottes. Es ist aber auch *das* Neue in jedem Menschen; denn seine Liebe ist seine Vollendung! Wie nahe einander geistig die Ideen der Zahlen Neun und Tausend, die Endzahlen der ersten und zweiten Schöpfung stehen, zeigt ein altes slawisches Sprachgut. Denn im Russischen wurde aus tischah das Wort „tisja-tscha" = tausend, wobei sein Wortsinn „Kraft der Neun" bedeutet. Neun: die *ursprüngliche* Vollkommenheit, Tausend die in der geistigen Wiedergeburt *erworbene* Vollendung! Welch äonenlanger Weg aber, der vom himmlischen Ur-Adam über den irdischen Adam in die Lichtheimat zurückführt! Von diesem Wege des Menschen handelt die zweite Neunheit 10—90, der wir uns nun zuwenden wollen.

Die Tarotsymbole 10—90 (Karten Nr. 11—18) symbolisieren die zweite, materielle Schöpfung als die Erlösungsschule des durch Satana (Luzifer) in die Materie verstrickten Erdenmenschen. Seine Seele besteht aus billionenfachen Lebensfunken dieses gefallenen Urgeistes, die zur Läuterung und Wiedereingliederung in die göttliche Ordnung alle drei Naturreiche (Mineral, Pflanze, Tier) in immer größeren Lebensgemeinschaften (Zellenstaaten) durchlaufen haben. Wie sie dabei vom göttlichen Geiste — der sich als Liebesopfer in alles Stoffliche hineinsenkt — zu immer vollkommeneren Formen als Trägern seelischer Potenzen entwickelt werden, schildert in einmaliger Weise die großartige Schöpfungslehre, die Jakob *Lorber* in einer vordem nie erreichten Klarheit geoffenbart wurde. Was sich im Tarot nur in 22 symbolischen Bildern und Lauten verhüllt, schildern die Werke Lorbers in einer Vernunft *und* Gemüt voll befriedigenden Weise. Und so ist es auch diese Lehre, welche zum tiefsten Verständnis jener altägyptischen Mysterienlehre hinführt und ihren höchsten und ewigen Sinn zu erschließen vermag. Das Lorberwerk verkündet die *Liebe* als den Urgrund der Schöpfung und die *Weisheit* als ihr ausführendes Organ. Deckt sich das nicht genau mit der großen Tarot-Eins (Aleph, Ursprung, Herz) und der aus ihr hervorgehenden Tarot-Zehn (Jod, der Weg der Erkenntnis), bewirkt durch die den Weg schaffende Weisheit?

Untersuchen wir nun, wie sich dieser Weg im einzelnen in den Lautnamen der folgenden Buchstaben abzeichnet und beachten dabei wieder, wie sich in jeder Dreiheit der erste Laut (J, M, O = 10, 40, 70) auf eine geistige *Idee*, der zweite Laut (K, N, P = 20, 50, 80) auf eine seelische *Kraft*, und der dritte Laut (L, Sz, Ts = 30, 60, 90) auf ein *stoffliches* Prinzip beziehen. Denn der Sinn der ersten neun Grundzahlen ändert sich niemals und wiederholt sich in allen Welten, jedoch ihren jeweiligen Sphären angepaßt.

י

10. *Jod* (I, J): „Finger, Hand“. — Die Hieroglyphe zeigt einen von einem Punkte ausgehenden wellenförmigen Strahl nach unten. Man hat ihn als „erhobenen Zeigefinger“ gedeutet, daher der Name des Jod. Faßt man ihn als „Wegweiser“ auf, kann man diese Deutung entsprechungsweise gelten lassen, obwohl der ursprachliche Lautsinn viel mehr besagt. Jod ist im Hebräischen ein Halbvokal und wird daher teils als I, teils als J gelesen — ähnlich dem Waw (Vau), das einmal ein U bzw. O, ein andermal ein W darstellen kann. Und so kann die hebräische Schreibart des Jod (JVD) auch als Ja-vad gedeutet werden und hieße dann „Weg der Weisheit, der Erkenntnis“ (vgl. sanskr. yâ = gehen, fortschreiten, und veda = Weisheit, Wissen), ferner hebräisch jodaʿ = wahrnehmen, erkennen, wissen!

Dazu schreibt St. Yves im „Archeometer“: „... I (ya) drückt den Anfangsimpuls einer Bewegung aus, die Initiale. Zusammen mit a bezeichnet der Vokal „ja“ im Sanskrit *und* Vedischen: das Gehen, den Ausgang und universellen Rückweg. I bedeutet außerdem: Beginn, Umlauf, sich Erheben zum Schaffen und ins Kosmische eingehen ...“ — Man entsinne sich dazu der Tarotkarte Nr. 10, die den Namen „Lebensrad“ trägt: den Hinabstieg des Menschen in die Materie und seinen Wiederaufstieg ins Geistige (Involution/Evolution), und man wird die völlige Übereinstimmung zwischen Bild und Lautsinn feststellen.

Es fällt auf, daß das Griechische den Buchstaben als Jota (und nicht Joda) übernahm, was auf eine ältere Schreibart hinweisen könnte. Wenn wir demgemäß die

Konsonanten J und T zur Wurzel „it" zusammenfassen, gelangen wir wieder zur gleichen Bedeutung: J = gehen, der Weg, T = Vollendung. So könnten wir das Jod (Jot) als „Zeigefinger" wie einen Befehl deuten: „Ite!" = geht diesen Weg! (Auch lat. heißt ite = geht, ebenso slawisch iti = gehen).

St. Yves sprach von dem I als dem „Initialbuchstaben". Nur wurde ihm nicht bewußt, daß In-iti-al wörtlich „Nach-innen-Gehen des Lichtes" heißt, womit wir auf den höchsten Aspekt dieses Lautes gelangen. Sein Zahlwert 10 zeigt, daß er die 1, das Aleph auf einer anderen Ebene, in einer anderen kabbalistischen „Welt" (Sphäre) versinnbildlicht. Wenn das A Gott-Vater, den als Gottheit unergründlichen Ursprung darstellt, dann ist *das I der Sohn,* in dem sich Gott als Mensch und im Menschen offenbart. Es ist der sich opfernde *Christusgeist,* der in der zweiten Schöpfung dem Menschen den Weg zur Vollkommenheit (I-T!) bereitet. Darum nannte die ursemitische Mystik diesen zweiten Aspekt der göttlichen Drei-Einheit „It-bara", den „Weg-Schaffer", dem im Brahmanentum das altindische „Is-vara" entspricht, dort mit der Bedeutung „der persönlich sich offenbarende Gott", christlich gesprochen „der HERR". Die hebräische Lesart Is-bara (I = 10, S = 90, zusammen 100) ergibt im Zahlwert den Buchstaben Qoph, die 19. Karte des Tarot „Geistiges Leben".

Wie geheimnisvoll diese ursprachlichen Lautkombinationen sind, diese vokallosen oder halbvokalischen Schreibarten ohne Trennung der Worte, je nach Lesart immer wieder einen neuen Sinn offenbarend! So z. B. altindisch It-bara = den Weg schaffen. — Is-vara = das Hinaus (is) Schaffende (geoffenbarte Gottheit). — I-svara = I, der Ton und das Licht (svar = tönen und strahlen). — I-sv-ar-a = I, der Sohn (su) des Lichtes (ar) vom Ursprung (a). — Oder altsemitisch: Jis-bara = hinausgebären. Jis-war-a = das hinausströmende Urwort (war). — Je sua ra = „Er ist des Lichtes Herrscher". — Jesua-ra = *Jesus*, der König, Regent usw.

Übergehend auf moderne Sprachen, finden wir das königliche I wieder im englischen I = Ich (geistig: das ewige Ich, das höhere Selbst). Das deutsche I-ch, nordisch ike (i-ka = Kraft oder Träger des I) entstammt dem sanskr. eka = eins (Ziffer 1 hat die Form des I!) — Französisch je, slawisch ja = Ich usw.

Die hohe Lautmagie des Vokals I erweist sich durch einen Versuch: Summt man diesen Laut und verschließt dabei mit den Zeigefingern die Ohren, um den Ton innerlich zu hören, so empfindet man ihn als ungeheuer starke Schwingung, die nach oben in das Haupt strahlt. Das A dagegen vibriert in der Brust (Herz!) und das U strömt tief nach unten. Das sind die drei Urvokale des Schöpfungswortes, entsprechend im Menschen ruhend. Auf dieses Mysterium nehmen die vielen Gemmen Bezug mit der Aufschrift IAO oder JÊU, die gnostischen Ursprungs sind und ebenso wie das Abacadabra eine geistig-kosmische Wahrheit darstellen wollten.

Wie der allgemeine Sinn des Aleph (A, Ursprung) Liebe, Wille, Idee, Prinzip ist, so jener des Jod (I, Weg) Ausführung, Tätigkeit, aktiver Impuls, geleitet nach dem Plane der Weisheit. —

כ

11. *Kaph* (K, Ch); Zahlwert 20: „hohle Hand". — Die Hieroglyphe zeigt eine Höhlung, die nach links, ur-

sprünglich aber nach oben geöffnet war. Das hebräische Wort qaw = Hohlmaß klingt an das hebräische kaph an, das außer Hohlhand auch *Schale* bedeutet. Im Latein finden wir cavea = Höhlung, cavus = hohl, umhüllend. (!) Auch wir nennen etwas nach innen Gewölbtes „kon-kav".

Seinem Zahlwert nach ist Kaph ein Seelenbuchstabe, kann daher nur etwas Empfangendes, Aufnehmendes ausdrücken. Und wirklich ist eine Schale ein Aufnahmegefäß für einen Inhalt. So steht in der Entsprechung „die Höhle Kaph" für die Seele als das empfangende und vermittelnde Organ des Geistes, und als sein ausführendes Werkzeug kann man sie symbolisch wirklich auch als „greifende Hand" darstellen — ein Name, der besonders in der Kabbalistik dem Laute K gegeben wird. Innerhalb der drei „Welten" gilt die Seelenwelt als jene der Kraft, die göttliche Schöpfungsgedanken in der Astralmaterie ausformt und dann im Stoffe verdichtet. Daher kommt dem Kehllaut K — die Kehle ist die Schale des Wortes! — auch die Bedeutung *„Kraft"* an sich zu. Die Tarotkarte Nr. 11 führt sogar diesen Namen und zeigt als Symbol der Kraft eine Frauengestalt (weiblicher Aspekt!), neben der ein zahmer Löwe ruht.

Der Sinn des K = Kraft, oder Träger einer Idee, ist in zahllosen Worten aller Sprachen nachweisbar, worüber später Beispiele folgen. Sogar das deutsche Wort „Kraft" selber kann dazu herangezogen werden: nicht nach grammatikalischer, sondern nach genetischer Etymologie, die aus der Kombination der Laute und ihrer Bedeutung auf den Gesamtsinn eines Wortes schließt. Was ist also K-R-F-T? K = Kraft, R = gelenkte Bewegung (Dirigierung), F (Ph) = Offenbarwerden, T = Tat als Vollendung. Somit ist Kraft das Medium, eine geistige Idee durch eine wirkende Tat kundzutun! Auf diese, und nur auf diese Art gelangt man zur Erkenntnis der „Technik" ursprachlicher Wortbildungen, die das innere Wesen eines Namens durch die Geistigkeit der entsprechenden Laute sprachlich zu gestalten wußten.

ל

12. *Lamed* (L), Zahlwert 30: „Stecken, Ochsenstachel". — Ein sinnloser Verlegenheitsname, den „Babel" einem der heiligsten Buchstaben zugelegt hat! Nicht nur die alte Wurzel „lam", sondern auch die Tarotkarte Nr. 12 offenbaren unzweideutig den Namenssinn. Das Bild trägt die Aufschrift „Der Gehenkte" und zeigt einen gefesselten, mit dem Haupte zur Erde hängenden Mann. Die Zahl 30 weist darauf hin, daß der Buchstabe L in Verbindung mit M etwas mit dem Stoff zu tun hat. (3 = Reflex des Geistes im Stoff!) Was hat es nun mit dem „Herabhängenden" für eine Bewandtnis? Auf den irdischen Menschen bezogen, stellt es das Symbol des in der Körperlichkeit gefesselten Geistes dar. Die höchste Deutung jedoch finden wir wieder aus dem *Namen*, der einen uralten, kaum mehr auffindbaren Wortstamm trägt: LAM.

Weder Hebräisch noch Sanskrit haben dieses Wort der Ursprache rein erhalten. Aber sskr. lamba = herabhängen, wie auch der griechische Buchstabenname Lambda lassen noch den einst geistigen Sinn ahnen: Herabstieg des Geistlichtes in die Materie! Die Wurzel lam taucht wieder auf im griechischen ek-lampo = hinausleuchten. Kein Zweifel, daß auch der Name Islam der mohammedanischen Religion deshalb mit „Hingabe" übersetzt wird, weil is-lam ebenfalls „der Hinausleuchtende“ bedeutet; dies im Sinne der Hingabe des Gotteslichtes (Al-lah) an die Menschheit. Im Deutschen zeigen die Worte Lam-pe = Lichtverkünder, wie das glitzernde Lam-etta noch den alten Wortsinn des Lam. — Mit u vokalisiert, erscheint im Latein lum-en = Licht, Leuchte, und „illuminieren“ hieß altlat. in-lumen-are = innen leuchtend, d. h. erleuchtet sein. Diese sprachlichen Hinweise dürften hinreichen, um auf den Ursinn des verlorenen Wortstammes „lam“ rückschließen zu können.

Es ist kein Zufall, daß die sinnverwandten Worte Licht, Leben, Liebe zu Beginn das geistige L tragen. Denn dieser lebendigste aller Laute hat an sich schon den Sinn „Gotteslicht“. Im Zusammenhang mit M drückt sich das Gestaltwerden des geistigen Lichtes in der Materie aus. Daher der Name „Lamm Gottes“ für Christus, den Mensch gewordenen Sohn. Indem nämlich das Herabsteigen des Urlichtes in den Stoff seit ältesten Zeiten in der Mystik aller Religionen als heiliges *Opfer* des Geistes, als Hingabe empfunden wurde — auch die früheren Sonnenkulte hatten diesen verborgenen Sinn — übertrug sich der Name LAM viel später auch auf die Opfertiere, die zu Ehren der Gottheit dargebracht wurden. So hieß z. B. im Vedischen (Vor-Sanskrit), das eine R-Sprache war, der Widder „Ram“, woraus in anderen Sprachen das „Lamm“ hervorging. Man vergleiche dazu auch das hebräische Passahlamm als Ostersymbol (Ous-tara = Hinaustritt, nämlich des Leben zeugenden Lichtes im Frühling. Oust-ara aber würde bedeuten „Licht aus dem Osten“, d. h. geistig und natürlich „Sonnenaufgang“).

Der griechische Lautname für L „Lamb-da“ heißt wörtlich „Geschenk, Hingabe des Lichtes“. Auch das hebräische „Lam-ed“ hängt an die Wurzel Lam das D (Daleth =

Geburt) an: Lamed = Lichtgeburt, zeugender Geist im Stoffe!

Wie schon öfters gezeigt, ergeben verschiedene Silbentrennungen ursprachlicher Worte stets eine Variante des gleichen Sinns. Lesen wir La-med, heißt das „Mittler, Medium des Lichtes“, lesen wir Lam-ed, so ergibt sich „Zeuge des Lichtes“ (hebr. ʿed = bezeugen, davon deutsch Eid). Diese Lesart führt zu einem merkwürdigen Zahlwert: L = 30, M = 40, ʿe = 70, D = 4, zusammen 144. Diese Zahl in Verbindung mit 1000, der Zahl der Vollendung, erscheint in der Offenbarung Johannis als die 144 000 „Zeugen des Lammes“ — die auserwählten Lichtkinder und Bewohner des künftigen „Neuen Jerusalem ...“

So reiht sich ein Geheimnis neben das andere. Was bleibt da angesichts dieser Lichtfülle noch vom „Ochsenstachel“ übrig? Um ein Wort der Apostelgeschichte zu variieren: mit etwas geistiger Einsicht ist es leicht, gegen *diesen* Stachel zu löcken!

מ

13. *M ē m* (M), Zahlwert 40: „Wasser“. — Der hebräische Buchstabe zeigt eine stilisierte Quadratform, der arabische eine durch einen Punkt unterbrochene waagrechte Linie. Die ägyptische Hieroglyphe für M ist eine doppelte Wasserwelle. Was bedeutet das alles? Das Quadrat ist das Symbol der vier Bildekräfte der Natur (Elemente) und damit auch jenes der *Formbildung.* (40 ist 4 auf der Seelenebene.) — Der Punkt ist eine Verdichtung im gleichmäßigen Fluß der Linie, die das Lebensprinzip an sich darstellt. Innerhalb dieser Linie erzielt erst der Punkt

eine Begrenzung; er bezieht sich daher gleichfalls auf die Formbildekraft des Astralstoffs. Denn dieser ist die „Mutter“ (Matrix, Matrize) alles dessen, was Gestalt annimmt.

Der Name Mem hieß ursprünglich Ma-im (Mehrzahl von Ma) und bedeutet daher „die Wasser“. Auch Mose gebraucht die Mehrzahl in der Genesis: „Und der Geist Gottes schwebte über den Wassern“. Dieses ätherische Urwasser ist die vom Atem Gottes ausgehauchte „Prima materia“, der fluidale *Seelenstoff* der Schöpfung, das Meer der Astralität. Hier gewinnen die göttlichen Gedanken Form und Eigenleben, und in diesem Sinn ist jenes Wasser der Mutterschoß alles Geschaffenen. Ursprachlich stellt daher das M den typischen Mutterlaut dar und wird auch fast in allen Sprachen in diesem Sinn gebraucht. (Vgl. hebr. „am“ = Mutter: A = Urgrund, M = Formgebung. — Das deutsche Amme = Nährmutter übernahm dieses Wort, während unser „Mutter“ aus dem Sanskritwort matri hervorging: ma = das formende Maß, ter = in Bewegung setzen. Der ganze Reifevorgang des Kindes im Mutterleib drückt sich in diesen zwei Silben aus. — Das slaw. „matka“ zeigt die Lautwerte M = Form, T = Vollendung, K = Kraft, also die Fähigkeit, eine neue Form — vom Fötus über den Embryo bis zur Ausgeburt — zu vollenden.

Bezeichnend ist, daß die 13. Tarotkarte, „Der Tod“, zuweilen auch „Das Weib“ genannt wurde. Denn die alten Seher und Wortbildner betrachteten die Einhüllung der Seele in eine materielle Form als ein wenn auch vorübergehendes Sterben. Daher finden wir in manchen alten Sprachen den M-Laut auch in Worten für den Tod, z. B. sskr. mar = sterben, lat. mors = Tod, aramäisch mot usw. (Dieses „Tod-Symbol“ der Karte Nr. 13 ist die Wurzel des so weitverbreiteten Aberglaubens, die Zahl 13 wäre eine Unglückszahl. Daß der körperliche Tod nur ein Ablegen einer materiellen Form darstellt und das Leben der Seele ewig weitergeht, lehrt bereits die folgende Tarotkarte Nr. 14.)

Auch das Wort „Materie“ bedeutet nichts anderes als „bewegende Formkraft des Stoffes“. Diese Kraft zeigt sich überdeutlich im Atom als das Kreisen der Elektronen, deren Bahnen jene Formen bilden, die der Geist im Zentralkern (Proton) ihnen vorzeichnet. So lernten wir bisher die *Urwurzel MA* in den Bedeutungen Wasser, Form, Maß und Mutter kennen; dies nicht nur im irdischen, sondern universell im geistig-kosmischen Sinn. Aber aus dem Wesen der M-Kraft resultiert noch ein weiterer und vielleicht höchster Sinn: Ma ist auch das Urwort für NAME!

Nur was persönlich abgegrenzte Form ist, darin eine Idee Gestalt gewonnen hat, kann begriffen und mit einem Namen bezeichnet werden. So ist auch der *„innere Name“* eines Menschen der Ausdruck seiner ihm von Gott verliehenen geistigen Individualität, seiner eigenpersönlichsten Geistwesenheit. Dieser Name ist eine Lichtschwingung ureigenster Prägung, die sich nur entsprechungsweise durch die Wahl der richtigen Laute in menschlicher Sprache wiedergeben läßt. Zuweilen drückt sich ein Abglanz dieses innersten Willens sogar im irdischen Namen eines Menschen aus als ein Gleichnis, das sein verborgenes Wesen ahnen läßt. Beispiele dafür wurden bereits angeführt. Im allgemeinen jedoch gibt der durch Familieneigentümlichkeit, Beruf oder Herkunft der Ahnen bedingte bürgerliche Name keinerlei Hinweise auf das Wesen oder gar Schicksal eines Menschen. Dies muß ausdrücklich festgestellt werden, weil eine ganze Gilde sogenannter „Kabbalisten“ den Deutungshungrigen solches glaubhaft machen will. In den

Augen geistig Sehender stehen solche pseudo-magische Namensbücher auf der gleichen Stufe wie die „praktischen Anleitungen" zum Wahrsagen mittels der Tarotkarten.

In den ältesten Sprachen findet sich — besonders im religiösen Schrifttum — eine irdische Namensgebung, die zumindest der Ausdruck des seelischen Wesens ist, das dem Träger zu eigen ist. Vielfach aber kommt solchen Namen auch eine reingeistige Bedeutung zu, und wir können sodann durch Aufschlüsselung der Namen erkennen, welch oftmals höchster Geist in einem Menschen Wohnung genommen hat. Besonders die Namen im Alten Testament, nicht minder auch jene in den Neuoffenbarungswerken Jakob Lorbers bieten hierfür eine Fülle höchster Erkenntnismöglichkeiten.

Daß unter „Name" stets der *innere* Name verstanden wurde, bewahren als Geheimnis noch viele Sprachen, auch die deutsche! Denn sie setzt, ebenso wie das lateinische nomen, vor das Urwort Ma oder Me (Name, eigentlich „Maß") den Laut der ewigen Fortdauer, das N: Na-me. — Im Hebräischen Schem = Name steht vor dem M der Laut des geistigen Feuers, das Schin. Damit heißt Schem soviel wie „das Maß des geistigen Wesens" eines Menschen. Und beide genannten Laute, N *und* Sch vor dem M, bilden das hebräische Wort Neschama = die Geistseele, der ewigbleibende Name eines Menschen, sein „Maß", das er schon in der Urschöpfung von Gott erhielt. —

נ

14. *Nun* (N), Zahlwert 50: „Fisch". — Der hebräische Buchstabe läßt in seiner Führung gerade noch die Wellen-

form der altägyptischen Hieroglyphe erkennen. Sie wurde zuerst richtig als Schlange gedeutet. Als das Entsprechungswissen verlorenging, machte man daraus einen Fisch. Auch unser Schriftzeichen N bewahrt — wenn auch in eckiger Form — noch das alte Wellensymbol, doch war seine Urform eine *senkrecht* von oben nach unten führende Wellenlinie. Sie versinnbildlichte die Verbindung zwischen der oberen und unteren der drei kabbalistischen Welten und kennzeichnete damit die *Seele* als das Bindeglied zwischen Geist und Materie. Die Zahl 50 der „zweiten Schöpfung" korrespondiert mit der Zahl 5 der Urschöpfung, wo sie gleichfalls die Brücke oder den Träger der Mitte, das Seelenprinzip ausdrückte. Und wie dort dem zugehörigen Laute He der Begriff Leben innewohnte, so auch dem Seelenlaute N der Begriff „ewige Fortdauer", d. h. Unzerstörbarkeit des seelischen Lebens trotz Wandel der sie umhüllenden Formen und Körper.

Diese Fortdauer zeigt auch die 14. Tarotkarte in einer Frauengestalt, die das Lebenswasser von einem Gefäß in das andere umgießt. Man hat ihr daher auch die Bedeutung „Wiederverkörperung" unterlegt, doch geht der mystische Sinn weit über die indische Reinkarnationslehre hinaus. Denn „*Fortdauer*" ist auch die Fähigkeit der vollendeten Seele, ihr eigenes Leben vermittels ihres Geistes in neuen Schöpfungen aus sich selbst zu reproduzieren und zu beleben. Daher heißt auch eine andere Bedeutung des Nun „die Frucht", im Sinne einer steten Regeneration der Seelenelemente.

Darauf weist auch die Entschlüsselung des Lautnamens Nun hin, wenn man seine hebräische Schreibart (NVN) konsonantisch auffaßt und sodann „navan" lesen kann. Im überlieferten althebräischen Sprachschatz findet sich dieses Wort zwar nicht vor, jedoch im Sanskrit ein in seiner

Verdoppelung höchst markanter Ausdruck: nava-nava = ewig neu, ständig erneuert werden! Diesem nava fügte die hebräische Sprache nochmals den Laut der Fortdauer N hinzu und erreichte damit die gleiche Anschaulichkeit. — In diesem Zusammenhang sei auch auf das symbolische „Land Kanaan“ des Alten Testaments verwiesen, dessen Schreibart mit Ajin (Kanôan) auf ein ursemitisches Kanouan oder Kanavan schließen läßt. Ka-nou-an enthält die Wurzeln Ka = Kraft, nou = neu, an = Land, somit das den Kindern Israels (is-ra-el = aus der Herrschaft des Gotteslichtes) verheißene mystische Neuland, die „Neue Erde“ der Johannesoffenbarung, ein Symbol des geisterleuchteten Denkens der künftigen Menschheit im „Tausendjährigen Reiche der Vollendung“. — Auch die Variante Ka-navan = Träger der Erneuerung läßt den gleichen Sinn erkennen: der Erdenmensch der Zukunft, dessen Seele re-generiert, im Geiste wiedergeboren wird!

In okkulter Hinsicht hat freilich auch die Wortdeutung Nun = Schlange einen gewissen astral-anatomischen Hintergrund. Hier aber nicht unmittelbar als die biblische Schlange des Versuchers — auf die wir beim folgenden Laut zu sprechen kommen — sondern als die verbindende *Wellenschwingung* zwischen „oben und unten“ innerhalb der sieben feinstofflichen Strahlorgane des menschlichen Ätherkörpers. Da im Kapitel über die Lautkräfte im Menschen dieses Thema etwas näher erörtert wird, sei hier nur des Wortes „Kundalini“ gedacht, das in den indischen Yogasystemen eine so überragende Rolle spielt. Es wird mit „Schlangenfeuer“ übersetzt und meint eine im heutigen Menschen noch unten, d. h. im untersten Wurzellotus schlummernde astrale Lebenskraft. Zwar äußert sie sich im niederen Seelenleben als Begierde, vornehmlich sexueller Natur, doch vermag sie auf magische Weise (Yoga) oder auf mystischem Wege (Heiligung) durch alle anderen Strahlzentren nach oben geführt werden, um das höhere Seelenleben und damit die Einigung mit dem ewigen Geiste zu erreichen.

Das lateinische „unda“ = Welle zeigt die alte Lautfügung N = Fortdauer, D = Gabe, Geburt. Diese Fähigkeit, ätherische Schwingungen — Wellen, vom Seher in *Schlangenform* erblickt — fortzupflanzen, drückt auch das indische Wort Nadhi (ND!) aus, das die feinstofflichen astralen Kanäle im Ätherkörper bezeichnet, entsprechend den Nervenbahnen im physischen Körper. Das Schlangenfeuer „Kundalini“ setzt sich lautlich zusammen aus: K = Kraft, unda = Welle, Schwingung, l = Laut des inneren Lebens und -ini = weibliche Wortendung; weiblich, weil jede Kraft dem Geistwillen gegenüber passiv-aufnehmend ist. Die „Erhöhung der Schlange“ ist ein uraltes mystisches Symbol für die Aktivierung und Sublimierung dieser „Shakti“ = Geistkraft im Stoff. Ihre schöpferisch zeugende Wirkung äußert sich im unvollendeten Menschen zumeist nur als Geschlechtskraft, was sich deutlich im slawischen Wort Kunda = weibliches Sexualorgan zum Ausdruck bringt. Auch in Richard Wagners Mysterienspiel „Parsifal“ verkörpert die Gestalt der Kundry das noch unerlöst Gebundene im Weibe und damit in der ganzen Menschheit. Erreicht Kundalini einmal, über das Herzzentrum Anahata emporsteigend, das Kehlkopf-Chakra, so tritt jene schöpferische Wortkraft in Erscheinung, die der indischen Geistlehre als die Macht der *Mantrams,* der Tonmagie bekannt ist.

So erweist sich der Buchstabe N als der Laut einer das Oben und Unten verbindenden Lebenswelle. Und da die Begriffe Leben und ewige Fortdauer zusammengehören, übertrug sich der Sinn des N auch auf das Unendliche,

Unbegrenzbare. Hebräisch en (aj-n) = das „Nichtsein" als das Unfaßbare. Daher ist auch N als Buchstabe der Verneinung, der Negation in vielen Sprachen nachweisbar (deutsch: nein, nicht, oder un- als Vorsilbe). Ebenso als Laut des Unbestimmten, vgl. deutsch „man", französisch: „on" usw., oder das n in der Mathematik als Zeichen des unbestimmten Wertes und der Fortdauer. Solche Dinge zählen zu den kleinen Geheimnissen der Sprache, die jedoch in Wirklichkeit alle tiefgeistige Ursachen zur Grundlage haben.

ס

15. *Samek* (Sz), Zahlwert 60: „Stütze, Unterlage". — Die Tarotkarte trägt den Namen „Der Teufel". Die Hieroglyphe stellt eine eingerollte Schlange dar. Die Zahl 60 wiederholt in der Seelensphäre das Prinzip der Sechs: Abtrennung durch Eigenwillen.

Zu all dem gibt das richtig erkannte Wort „Teufel" den Schlüssel. Es entstammt dem althochdeutschen tiuvel: tiu = zweigeteilt, vel = Wille. Ebenso zeigt das italienische dia-volo = Entzweiungswille den gleichen Sinn. (Anmerkung: Da ich von einem Philologen wegen dieser Deutung sprachlicher Unwissenheit bezichtigt wurde, sei hier bemerkt: Daß die Sprachforschung das griechische diabolos = verleumderisch, gehässig auch mit „Teufel" übersetzt, rührt von ihrer Ableitung aus griechisch bole = Wurf her. Sie behauptet daher, Teufel bedeute „Durcheinanderwerfer" — eine geistig sinnlose Wortkünstelei. In Wahrheit stammt das Wort aus dia = auseinander, entzwei, und boule = Wille, Beschluß. Womit die Übereinstimmung mit dem deutschen tiu-vel wiederhergestellt ist.)

Gemäß der geistigen Zahlenbedeutung (vgl. S. 169) ist die Zahl 6 — und damit auch 60 — jene, die den „Reflex des Stoffprinzips in der Seele", also einen Impuls „von unten her" ausdrückt. In der Urschöpfung war es die *Möglichkeit* des Geistmenschen, nach der Verdichtung hin zu gravitieren. In der zweiten Schöpfung *ist* der Mensch bereits in der Materiewelt. Hier bedeutet das Symbol „Teufel" alle jene Anreize der Welt, die ihn an die grobe Stofflichkeit fesseln wollen. Denn die Materie wurde aus der Seelensubstanz des gefallenen *Urgeistes Satana* geschaffen und dient mit ihren unzählbaren Lebensformen aller Naturreiche der steten Höherentwicklung des in ihr eingeschlossenen Seelenlebens solange, bis einmal alle Materie wieder der Vergeistigung fähig geworden ist. Noch aber dringen ständig in die Menschenseele die Anreize der noch ungeläuterten Materie-Seelenkräfte. Und eben das ist der „Diavolo", dem der Mensch — seelisch und körperlich selbst das Endglied der elementaren Naturwelt — mittels des ihm eingepflanzten göttlichen Geistes begegnen soll.

In diesem Sinne ist die Namensdeutung des Samek mit „Stütze, Unterlage" aufzufassen; denn die Ausbildung der *Willensfreiheit* des Menschen ist das Hauptziel des Schöpfungsplans, an dessen Ende (Tau!) er seinen entwickelten Eigenwillen wieder mit dem Urwillen der Gottheit in Einklang bringen wird — als freies Geistwesen und Vollendung des Adam Kadmon, wie er vom Schöpfer gedacht und durch sein Wort hinausgehaucht wurde.

Woher aber stammt der Name Samek selbst? Er kommt von der alten Wurzel „sam" = zusammen, dies im Sinne einer Konzentration. Worauf? Das sagt die zweite Silbe „ek“, die „Ich“ bedeutet und aus dem ursprachlichen jaq hervorging. (Wir haben dieses Wort mit dem Zahlwert 111 bereits kennengelernt, vgl. S. 174). Indem diese Konzentration auf die eigene Person Selbstsucht, Egoismus = Ich-Bezogenheit meint, ist Sam-ek am treffendsten mit „das Selbst-Ich“ zu übersetzen. Die Hinwendung in der *Gottesliebe* zum Vater und Schöpfer als jedes Menschen ewiges DU, wie auch in der *Nächstenliebe* zu all seinen Geschöpfen ist der große Gegenpol zum Samek; er ist am leuchtendsten im Laute L (Licht, Leben, Liebe) ausgedrückt. Man beachte, wie sich die Zahl 60 des Samek der Zahl 30 des Lamed gewissermaßen „entzweiend“ gegenüberstellt, was kabbalistisch mit 30 × 2 = 60 geschrieben und geistig gelesen wird. Auf gleiche Weise ist Widersacher des göttlichen Geistes (Logos: LGS = 333) der saturnische Geist der Selbstverdichtung (Satur: STVR = 666), und das ist das Geheimnis der „Zahl des Tieres“ in der Apokalypse des Johannes.

Die Gestalt des hebräischen Buchstabens Samek zeigt als Schlange nicht nur das Symbol der Verführung, sondern ihre eingerollte Form drückt geradezu die Versinnbildlichung der Selbstbezogenheit aus. Seinem Lautgehalt entsprechend dient daher das „Schlangen-S“ in den meisten Sprachen zur Bildung des Reflexivs, der rückbezüglichen (!) Form. (Vgl. deutsch sich, romanisch se, russisch sja, englisch sogar -self!) Auch das „sam“ = zusammengezogen finden wir im deutschen „sammeln“, d.h. für sich zusammenraffen wieder. In der Kabbalistik heißt der Satan „Sama-el“, was wir gemäß obigen Darlegungen etwa mit „Selbstlicht“ oder „selbstbezogene Liebe“ übersetzen können. Erst wenn der Mensch sein irdisch-kleines, zusammengeschrumpftes Ich-Bewußtsein dem erlösenden

Christusgeist, dem ewigen Du öffnet, schreitet er dem Ende des Schöpfungsalphabets entgegen, dessen vollendende Lautkräfte sodann in ihm lebendig wirksam werden.

ע

16. *Ajin*, Zahlwert 70: „Auge". — Ein typisch semitischer Laut, der in unserer Phonetik schwer wiederzugeben ist und daher meist mit dem Zeichen ʿ umschrieben wird. Er ähnelt einem kurz aus der Brustgrube hervorgestoßenen o oder ü, weshalb das Griechische diesen Laut teils als O-mikron („das kleine O"), teils als Y-psilon („das einfache Ü") in seine Lautreihe übernahm. Ajin ist jedoch kein Vokal, sondern ein Stimmansatz *vor* dem nachfolgenden Laut, dem er dadurch besondere Betonung verleiht. Geistig-anatomisch wichtig ist, daß das Ajin gewisserart einen Stromstoß auf das Zwerchfell ausübt, das mit dem Plexus solaris, dem Sonnengeflecht in Verbindung steht. Letzteres aber gilt nach der Geistlehre als das astrale Wahrnehmungsorgan: eine Tatsache, die durch das Phänomen der Psychometrie (Erkennen einer Sache durch ihr Halten an die Magengrube) parapsychologisch genügend nachgewiesen erscheint.

Diesem Umstande dürfte das Ajin seinen Namen „Auge" verdanken, der als Ayna im Sanskrit in gleicher Bedeutung wiederkehrt und sich in modernen Sprachen am reinsten im englischen eye erhielt. Das deutsche „Auge" finden wir wieder im lateinischen oc-ulus, wobei „ok" ein uralter Wortstamm für sehen ist: o-k = Kraft des O, des Ajin! (Das indianische Hugh! = Achtung! oder „schau!" wurde durch Karl Mays „Winnetou" den Jugendlesern sehr vertraut. Hat sich aber die Sprachforschung je Gedanken darüber gemacht, wie das deutsche „Aug'" mit dem „Hugh" der Indianersprachen lautverwandt ist und welche *ursprachlichen* Rückschlüsse sich daraus ergeben?)

Die kreisförmige Gestalt des Buchstabens O bewahrt noch die eine Form der einstigen Hieroglyphe „Auge", doch ist noch eine viel ältere nachweisbar — dem Urägyptischen entstammend und auch in ältesten hebräischen Inschriften erhalten. Hier hatte das Ajin die Gestalt eines Dreiecks, von dem ein Strahl nach unten ausging. Denken wir uns das heutige Y, das ja dem Ajin entsprang, oben geschlossen, kommen wir diesem Urzeichen nahe. Und seine Bedeutung? Es ist das uralte mystische Symbol „Auge Gottes", das ursprünglich auch in dem Dreieck (Sinnbild der göttlichen Drei-Einheit) eingezeichnet war. Aus diesem Auge drangen ein oder mehrere Strahlen, welche die Kraft der göttlichen *Wahrnehmung* andeuten wollten: das Sehen der Gottheit durch ihre Allgegenwart in jedem Ding der Schöpfung.

Wie bei allen Lauten, übertrug sich dieser primär reingeistige Sinn auch auf die anderen „Welten" (Bewußtseinsebenen) des Menschen. So wurde das Ajin auch zum seelischen und irdischen Auge und zum Symbol des Wahrnehmens überhaupt, nicht nur des Sehens. Es fällt auf, daß ursprachliche Worte für Auge und Ohr, Sehen und Hören, Licht und Ton eine nahe Verwandtschaft zeigen. (Vgl. hebräisch ajin = Auge, ozin = Ohr. — Schem'u = hören, aus schem = Name, mit angehängtem Ajin = wahrnehmen! — Halal = leuchten *und* jauchzen, deutsch hell und hallen! — Oder Sanskrit bhas = scheinen, bhan = tönen. — Ferner griechisch phos = Licht, phone = Stimme. — In den geistigen Welten, dem Ursprung des Wortes, sind eben Licht und Ton identisch. Erinnern wir uns doch der Worte Swedenborgs von der Sprache der Engel, die „tönendes Licht“ oder „leuchtender Ton“ sei! Die alten Sprachen hüten mit ihren Worten noch dieses Geheimnis geistig-ätherischer Schwingungsharmonien, die in unserer Welt der Trennung unterschiedlich wahrgenommen werden.

Wie läßt sich nun zwischen dem wahrnehmenden Auge Ajin und dem Symbol der 16. Tarotkarte, dem „vom Blitz getroffenen Turm“ (Zerstörung) eine Beziehung herstellen? Vergessen wir nicht, daß wir uns vom Laute Jod (= der Weg) an bereits in der zweiten Schöpfung, der *Materiewelt* befinden und der Tarot im höchsten Sinne das Wirken des göttlichen Geistes in der Welt des stoffgebundenen Menschen malt. Hier ist das Wahrnehmen Gottes zugleich eine befreiende Tat, die im Menschen alle selbsterbauten „Türme“ und alle selbstgezimmerten „Tempel“ zertrümmert. Der Blitz ist also nicht das böse Karma oder die Vergeltung, wie es manche Tarot-Kommentatoren darstellen, sondern das überhelle Leuchten des Geistes, wenn er als „Erleuchtung“ in das menschliche Denken dringt. Der Mensch selber ist dann das Ajin, indem er erstmalig wirklich wahr-zunehmen beginnt. Und diese Wahrheit zerstört sein verkehrtes Denken und Sinnen, seine hochragenden Türme, die er im „Babel“ seiner geistigen Verwirrung erbaut hat.

Was unter „Turm“ (hebräisch migdal) geistig zu verstehen ist, wurde im Kapitel vom Turmbaumythos bereits aufgeschlüsselt: mi gadal = meine eigene Größe! So malt das 16. Tarotbild auf seine Weise das gleiche, wie es Mose im 11. Kapitel der Genesis entsprechend niederschrieb: „... Da fuhr der Herr hernieder (Blitz!), zu zerstreuen alle Völker (menschliche Gedankengebilde), daß sie nicht weiter die Stadt (Babel der Verwirrung) und den Turm (!) bauen konnten ... "

Wie die Zahl Sieben „Reflex des Geistes im Stoff" und ihr Buchstabe Zajin „Sieg" bedeutete, so auch hier die Zahl Siebzig und ihr Laut Ajin: Sieg des Geistes im erdhaft gebundenen Denken des Menschen. Würde nicht der Zusammenbruch aller falschen Begriffe durch die Kraft des Ajin, des geistigen Wahrnehmens eingeleitet, wie könnte dann das folgende Tarotbild „Die Sterne" oder „Hoffnung" (auf ein ewiges Leben) genannt werden?

פ

17. *Phē* (P und Ph), Zahlwert 80: „der Mund". — Der Buchstabe hat die Form eines geöffneten Mundes mit sichtbarer Zunge, somit der sprechende Mund. Hier steht das Organ für die Tätigkeit der Rede, die immer ein Sichkundgeben bedeutet. Der geistige Sinn des Phe ist daher das *geoffenbarte Wort*, das Sichverkünden Gottes in der Schöpfung, die Mitteilung seines Wesens an und durch seine Geschöpfe. Die ursprachliche Wortbildung benützte demnach stets das Phe, wo es galt, in welcher Form immer das Offenbarwerden einer Idee auszudrücken.

Die erste und höchste Offenbarung Gottes ist das geistige Licht oder Geistfeuer. In Lorbers „Großem Evangelium Johannis", das mit einer Erläuterung des biblischen Johannesevangeliums beginnt, wird das göttliche Wort geradezu mit dem *Urlicht* identifiziert: „... Im Urgrunde, der Grundursache alles Seins war das Licht: der große heilige Schöpfungsgedanke, die wesenhafte Idee, selbst durch und durch Gott. Dieses Seins Licht, Wort und Wille stellte Gottes urewige Schöpfungsidee aus sich selbst ins beschaubare Dasein; und nichts gibt es in der Ewigkeit und Unendlichkeit, das nicht aus demselben Urgrunde in das erscheinliche Dasein getreten wäre . . . “

Hier haben wir den Ursprung des Phe, der Offenbarung des Schöpfungswortes. Denn der „Mund“ Gottes sprach: „Es werde Licht!“ — und es ward Licht. Darum der Name des ersten Urgrundlautes Al-eph oder griechisch Al-pha = Lichtverkünder. Es ist der VATER (pha = Verkündung, ter = bewegen, ausstrahlen), der sich im SOHN (hebräisch ben = Schaffer des N, des fortdauernden Lebens) offenbart und im HEILIGEN GEIST sich wieder als das Licht der Schöpfung kundtut. Die Alten symbolisierten diesen Geist in Gestalt der Taube, deren lateinischer Name „columba“ höchst bezeichnend den Schlüssel gibt: co = Kraft, lum = Licht, ba = schaffen, gebären. Welche Wortmagie schlummert doch in all diesen Namen, erschaut und geformt von Sehern, die selber vom Lichte des Heiligen Geistes erfüllt waren!

Wir finden das alte Pe oder Phe für Namen des Lichtes oder Feuers u. a. im chinesischen Pho, oder im griechischen phos (ph-os = Hinausoffenbarung). — Das deutsche „Feuer“ (althochdeutsch fiur) entspricht dem ursprachlichen phi-ur = Offenbarung des Urlichtes. Das griechische pyr findet sich wieder im altägyptischen „Pyramide“. Diese nach der Form des Elements Feuer (Tetraeder) erbauten geistigen Einweihungsstätten trugen das Motto: „Pyr a mi dai!“, d.. h. wörtlich „Feuer an mich gib!“, nämlich das Geistfeuer der inneren Erleuchtung. (Die Philologie bemüht sich vergeblich, eine überzeugende Namensdeutung für Pyramide zu geben.) — Und im Doppelnamen Purpur, dieser leuchtendsten aller Farben, wird die Offenbarung des Lichtes besonders bekräftigt. — Im Latein wurde das

Ph zu F, und dieser aktive Feuerbuchstabe macht manche Wortdeutung möglich, so z. B. faber = Schmied (pha = Feuer, bar = Schaffer, Träger). Oder fac-ere = tun, machen (ph-k = Kraft des Feuers, der Aktivität), factum = die Tat (Verkündung dieser Aktivität!) usw. — Solche Beispiele ließen sich auch in anderen Sprachen ins Ungemessene vermehren, doch mögen diese Hinweise zur Erläuterung des Phe genügen.

Das ursprachliche epha = eröffnen gebrauchte nach Evangelienberichten JESUS wiederholt bei Ausübung seiner Wunderheilungen, die er mit einem Befehl an den inneren Geistfunken des Kranken begleitete: „Ephe-ta!" = eröffne dich!, offenbare deine Geistmacht! — So tritt uns das Phe mit verschiedenen Vokalisierungen immer wieder im gleichen Sinn entgegen: als „offener Mund", d. h. Verkünder von etwas bisher Verborgenem, als Laut der *Manifestation* schlechthin — so wie das Wort, als Gedanke bereits gezeugt, jedoch noch nicht ausgeboren, durch das Tor des Mundes offen-bar, ver-nehm-bar und mit-teil-bar wird.

Noch bleibt zu erörtern, warum die zugehörige Tarotkarte Nr. 17 die „Sterne" oder „Hoffnung" genannt wurde. Darum, weil ihr Wert 80 „Reflex der Seele im Stoffbereich" bedeutet, womit dieser offenbarende Seelen-Impuls auch das irdische Denken sternenhaft erleuchtet und in ihm die Hoffnung auf Gewinnung des *ewigen* Lebens erblühen läßt. Leben, nicht mehr an materielle Formen gebunden — was sich im Bilde dadurch ausdrückt, daß eine Frauengestalt mit beiden Händen das Wasser des Lebens aus irdenen Krügen (den stofflichen Leibern) ausgießt in das unendliche Meer des universell-kosmischen Geistbewußtseins, das über alle einschränkenden Formen erhaben ist. —

צ

18. *S a d ē* (auch Tsade), Lautwert weder genau S noch Z, sondern das altgotische und englische stimmhaft tönende th (dh). — Zahlwert 90, Name „Widerhaken". — Da die Neun der Urschöpfung das Neue, und ihr Buchstabe Teth etwa „die Tat des Geistes im Stoff" versinnbildlicht, müssen wir für die Neunzig und Tsade der zweiten Schöpfung Analogien suchen, um ihrem Sinn — und damit auch jenem der 18. Karte „Der Mond" gerecht zu werden. Gemäß dem geistigen Zahlenschema ist die Neun die Zahl des *Stoffprinzips* an sich. In der Grund-Neunheit ist sie der Antipode der Eins, nicht aber im Sinne eines Widersachers, sondern als das Symbol der feinstofflichen Umhüllung, deren ein jedes Geistgeschöpf zu einem Eigenleben bedarf. In der zweiten Schöpfung webt nicht der Urstoff, sondern hier ist die grobe Einhüllung die feste Materie, die „verfluchte Adamah" der Bibel, der „Tartarus" Jakob Böhmes. Man beachte, mit welcher Genauigkeit die Tarotbilder der „Stoffreihe" (30, 60, 90) diesen Zustand malen: Karte 12 „Der Gehenkte" = Fesselung des Geistes im Stoff — Karte 15 „Der Teufel" = Fesselung der Seele im Stoff. Es ist folgerichtig, daß daher auch die dritte Karte 18 den materiellen *Stoff selbst* ähnlich entsprechend darstellt. Schon der Name „Mond" sagt, daß es sich hier nur um reflektiertes Licht, d. h. um ein nur vom Geistseelischen her miterregtes Scheinleben handelt, das erlischt, wenn sich Wille und Kraft aus dem Stoff zurückziehen. Weiters zeigt die Karte die berüchtigten „Türme", sowie Schakale und Skorpione, womit sie auch das von Hochmut und Leiden-

schaften verzerrte irdisch-materielle Denken (das „Nur-Stoffbewußtsein“) des Menschen versinnbildlicht.

Was aber heißt „Sade“ und welche Beziehungen hat dieser Laut zur Materie? Gewiß kann diese als „Widerhaken“ für den Menschen aufgefaßt werden; auch werden Hellhörige aus dem Namen Sade Anklänge an Satan = Geist der Verdichtung heraushören, und das nicht zu Unrecht. Bedenken wir jedoch, daß die zweite Tarot-Neunheit das *Erlösungswerk* des Sohnes, die Tat des Christus schildert und ferner, daß wir bei 90 bereits am *Ende* dieser Neunheit angelangt sind! Das bedeutet auch *Ende* der geistigen Verdichtung, Endpunkt der menschlichen Verstofflichung, Ende der Involution, Wende zur Evolution, also ein Neues, wie es die Zahl 90 anzeigt. Schon aus diesen Erwägungen müßte Sade etwas mit Ziel, Begrenzung, Erfüllung usw. zu tun haben. Und wirklich läßt sich dies ursprachlich nachweisen:

Wieder ist es das Sanskrit, wo sich das Wort „sadh“ mit der Bedeutung „beenden, ein Ziel erreichen, einen Zweck erfüllen, vollführen“ vorfindet. — Das lange e des hebräischen Sadē ist wie immer ein ursemitisches aj, jene Silbe, die im Hebräischen und Sanskrit „Leben“ bedeutet. Sad-aj heißt demnach „volle Erfüllung des (geistigen) Lebens, auch im materiellen Stoff! Durchdringen des Geistes bis in das irdische Denken, das Verstandesleben des Menschen!“ Ein Sieg der Allmacht des Heiligen Geistes, weshalb der hebräische Gottesname El Schadaj „Gott der Allmächtige“ heißt.

Im kabbalistischen „Baum des Lebens“, der die zehn Sephirot = Schöpfungsideen und Kraftsphären sozusagen graphisch darstellt, nimmt die *neunte* Sephirah den untersten Platz ein (Stoffprinzip!) und führt den bezeichnenden Namen Jesod = Unterlage, Fundament. Aus den neun

Sephirot (Urzahlen) geht hervor die zehnte und letzte Sephirah „Malchuth“, was im Hebräischen mit „Königreich“ übersetzt wird. Ursprachlich aber gliedert sich das Wort auf in Ma-lich-outh = „Mein Licht außen“, d. h. die Gott offenbarende vollendete Schöpfung (also wieder „das Reich“)!

Es ergeben sich ferner nicht nur klangliche, sondern auch der Idee nach sehr enge Beziehungen zwischen Je-sod und Sad-e: Vergeistigung des Stoffes, der sodann zur Unterlage des mit Feuer und Wasser getauften Wiedergeborenen wird. Die Inder nennen einen solchen Menschen *„Sadhu“*.

Im Alten Testament mit seinen zahllosen Sprachgeheimnissen finden wir den inneren Namen dieses Menschentums als den „Hohenpriester *Zadok*“ = der Gerechte. (Z-D-K = Träger der Tsade-Kraft, vgl. Hesekiel 40). Auf diesen Namen berufen sich auch zahlreiche Stellen der Schriftrollen vom Toten Meer, deren Auffindung die uralte Mystik des Essenerordens offenbarte. Der höchste dieser Namensträger aber war der König und Hohepriester von Salem *Melchi-zedek*, was im üblichen Hebräisch mit „der gerechte König“ übersetzt wird. In Lorbers Großem Evangelium wird dieser Name ursprachlich aufgeschlüsselt: Mei lichi zedek = „Meines Lichtes Unterlage“, d. h. Fundament Meiner göttlichen Offenbarung — die den Stoff völlig durchdringende Geistkraft (Zade-k).

Dies wieder als ein Beispiel, wie sich der innerste Sinn aller mystischen Namen des Alten Testaments enthüllt, wenn man um den Sinngehalt ihrer lautbildenden Kräfte weiß und den Spuren ursprachlicher Wortbildung bis zu ihren Wurzeln folgt.

Mit der 18. Tarotkarte und dem Buchstaben Tsade schließt die zweite Neunheit ab und damit dasjenige, was mit dem Jod, dem "Weg" begonnen wurde. Die folgenden drei, bzw. vier Symbole zeigen — um ein biblisches Gleichnis heranzuziehen — die Rückkehr des „verlorenen Sohnes" in seine Urheimat, die himmlisch-geistige Sphäre. In diesem Gleichnis kommt der Vater dem Sohne auf halbem Wege entgegen: das ist das Lamed-Symbol, das „Lamm-Opfer", das Sichhinabsenken des Lichtgeistes in die dunkle Materie, wodurch diese wieder erlösungsfähig geworden ist. Auf halbem Wege: denn um der Selbständigkeit des Geistwesens Mensch willen muß dieser aus freiem Entschluß das heilige Opfer *annehmen* und sich selbst entschließen, den Rückweg anzutreten. Das wiederum hat Moses in der Erzählung vom Passahfest symbolisch geschildert: „... Ihr sollt das Passahlamm (ursprachlich padah-lam = erlösendes Licht!) schlachten und essen", d. h. völlig in euch aufnehmen.

Durch dieses Opfer der ewigen Liebe emporgehoben und durch den Materieweg wissend und sehend geworden, tritt nun das Gotteskind Mensch wieder ins Vaterhaus ein und wird dort „mit königlichen Gewändern bekleidet": Das ist die Glorie und Machtfülle, die ihn — den selbständig gewordenen Adam Kadmon — nun wahrhaft zum Ebenbilde Gottes und Herrn der Schöpfung macht. Die letzte Tarotkarte drückt dies im Bilde überdeutlich aus. Betrachten wir nun, wie Bild und Namen schrittweise diese Vollendung der Schöpfung Mensch wiedergeben.

ק

19. *Qoph* (Kh), Zahlwert 100: „Hinterkopf, Nadelöhr, Beil, Affe?" — Welche Blindheit der zünftigen Sprach-

wissenschaft, welches unsichere Tasten nach einer möglichen Namensdeutung! Auch die arg entstellte Buchstabenform der hebräischen Quadratschrift läßt kaum mehr die ursprüngliche altägyptische Hieroglyphe erkennen. Diese bestand aus einem Kreis, aus dessen Zentrum ein Strahl nach außen dringt. Man vergleiche dazu das deutsche Q, das dieses Symbol viel reiner bewahrt hat! Nun ist der Kreis mit dem Punkte noch heute das astrologische Zeichen für die Sonne, und diese wieder bedeutet in der Esoterik die *geistige* Sonne = Gott als das Zentrum und ausstrahlende Leben der ganzen Schöpfung. In diesem Sinne allerdings ist Qoph der „Kopf", das oberste Prinzip und das höchste im metaphysischen Sinn Denkbare.

Im Menschen ist die Entsprechung zur Sonne das *Herz*, Spender des geistigen wie des seelisch-körperlichen Lebens. So ist auch das Gewissen, das Urwissen um die geistigen Gesetze eine Herzens- und keine Verstandessache. Nur das *Gewissen* formt den Charakter (car = Herz, actor = Handelnder). Auch die *Liebe* als Urgrund alles Seins äußert ihre Kraft im Herzen und nicht im Gehirndenken. Es ist demnach tiefbegründet, daß das Qoph, der Laut Kh in alten Sprachen (abgeschwächt auch in lebenden Sprachen) in Worten für Herz stets den Anfangsbuchstaben bildet. (Vgl. hebräisch kher-eb = Herz, Innerstes, Mittelpunkt. — Sanskrit kara = hervorbringen, handeln, wirksam sein (Herzfunktion!). — Griechisch kar-dia = Herz, charis = Freude, Gnade, Liebe, chara = Seligkeit. — Lateinisch cor = Herz, caritas = Herzensgüte, Barmherzigkeit. — Russisch charosch = gut!, usw.)

Noch ein Wortgeheimnis: Aus Q-R-S-T (dem „Christ") schuf das älteste Griechisch das Wort „charist-os", das später abgeschliffen zu „aristos" wurde mit der Bedeutung „der Edelste, Beste", das ist der „Christus"! —

Sprachlich auf den Spuren des Q oder Kh wandeln, heißt immer neue Entdeckungen machen, wie sich dieser Laut des geistigen Lebens (als schöpferischer *Kehllaut!)* in entsprechenden Worten zum Ausdruck bringt, doch fehlt hier der Raum für eine gesonderte Darstellung des Themas. Das ursprachliche keph = Haupt, Haupt-sache (!) drückte nicht nur den Körperteil Kopf, sondern das Oberste irgendeines Begriffs aus. Man vgl. dazu Kuppe = Spitze des Bergs, oder Chef = oberster Leiter, Capo = Aufseher, usw.

So entspricht der Buchstabe Q vollkommen dem Namen der 19. Tarotkarte „Sonne des Osiris", „Geistige Sonne", „Volles Leben", und sein Zahlwert 100 stellt die göttliche Eins an die Spitze der seelischen und stofflichen Sphären, symbolisiert durch die beiden nachfolgenden Nullen.

ר

20. *Resch* (R), Zahlwert 200: „Haupt." — Hier steht wirklich das Körperorgan — in der ägyptischen Hieroglyphe deutlich abgebildet — für die Funktionen der planenden und leitenden Denkkräfte im Menschen. Was das Herz (das innerste, höchste Prinzip) will, wird durch die höhere *Vernunft*, die sich offenbarende *Weisheit* ergriffen und sinnvoll ins Werk gesetzt. Es geht also das Resch (200) aus dem Qoph (100) hervor wie das Beth (2) aus dem Aleph (1), was kaum noch einer näheren Erläuterung bedarf. Die oberwähnte Verbindung des Herzlautes Q mit dem Kopflaute R (Kar, Char) drückt daher eigentlich mehr als nur Herz aus, nämlich „Herzdenken": ein aktives Handeln der Liebe durch die Weisheit; eine

„Ehe" dieser beiden Ur-Schöpfungskräfte, aus welcher der dritte göttliche Aspekt hervorgeht: die Allmacht Gottes, der Heilige Geist, ein das ganze All erfüllendes geistiges Feuer voll Aktivität, Leben und ewiger Wirksamkeit.

Ebendieses Feuer (hebräisch ēsch, aus aj-sch = Lebensfeuer!) ist schon im Namen Resch enthalten, wobei das rollende R die tätige Bewegung und ihre gelenkte Führung versinnbildlicht. Darum ist der Laut R der typische „Königsbuchstabe" im Sinne einer machtvollen Leitung und Ingangsetzung von Ideen und Plänen. (Vgl. ägyptisch Râ, äthiopisch Ras, sanskrit raja, lateinisch rex, italienisch re, französisch roi, usw., alles „König, Regent".) — Nach der Schöpfungslehre *Lorbers* ist die Zentralsonne unseres Milchstraßensystems der „Regulus" im Sternbild Löwe (lew = Herz, Leben!), der Reg-ler und Lebensvermittler dieses milliardenfach gegliederten Weltengebildes.

In den slawischen Sprachen wurde das Resch zu ras oder roz mit der Bedeutung Vernunft, Verstand (russisch ras-um, tschechisch rozum, usw.). — Im Sanskrit hat die Wurzel ra den Sinn „hervorbringen, produzieren". Und im religiösen Epos des Rigveda ist „rasa" ein „mythischer Fluß rund um die Erde". (Erde ist hier das irdische Denken, der Fluß sind die Gedankenströme, die Bewegung des Resch.)

Bei Kenntnis der Lautbedeutung des R (ra) offenbart sich uns auch leicht der Sinn des Sanskritwortes für 1000, der mystischen Zahl der *Vollendung:* „Sahasrara": sah = siegen, Macht haben, as = esch = Geistfeuer, rara = leitende Bewegung, Herrschaft. Den gleichen Namen trägt in der indischen Geistlehre auch das oberste Scheitel-Chakra des Hauptes, der „tausendblättrige Lotus", der im Ätherleib der stofflichen Zirbeldrüse entspricht. Er ist das Endziel der emporsteigenden „Schlange Kundalini" und bewirkt durch seine Erweckung — nachdem die Schlange zuvor das Herz-Chakra „Anahata“ (an = fortdauerndes Leben, aha = Liebe, ta = Tätigkeit) passiert hat — den Eintritt ins kosmische Allbewußtsein, oder christlich-esoterisch gesprochen die geistige Wiedergeburt.

Gemäß der Bedeutung des Resch heißt daher die 20. Tarotkarte sinngemäß „Das jüngste Gericht“ = Erwachen vom geistigen Tode, Auferstehung aus dem Grabe der Materiebindung; bewirkt durch den König Ra, der — wie der innere Sinn der alten Krönungsformel „König von Gottes Gnaden“ besagt — seine Kraft (Seelenzahl 200!) aus dem Urquell des Qoph, der geistigen Gnadensonne empfangen hat. —

ש

21. *Schin* (S und Sch), Zahlwert Null!: „Zahn.“ — Es ist möglich, daß das dreizackige Bild der Hieroglyphe zu dieser Namensdeutung geführt hat. Möglich auch, daß damit — in einer Resterinnerung an den alten geistigen Sinn etwas Spitziges, schmerzhaft Verwundendes angedeutet werden sollte.

Sei dem wie immer, hier gibt das Bild der Tarotkarte eine so unzweifelhafte Lösung, daß es nicht schwer fällt, das Symbol des „fliehenden Narren“ zu enträtseln. Der Leser entsinne sich der Ausführungen auf S. 166 die sich bereits zum Teil mit jenem Bilde beschäftigten. Nochmals aber soll betont werden: Wie im Alphabet das S *vor* dem T, so ist die Karte Null, die dem Schin zugehört, *vor* das Endsymbol XXII, das Tau zu reihen! Alle Tarot-Kommentatoren, die das nicht tun, folgen nicht dem wahren

Ablauf des Vollendungsprozesses, sondern gehen von falschen Voraussetzungen aus.

Der Name *Schin* enthält den Laut des Geistfeuers SCH (dargestellt durch drei Flammenspitzen und nicht „Zähne") in Verbindung mit der Wurzel „in", die ebenso wie das alte „im" das Innere meint. Bedarf es noch einer weiteren Erklärung,.daß der Narr, d. i. die Unwissenheit und das Welttum fliehen müssen, wenn im Inneren des Menschen das *Geistfeuer* in Erscheinung tritt? Die Zahl 300 (3 = Geist im Stoff) zeigt an, daß dieser Zustand das Ergebnis des durch die Christuskraft (Qoph, 100) gereinigten Menschenherzens ist, was zugleich eine Erleuchtung des Vernunft- und Verstandeslebens (Resch, 200) nach sich zieht. Und auch in der geistigen Mathematik ergibt 100 + 200 = 300. In diesem Sinne könnte man auch die beiden Lautnamen deuten: Q-oph = Herzensöffner, R-esch = Regung des Feuers im Haupte des Menschen. Darum heißt noch im heutigen Tarockspiel die Karte, die dem Buchstaben Schin entspricht, der „Sküss": sec-is = Trennung hinaus! Sieg des göttlichen Bewußtseins, das ist der „fliehende Narr" ...

Sprachlich bemerkenswert ist, daß einige hebräische Worte, die dem Schin oder Sin entstammen, den lichtlosen Zustand des Narren treffend charakterisieren. So z. B. sin = Wüste, die symbolische „Wüste Sinai" = sine aj = ohne geistiges Leben, *vor* Erreichung des „gelobten neuen Landes" Kanaan), ferner das schon mehrfach erwähnte Land „Sinear" = Bewußtsein ohne Licht, u. a. — Hebräisch sinah = Haß, Lieblosigkeit. — Das lateinische sine = ohne bewahrte noch diesen Sinn des Mangels; auch dürften wir lautetymologisch getrost die Worte Schein (Trug), Sünde, Sühne auf das ursprachliche Schin zurückführen, auch wenn es die offizielle Sprachwissenschaft nicht

„bestätigen" kann. So finden sich unter der Schale des Wortes mehr innere Zusammenhänge, als alle Wörterbücher zu vermitteln vermögen. —

ת

22. *Tau* (T, Th), Zahlwert 400: „Zeichen, Unterschrift." — Erinnert dieser Name nicht an die drei Kreuze, die ein Schreibunkundiger noch heute als „Unterschrift" zu geben pflegt? Er zeichnet damit in Wahrheit dreimal das Tau auf, das als älteste Hieroglyphe tatsächlich ein *Kreuz* darstellte. Denn schon in der urägyptischen mystischen Religion war das Kreuz das „Zeichen", das Symbol, in dem sich alles in Vergeistigung vollendet. Der senkrechte Balken versinnbildlicht den Geist, der waagrechte den Stoff, beide in „gerechtem" Gegensatz und daher in vollkommener Harmonie, wie die vier „rechten" Winkel anzeigen.

Auch das harmonische Walten der vier Elemente Feuer, Luft, Wasser und Erde ist durch das Kreuz des Tau darstellbar, ebenso je zwei Gegensatzpaare im Bilde der vier Himmelsrichtungen: Ost als Pluspol, West als Minuspol des *Lichtes,* sowie Süd als Pluspol, Nord als Minuspol der *Wärme* — eine geistige Entsprechung von hoher Bedeutung!

Astrologisch bilden je vier Zeichen des zwölffachen Tierkreises ein kosmisches Kreuz, von dem die letzte Tarotkarte die vier Hauptzeichen in der symbolischen Form von Löwe, Stier, Mensch und Adler zeigt: zwei *geistige* Impulse (Löwe = lew = Liebe, und Mensch als Wassermann =wad = Weisheit) und zwei *stoffliche* Impulse (Stier = satur = Verdichtung zwecks Formgestaltung, und Adler — die befreite und erhöhte Kundalinischlange Skorpion = sec-orow = Trennung vom Urlicht zwecks Entwicklung des Eigenbewußtseins). Letzten Endes sind auch diese stofflichen Impulse geistig und gottgewollt, wenn sie der Mensch nicht verzerrt, so wie er ja auch Liebe in Eigenliebe und Weisheit in kaltes Wissen verkehren kann.

Die *Weltzeitenlehre* der alten Astrologie erkennt ferner im Durchgang der Sonne durch alle zwölf Zeichen eine Naturentsprechung für einen kosmisch-geistigen Strahlungsprozeß, der mit Vorrückung des Frühlingspunktes (Präzession) etwa alle zweitausend Jahre neue Geistimpulse in die Menschheit einströmen läßt. Und wieder sind es die vier genannten Zeichen als Symbole von Hauptzeitaltern, die stets eine besondere Wende evolutionärer Art herbeiführen. Daher kommt dem nun eintretenden Wassermannzeitalter als einem der „Balken" des himmlischen Tau eine so überragende Bedeutung für die Höherentwicklung der Menschheit zu. Im *Namen* dieses Äons ist bereits das Wesen vorgezeichnet: Water-man = weiser Geist, der in Erscheinung treten wird, wenn der „fliehende Narr" des Fischezeitalters in die Vergangenheit hinabsinkt. (Fisch vom lateinischen Wortstamm pisc: pi = Offenbarwerden, sc (sec) = Trennung! Man vgl. auch das astrologische Zeichen ♓ für diesen Zustand der Abgewandtheit vom Göttlichen).

Daß diese vier Hauptimpulse geistiger und stofflicher Natur im letzten Bilde des Tarot gleichsam als Former des gottvollendeten Geistmenschen gedacht sind, offenbart die Mitte des Bildes, die eine engelhafte Menschengestalt mit dem Siegeszweige in der Hand zeigt. Nach voller Entfaltung der ihm als Gottesfunke eingepflanzten

Schöpfungsidee wird ein jeder Erwachte und Vollendete zum gestalthaften Ausdruck dieses Gedankens — und das ist es, was seinen inneren, ewigen *Geistnamen* bildet.

Wie der Buchstabe Teth in der ersten Neunheit gewisserart den Schlußpunkt der göttlichen *Idee* „Mensch" darstellt, so wiederholt das Tau diesen Laut als *Verwirklichung* jener Idee; es bildet den Adam Kadmon ab *nach* seinem Durchgang durch die Materie, wo er wissend und sehend wurde. Es zeigt ihn in der Glorie seiner geistigen Wiedergeburt, in seinem mit Gott geeinten Eigenwillen, als freies, selbständiges Geistwesen, das als Sohn die Herrlichkeit des Vaters offenbart. So wie es Paulus aussprach: „Nicht ich (als irdisch begrenztes Wesen) lebe mehr, sondern Christus (das Licht Gottes) in mir".

Die Zahl 400 des Buchstabens Tau wiederholt ferner die Grundidee der Zahl Vier — Hinaustritt des Schöpfungsgedankens in die Welt der Formung — auf der Ebene des wiedervergeistigten Stoffes: eine Neugeburt des gesamten Menschen, die auch seine materielle Hülle mitverwandelt und die volle *Ebenbildlichkeit* des Kindes zum Vater offenbar werden läßt. Auch dieses erschaute Paulus visionär und kleidete es in die Worte: „Gesät wird ein natürlicher, verweslicher Leib, und auferstehen wird ein unverweslicher, geistiger Leib."

Das letzte Geheimnis des Tau aber liegt verborgen in den beiden Lauten, die seinen Namen bilden: T = Vollendung, V = Willensfreiheit. Erst in diesem erreichten Zustand steht ein jeder Vollendete Gott, dem ewigen ICH, gegenüber als ein selbständiges TV = DU! Endziel eines Schöpfungsaktes, dessen Erhabenheit kein menschlicher Geist zu fassen vermag. So bilden die Laut- und Zahlenkräfte (Q-R-S-T oder 100 + 200 + 300 + 400) wirklich und wahrhaftig den „Christ" im Menschen und lassen das verheißene Reich mit der Zahl 1000 in Erscheinung treten. (Tausend: Tau ist das Ende!)

Wenn Jesus sprach: „*Ich* bin das *Alpha* und das *Omega*, das A und O, so leuchten in diesem Namen IAO die Urschöpfungsvokale des göttlichen Wortes auf. Genauso kann der vollendete Adam Kadmon sprechen: „Ich bin das Aleph der Urliebe Gottes und das Tau seiner schöpferischen Tat, die mir eigene Form und Prägung gab." Ursprachlich drückte sich diese Einheit von A und T, in Verbindung mit dem Buchstaben der gestaltgebenden Form, dem M aus im Worte ATMa, das altindisch *Geist* bedeutet und das höchste Geistprinzip im Menschen, seinen ewigen Gottesfunken zum Ausdruck bringt: ein nun zum Gottmenschen gewordenes geistiges AToM, das dem neuen großen Himmelsmenschen eingegliedert wird, der aus der Vergeistigung des gesamten Kosmos, des großen Weltenmenschen hervorgeht.

Damit endet das große Schöpfungsalphabet, von dem uns Bilder und Laute des Tarot Zeugnis geben. Der Geist und die Kraft dieser Laute aber war das innere Leben der Ursprache. Und so viel Geist und Kraft sich davon nach dem Babel der Verwirrung noch in unsere Sprachen gerettet haben, ebenso viel inneres Leben haben sie im Schatze ihrer Wörter bewahren können, als Geistatome des verlorenen Wortes. —

XI

GENESIS DER WORTBILDUNG

„So findet es sich, daß die ganze Schöpfung und Sprache aus e i n e m Schema ihren Ursprung nimmt."

Sepher Jezirah

GENESIS DER WORTBILDUNG

Jede Wortgestaltung der menschlichen Sprache ist eine Genesis, ein Schöpfungsakt von Lautkombinationen, denen geistige Ideen innewohnen und die in ihrer Gesamtheit einen „Namen“, d. h. eine Benennung irgendeines Begriffs ergeben. Denken wir diese Grundwahrheit logisch zu Ende, ergibt sich daraus, daß ein jedes überhaupt bildbare Wort, jede Zusammenfügung von Lautgebilden Träger einer bestimmten Gedankenverbindung sein muß — auch wenn ein solch willkürlich geschaffenes Wort nach außenhin unsinnig erscheint und in keiner Sprache nachweisbar ist.

Tatsächlich jedoch verfügt jede Nation nur über einen beschränkten Wortschatz, der — wenn auch einer steten Lautveränderung unterliegend — sich von Generation zu Generation fortpflanzt und planmäßig erlernbar ist. Übernimmt ein Volk durch Kontakt mit einem anderen aus dessen Sprachgut Teile (Fremdwörter, Lehnwörter), so waren dort die betreffenden Sprachelemente schon in Gebrauch und das Obgesagte gilt dortselbst im gleichen Maße. Auch die in jedem Jahrhundert neu entstehenden Wortbildungen (heute besonders durch Technik und Zivilisation bedingt) benützen stets schon vorhandene Sprachwurzeln, die sie ihrem Bedarf anpassen. Beispiele: Kraftfahrer aus Kraft und fahren, Radio aus lateinisch radius = Strahl, und nach diesem Muster abertausende Neuschöpfungen. Zu diesem Umstand ist bemerkenswert, welche Gedanken darüber ein hoher Eingeweihter einer alten okkulten Bruderschaft entwickelt:

„... Die menschliche Sprache ist nicht geeignet, geistige Begriffe klar und unmittelbar auszudrücken. Sie ist an die bestehenden Worte gebunden; Gedanken müssen stets in Worte gekleidet werden, die aus der Vergangenheit überliefert wurden. Überall stützt sich ein Gedanke auf ein Wort, dem von vornherein ein Etwas aus der Vergangenheit anhaftet. Die Menschen sprechen von Ideen, wenn sie ein in ihnen auftauchendes Bild bezeichnen wollen; aber in Wirklichkeit haben sie gar keine Ideen außer den aus Worten bestehenden Sätzen. Da aber ein Satz aus bereits geschaffenen Worten besteht, kann es auch keine grundsätzlich neue Idee geben, indem ja jedes Wort bereits seine festgesetzte Bedeutung hat. Das Denken der Menschen bringt daher nur alte Worte in eine neue Ordnung, Worte, die in sich schon das ganze Netzwerk der Ideen enthalten und denen eine bestimmte Bedeutung beigelegt wurde.

Zwar schreitet die Entwicklung der Sprache allmählich vorwärts, aber kein neues Wort entsteht von selbst, sondern ist immer das Ergebnis vorangegangener Gedankenreihen. Zur Schaffung eines neuen Wortes bedient man sich in der Regel einer Sprachwurzel, die ebenso festgestellt ist wie die Baumaterialien in der Architektur. Soll ein neues Wort in der Sprache eingeführt werden, so muß dessen Bedeutung durch andere, bereits bekannte Worte erklärt werden, wodurch dasselbe einen aus der Vergangenheit abgeleiteten Sinn erhält. Wenngleich ein aufgeschlossener Mensch immer neue Eindrücke in sich aufnimmt, so ist dennoch deren Formulierung von allbekannten, immer fortlebenden Worten abhängig.

Man versuche einmal, *ohne* Worte über ein beliebiges Thema nachzudenken, es ist vergeblich. Wie sollte es dann möglich sein, durch Worte mit ihrer festgelegten Bedeutung der Vernunft eine völlig neue Idee beizubringen? Bedient sich ein Mensch wirklich neugebildeter Worte, so sind diese für den anderen unverständliche Laute und haben für ihn keinen Sinn. Gebraucht man dagegen die üblichen Ausdrücke, können solche oftmals in mehrfachem Sinn verstanden werden; denn die Wortsprache kann zum Unterschied von der Geistsprache von ihrer Grundbedeutung (!) losgetrennt werden und weitverzweigte Nebenbedeutungen annehmen. Bei Vorgängen, die sich auf anderen Bewußtseinsebenen abspielen, die von allen bekannten Stoffen und Kräften gänzlich frei sind, stehen also keine Worte der menschlichen Sprache zur Verfügung, wodurch das sinnlich Wahrnehmbare mit dem Übersinnlichen, das Äußere mit dem Inneren, das Bekannte mit dem Unbekannten in Einklang gebracht werden können ..." (Aus dem Schlüsselroman „Etidorhpa" von John Uri Lloyd).

Wir müssen daher im Zustande der jetzigen Entwicklung mit dem vorhandenen Wortschatz alles Geistige, der Sinnenwelt Entzogene durch Ausdrücke wiedergeben, die der natürlichen Erfahrungswelt entnommen sind. Das ist die Ursache der bildhaften Entsprechungssprache, der Gleichnisse und Vergleiche, die das Obere durch die Mittel des Unteren anzudeuten bestrebt sind, um den inneren Sinn „anschaulich" zu machen. Eine künftige vergeistigtere Menschheit wird aber wirklich „neue" Worte für die Dinge des metaphysischen Bereiches erschaffen, indem sie zur ursprachlichen Genesis der Wortbildung zurückkehrt. Entsinnen wir uns doch der Eröffnungen, die Anfang dieses Buches (Seite 25—27) zitiert wurden:

„... Es sind die heutigen Sprachen nicht die letzten auf Erden. Je mehr sich die Wunder der geistigen Sphären schon dem irdischen Menschen entfalten werden, um so mehr werden *neue* Ausdrücke für geistig-seelische Zustände erforderlich, da es sich dann nicht mehr um äußere *Formen* (bei Astralsehen in die Sphären der Erscheinlichkeiten!), sondern um den inneren *Gehalt* (bei reingeistigem Erleben der göttlichen Lichtsphären!) handeln wird ... "

Gewiß bedurften die altägyptischen Weisen nicht der *Bilder* des Tarot, um zu den höchsten Höhen der Erkenntnis zu gelangen. Diese Symbolik diente nur als Mittel, die Imagination ihrer Schüler anzuregen und auf die dahinter waltende geistige Idee hinzulenken. Die Erschaffer des Tarot vergaßen jedoch nicht, jenen Bildern auch Buchstaben hinzuzufügen und ihnen einen *Namen* zu geben. Nach den vorangegangenen Ausführungen konnte sich der Leser überzeugen, um wieviel mehr an Verständnis sich durch Erfassung von Namen und Zahlwert der Laute gewinnen läßt als durch die Bildsymbolik allein. Denn im Namen wirkt das Wort, und das Wort ist stets die tiefste Offenbarung aller Schöpfungsgeheimnisse.

Freilich war auch das ursprachliche Wort in der Namensbildung konkret anschaulich und nicht so abstrakt wie in den jetzigen Sprachen. So benannte man z. B. den Buchstaben Phe mit „der Mund", wo wir heute sagen würden „Prinzip des Sich-Offenbarens". Diese typische Art der alten Wortbildung entsprang eben einem Wissen um die geistige Bedeutung aller menschlichen Organe, wie überhaupt aller Dinge dieser Welt. Die äußere Form solcher Redeweise erhielt sich noch in der „blumenreichen" Sprache des Orients, deren Worte zumeist unmittelbar eine Eigenschaft oder Tätigkeit der benannten Sache erkennen lassen. Indessen ging auch hier den Völkern der innere Sinn ihrer Rede verloren, so daß diese Ausdrucksweise zur äußeren Phrase erstarrte.

Würden wir ein wenig mehr über den Gehalt unserer Muttersprache nachdenken, dann würden wir erkennen, wie reich auch sie an bildhaften Vergleichen ist, die zwar auf irdische Lebenszustände bezogen werden, im Grunde aber höchst reale seelische und geistige Gegebenheiten ausdrücken. Man nennt solche in übertragenem Sinn angewandte Redensarten *Metaphern,* und es gibt keine lebende Sprache, die ihrer entbehren könnte. Auch hier wird das Organ oft für einen ihm entsprechenden übersinnlichen Zustand der Seele gesetzt, nur daß eben den Menschen nicht mehr bewußt wird, welche ursprachliche „Worttechnik" sie dabei in Anwendung bringen. Die meisten dieser Metaphern sind zu abgegriffenen Wortmünzen erstarrt und könnten doch zu einer unversiegbaren Quelle immer neuer Erkenntnisse dessen dienen, was sie an *innerem* Sinngehalt in sich bergen.

Wieviele Organentsprechungen, die sich auf die Gemüts- und Denkkräfte beziehen und geradezu lebendige Bestätigungen der alten Tarotsymbolik bilden! Man vergleiche etwa den Sinn des *Herzlautes* Qoph (innere Sonne, geistiges Leben) mit dem Ausdruck „Herzenswärme", der doch nicht physische Werte, sondern die erhöhte Schwingung, das Leuchten des geistigen Herzens meint. Und Herzenskälte strahlt ein Mensch aus, dessen innere Sonne durch die Wolken seiner krassen Eigenliebe völlig verdunkelt wird. — Ebenso spiegelt sich der Sinn des *Kopflautes* Resch (lenkende Geisteskraft, Vernunft) in Metaphern wieder wie „ein heller Kopf" oder „den Kopf verlieren" und dgl., die alle das Wirken oder Fehlen des Geistimpulses im Menschen kennzeichnen. — Eine „glückliche Hand" besitzt ein erfolgreich handelnder (!) Mensch (Kaph/Hand = Kraft, Macht), und ein anderer hat ein „scharfes Auge" etwa für die Zeichen des Zeitgeschehens, deren innere Bedeutung er „sieht" (Ajin/Auge = Wahrnehmen in jeder Form).

Wer vermeint, diese einfachen Beispiele seien Gemeinplätze, übersieht, daß hinter *allen* äußeren Naturvergleichen Geistiges waltet: nicht nur im übertragenen Sinn, sondern wirklich und wahrhaftig; nur wird es im Bildvergleich nicht bewußt zur Kenntnis genommen und verliert damit seine geistige Anschaulichkeit. Zwar weiß die wissenschaftliche Psychologie (Seelenlehre!) von Bestehen und Organisation der feinstofflichen Körper des Menschen (Astral- und Ätherleib) und ihren inneren Sinnen *nichts* zu berichten, doch gibt es dagegen keine Geistlehre, die nicht das Wesen und die Funktion der Seelenbereiche genau erläuterte. Und eben hier ist absolute Realität, was im natürlichen Worte des Menschen nur als sprachliches Bild aufgefaßt wird. So begegnen sich im Wort zwei Bewußtseinsebenen, und es ist nur die Sprache, die eine Brücke zwischen der diesseitigen und jenseitigen Welt herzustellen vermag.

Eines der Anliegen einer geistigen Sprachforschung ist es, das verlorene Sprachgefühl für diese Dinge wieder zu erwecken. Der Mensch soll jede Metapher (meta-phero heißt „ich trage hinüber"!), jedes Vergleichsbild nicht als eingelernte Redensart gebrauchen; er soll diese, einer einstigen Schauungsgabe entsprungenen Wendungen wieder bewußt erfassen, um seine Geist-Seelen-Körpereinheit lebendig empfinden zu lernen. Dazu bietet ihm das Wunder der Sprache eine Überfülle von Betrachtungsobjekten, durch die er das Walten des Sprachgenius erfährt und daraus hundertfachen Gewinn an innerer Erkenntnis zu erzielen vermag.

Hat auf diese Weise ein Wahrheitssucher die abgegriffensten Worte wieder lebendig gemacht, so wird er noch tiefer zu schürfen versuchen und den *Einzellauten*, die ein Wort bilden, sein Augenmerk zuwenden. Er wird dann sehen, daß es wirklich eine „Genesis", einen schöpferischen Akt der Wortgestaltung gab und noch gibt; er wird erkennen, daß die Sprache unveränderlich geistigen Gesetzen folgt, und daß diese Gesetze in jeder Sprache genau in dem Maße angewendet oder mißachtet werden, als sie Ausdrucksmittel einer höherstrebenden oder absinkenden Geistkultur ist. Oder mit anderen Worten: je mehr sich eine Sprache bei der Namensgebung aller Dinge und Begriffe jener Laute bedient, die zu dem *inneren* Wesen des Benannten in engster Beziehung stehen, desto vergeistigter darf sie genannt werden. Und desto mehr Kraft vermag sie auszustrahlen in die geistigen Äther, wo ein jedes ausgesprochene Wort weiterschwingt, nachdem es längst in der materiellen Sphäre verhallt ist. Hier liegt die Ursache von der Kraft aller „Mantrams", d. s. Worte und Sprüche, denen nach indischer Lehre wegen ihrer Lautgesetzlichkeit magische Gewalt innewohnt.

Die jüdische Mystik der Chassidim (von hebräisch chesed = Gnade, Herzensgüte) bewahrte den kabbalistischen Begriff „Baal Schem" = Herr des Namens. Ein Baal Schem ist ein geistiger Seher, der die Dinge bei ihrem *inneren* Namen zu nennen weiß und durch dieses Erkennen Macht über sie gewinnt. Als den ersten Herrn des Namens müssen wir ADAM bezeichnen, dem Gott (in geistiger Schau) „allerlei lebende Wesen vorführte, daß er sie benenne, wie er sie sähe" (1. Mose 2/19). Auch *Moses* selbst, der Schreiber der biblischen Schöpfungsgeschichte, war ein Baal Schem gewaltigster Art, weshalb in den Namen und Bildsymbolen seiner fünf Bücher tiefste Schöpfungsgeheimnisse verborgen ruhen und ihrer Wiederenthüllung harren. Es ist daher wohl zu verstehen, daß gemäß

Lorbers „Großem Evangelium Johannis" JESUS CHRISTUS — Träger des Wortes und Urbild aller Namensgewalt — seinen Jüngern wiederholt die inspirierte Geistsprache Mosis und der Propheten entschlüsselte und ihnen den Ursinn ihrer Lehren erhellte.

Eines eigenen Buches bedürfte es, um darzulegen, wie die Worte dieser heiligen Schriften jener Lautbildung folgten, die der ursprachliche Tarot in seinen 22 Schöpfungs-Grundideen gewisserart „vorschrieb", um mit knappsten Mitteln das Höchste an geistigen Wahrheiten auszudrükken. So bestand auch die althebräische Sprache zu Beginn überwiegend aus Wurzelwörtern mit nur *zwei* Konsonanten: zwei Lauten, die zwei Ideen miteinander verknüpften. Später weiteten sich solche Wurzeln vielfach zu Wortstämmen mit *drei* Konsonanten aus, wobei der dritte Buchstabe (teils als Vorsatz-, teils als Nachsatzlaut) zur näheren Bestimmung der Grundidee diente. Oft ging sogar die Grundwurzel verloren und kann nur noch aus einem erweiterten Wort, das erhalten blieb, rekonstruiert werden.

Beispielsweise ist das Urwort car oder char für Herz im Hebräischen nicht mehr nachweisbar, kehrt jedoch im Griechischen und Lateinischen wieder. Aber im Hebräischen findet sich dennoch ein erweitertes Wort tochar = Heiligung, Glanz vor, das aus t = Vollendung, und char = Herz gefügt ist. — Von dem ursprachlichen b-r (Sinn: „Bewegung der Schaffenskraft") stammt das hebräische bar = Sohn, und bar-á = erschaffen, schöpferisch sein. Dagegen verlor sich das alte war = Wort, kehrt jedoch im Hebräischen als da-war = reden wieder (da = Gabe, war = des Wortes!)

Verloren ging lam = leuchten; erhalten blieb lama-d = belehren, eigentlich „Erleuchtungs-Gabe"! — Verloren ging sek = trennen; erhalten blieb co-sek = Finsternis, eigentlich „Kraft der Trennung“, nämlich vom geistigen Lichte! — Verloren ging die Wurzel l-ch = Licht; erhalten blieb sie in ma-lach = Engel, eigentlich „Formträger (M) des göttlichen Lichtes“! — Diese Hinweise zugleich als Exempel, wie alle Urworte zuerst auf Geistiges gemünzt waren und erst später allgemeine Bedeutung erlangten.

Wie ist es nun möglich, daß ein Wort mit völlig gleichen Lauten in zwei gänzlich verschiedenen Bedeutungen vorkommt, und dies in allen Sprachen? Hierfür wieder ein Beispiel: das hebräische dlh (dalah) heißt a) Niedrigkeit, Armut, und b) schöpfen, herausziehen, erretten. Die Lösung des Rätsels liegt in der richtigen Lesart von Wurzel und Zusatzlaut. Im ersten Fall wurde der Wurzel dl (dal = niedrig, slawisch dole, deutsch Tal) das h als Buchstabe des Lebens *nachgesetzt*, womit dl-h den ursprachlichen Sinn „niedriges (geistiges) Leben“ erhält, was in den Augen der Seher wahrlich „Armut“ darstellt. Im zweiten Fall jedoch wurde der Wurzel lh (L = Licht, H = Leben) das d als Laut des Gebens, der schenkenden Fülle *vorangestellt:* d-lh (dalah) = „Geschenk des Lichtes“! Interessant zu beobachten, wie dieser ursprachlich reingeistige Sinn sich dann in den allgemeinen „herausziehen“ (aus der Materie) = erretten verwandelte. So zwar, daß das hebräische Wort dali bereits Eimer (= Herauszieher) bedeutet und hier der innere Sinngehalt völlig verlorenging. Diese „Technik der richtigen Lauttrennung“ allein vermag — in Verbindung mit dem Ursinn der Laute — das ursprünglich Gemeinte zu erschließen.

Eine Parallele dazu im Deutschen wäre etwa ein Wort wie Staubecken, wo nur der Zusammenhang entscheidet, ob Stau-Becken oder Staub-Ecken zu lesen ist. Da die ersten Niederschriften der Bücher Mosis außer Vokallosigkeit auch keine Trennung der Worte aufwiesen — es reiht sich einfach ein Konsonant an den anderen — möge der Leser ermessen, wieviele Lesarten möglich erscheinen und welche verschlüsselte Mysterien in diesen Berichten verborgen sind. Das Merkwürdigste aber an diesen Schriften ist, daß jede Worttrennung, wo immer sie vorgenommen wird, stets eine andere Version ein- und desselben Grundsinns ergibt und immer neue Wahrheiten enthüllt. Nun wird auch verständlich, warum Papus in seiner „Kabbala“ schrieb: „Hebräische Buchstaben kombinieren, heißt auf das Universum einwirken“, d. h. in die universale Welt der göttlichen Schöpfungsideen eindringen und ihre inneren Zusammenhänge erkennen lernen.

Wäre das — nur noch im Hebräischen erhaltene — altägyptische Tarotalphabet nicht im Laufe seiner Wanderung durch andere Kulturen entstellt worden durch Zusätze, Weglassungen und Teiländerung der Reihenfolge, so hätte natürlich auch das Abc unserer Muttersprache die gleiche Lautkraft und Magie bewahrt. Manches Wort würde dann anders lauten und seinen geistigen Sinn viel leichter offenbaren, während wir heute fast stets deutsche Worte (dasselbe gilt auch für die anderen lebenden Sprachen) erst auf ältere Formen reduzieren müssen, um den eigentlich primären Sinn zu erschließen. Dazu hilft uns die Etymologie (Sprachvergleichung), die uns in reichem Maße verwandte Wortstämme und Wurzeln aus antiken Sprachen aufzeigt, ebenso die Gesetze des Lautwandels innerhalb einer größeren Sprachfamilie.

Damit ist jedoch noch lange nicht der lebendige Hauch des Urwortes gefunden. Zwar liegen uns nun eine große Anzahl ähnlicher Worte vor, doch bleibt es unserer geistigen Entscheidung überlassen, *welches* davon wir als dem ursprachlichen Namen zunächstkommend beurteilen wollen. Eine solche wissenschaftliche Sprachgleichung sieht z. B. so aus: sanskrit pitar = (griechisch pres-byter) = lateinisch pater = gotisch fadar = englisch father = althochdeutsch fater = neuhochdeutsch Vater. — P, F oder V? D, Th oder T? Was ist nun „geistig richtig"? Wenn jedem Laut eine ganz bestimmte Bedeutung zukommt — und das dürfte der Tarot genügend erwiesen haben — so kann nicht P das V, oder D das T ersetzen, ohne daß sich der *innere* Sinn völlig ändert und damit auch der Zahlwert des Wortes, der so oft die wichtigsten Rückschlüsse ermöglicht. Lautverschiebung heißt somit wieder einmal „Babel", geistige Sprachverwirrung. Im angeführten Beispiel dürfte das hebräische „patar" sinnentscheidend sein, das zwar nicht direkt „Vater", aber „ausbreiten, eröffnen" (Buchstabe Pe!) bedeutet. Liegt jedoch dem Begriff Vater nicht die Idee „Eröffner, Ausbreiter des Lebens" zugrunde?

Die Sprachetymologie sollte sich endlich von der Gepflogenheit abwenden, ihr Tätigkeitsfeld nur auf Wortvergleichungen innerhalb *einer* der großen Sprachfamilien zu beschränken. Wie soll die rechte Hand wissen, was die linke tut, wenn sich das offizielle Sprachstudium entweder nur auf Indogermanistik oder nur auf Orientalistik usw. erstreckt und die Scheuklappen der „Fachgebiete" das Erkennen weltweiter Zusammenhänge unendlich erschweren? Hier ist Dr. Wadler mit seinem „Turm von Babel" ein wahrer Bahnbrecher und liefert mit seinen erweiterten Gleichungen (zuweilen von Sprachen aller fünf Kontinente) Bausteine von unerschütterlicher Beweiskraft für eine einstige gemeinsame Ursprache der Menschheit. Was oftmals fast allen Sprachen der Welt gemeinsam ist, entstammt dem Urwissen des Menschen. Solche Worte bergen — worauf es *uns* entscheidend ankommt — oft die größten Wahrheiten unter ihrer abgegriffenen Oberfläche. Mit dem Schlüssel der Lautnamen, die uns deren innersten Sinn eröffneten, vermögen wir dann überraschend leicht, selbst ohne fremdsprachliche Kenntnisse den Ursinn eines Wortes wiederzufinden.

Es ist bezeichnend, daß viele der von Dr. Wadler gefundenen Wortgleichungen von den Philologen deshalb abgelehnt werden, weil sie „grammatikalisch" nicht genügend stichhaltig untermauert erscheinen. Und doch werfen solch älteste Namen auf die Genesis einer archaischen, einst gemeinsamen Wortbildung soviel helles Licht, daß wir auf eine Bestätigung durch sezierende Wort-Anatomen gerne verzichten und vorziehen, uns dem inneren Leben der Worte einfühlend hinzugeben. Und dies ist ja das Endziel aller *geistigen* Sprachforschung.

Innerhalb dieser weitgespannten „genetischen" Etymologie sind es ausschließlich die Gruppen der *Konsonanten*, die eines Vergleiches fähig sind; denn wir setzen damit — wie der Tarot lehrte — *Ideen* in Beziehung zueinander: Gedankengebilde, die in allen Sprachen und Zeiten anders mit dem Leben der Vokale erfüllt wurden und werden. Nachstehend einige Vergleiche aus dem zitierten Werke, ein paar kurze Beispiele, die sich hier auf Deutsch und Hebräisch beschränken. Ihre Lautgleichheit oder Ähnlichkeit beruht nicht nur auf einer einstigen indogermanisch-semitischen Urverwandtschaft, sondern auch auf in beiden Sprachen bewahrtem ursprachlichem Erbgut:

Deutsch:		*Hebräisch:*
Licht (l-ch-t)	=	lachat (l-ch-t): leuchten.
Erde, Erz	=	erets (a-r-ts): Erde.
Sommer	=	samar (s-m-r): Glut, Hitze.
Herbst	=	cherep (ch-r-p): Herbst.

Europa (Abendland)	=	erew (ʿe-r-b): Abend, Westen.
Leben, Liebe	=	lew (l-b): Herz, Innerstes.
Körper (Leib)	=	kereb (k-r-b): Leibesinnere.
Amme (Nährmutter)	=	em (a-m): Mutter.
Sippe (Gemeinschaft)	=	shepo (s-p-v): Sippschaft.
Ackersmann	=	ikar (ai-k-r): Bauer.
Gras	=	geres (g-r-s): Pflanzentrieb.
Stock (Stab)	=	shutuk (s-t-k): Rohr.
Sack	=	shak (s-a-q): Sack.
öffnen	=	epha (a-ph): eröffnen.
kläffen (bellen)	=	kelew (k-l-b): Hund.
		usw.

Ähnliche Wortgleichungen zwischen Hebräisch und Sanskrit, Griechisch, Latein, Keltisch, Gotisch und anderen Sprachen finden sich in reicher Fülle und beweisen das urverwandtschaftliche Verhältnis all dieser Idiome zueinander. In solchen Worten erhielten sich älteste zweikonsonantische Wurzeln samt ihrem zusätzlichen Deutelaut.

Nehmen wir von obigen Beispielen wieder den *Hund* zum Ausgangspunkt einer scheinbar banalen Betrachtung; es wird sich zeigen, daß sie in Wahrheit zu verborgenen Tiefen des Wortes hinleitet. Wir lernten einen ursprachlichen Namen für Hund bereits kennen: kyon (vgl. Seite 82). Dessen Deutung lautete „Träger der Wahrnehmungskraft, der Wachsamkeit". Was aber meint das hebräische keleb? Ein Philologe würde behaupten, dieser Name wäre ebenso wie das deutsche kläffen bloße Lautmalerei, doch wird ein jeder Beobachter zugeben, daß hier das „Wauwau" viel richtiger am Platze ist. In Wirklichkeit enthält der Wortstamm kl-b die Urwurzel KL mit der Bedeutung „Ton, Laut". Davon das hebräische kol = Wort! (vgl. dazu englisch call = rufen). Ebenso das deutsche „Kehle" (k-l) als Sitz der Lauterzeugung. Im Worte

„Klang“ vereinen sich kl = Laut mit ng = erzeugen. — Setzt man nun der Wurzel kl den Buchstaben des Schaffens, Hervorbringens, das B hinzu (kele-b), entsteht der Sinn „der Lautschaffende“ — und wieder steht damit ein Hauptmerkmal des Hundes, sein wachsames „Anschlagen“ vor uns, das der Jäger noch heute „Laut geben“ nennt. (Kyon zeigt die innere Eigenschaft des Hundes, keleb deren äußere Wirkung.)

Gehen wir in der genetischen Lautzergliederung weiter, so entsteht die Frage: *Warum* heißt die Wurzel k-l Ton, Laut, Wort? Nach dem Tarot ist der Sinn des Buchstabens K = Kraft, Träger einer Idee; hier Träger des L, des Buchstabens des Lichtes und der Liebe! K-L heißt demnach „Kraft des Liebelichtes“ — und das ist der *Urton* der göttlichen Offenbarung, das schöpferische *WORT* Gottes! Fügen wir dem Wort (kol) den Laut M = Gestaltgebung und den Laut B = schaffen hinzu, erhalten wir k-l-m-b, das sich im lateinischen „columba“ = die *Taube* wiederfindet. Die Taube aber gilt in der christlichen Mystik als Symbol des Heiligen Geistes, der göttlichen Lichtaura, die von den himmlischen Sphären zum Irdischen herabdringt. Darum kehrt das Taubensymbol in der Bibel mehrfach wieder als Sinnbild der Erleuchtung und des Friedens (Taube vom Himmel: Jesu Taufe am Jordan, Taube mit Ölzweig: Arche Noah; auch das Gralsmysterium wird durch Taube und Kelch — ca-lich = Lichtträger! — symbolisiert).

Ursprachliche Wortmystik! Lautkombinationen, die in jeder Trennung immer wieder die Einheit der betreffenden göttlichen Idee offenbaren. Liest man „col-um-ba“, heißt es „das Wort, das die Formwelt schafft“. Liest man dagegen „co-lum-ba“, so heißt es „die Kraft des schaffenden Lichtes“. Wort und Licht: *ein* Begriff, *ein* Ursprung, *ein*

Göttliches! Aber auch im deutschen „Taube“ wirkt der gleiche Sprachgenius, denn Tau = die Vollendung, be = das Schaffende — somit wieder der Heilige Geist als das Lebensvollendende im Menschen.

Nachdem wir vom Hund auf die Taube kamen, wollen wir diese geistsymbolische Zoologie beenden und uns noch einmal kurz dem Wortstamm Keleb zuwenden, von dem die Betrachtung ausging. Auch er ist zweifach trennbar, in kl-b und in k-lb. Ersteren lernten wir im Wort kel-eb = „Lauterzeuger“ bereits kennen, geistig aber mit dem Sinn „Erschaffer des WORTES“. Nimmt man jedoch K als Vorsatzlaut und leb als Wurzel, ergibt sich die Bedeutung: k = die Kraft, leb = des Herzens, der Liebe! Und das ist wieder das göttliche Schöpfungswort, dem alles Geschaffene das Leben verdankt. Findet sich auch diese Lautverbindung im Hebräischen vor? Ja, und zwar als das aspiriert gesprochene „cheleb“ = das Beste, Vorzüglichste! Wir sehen damit, daß die alten Wortbildner chaleb, die Kraft der Liebe, wirklich als das Beste und den höchsten Aspekt der Gottheit auffaßten.

Wie jedes ursprünglich geistige Wort erhielt auch cheleb später von den „Kindern der Fleischtöpfe Ägyptens“ einen rein materiellen Sinn unterlegt. Das Wort nahm die Bedeutung „das Fetteste, das Beste vom Eingeweidefett“ an und der einstige Sinn verlor sich gänzlich. Noch einmal begegnen wir diesem Wort im slawischen „chleb“ = Brot. Wahrscheinlich galt jene unentbehrliche Grundlage aller Ernährung diesen Völkern als „das Beste“. Aber mit der Bedeutung „*Brot*“ gelangen wir wieder in die mystische Symbolik, die das Brot mit dem göttlichen Wort, der *geistigen* Nahrung des Menschen identifiziert (Vgl. „Ich bin das Brot des Lebens“ Evangelium Johannis 6, 35). Dieses „beste Brot“ (cheleb) ist nichts anderes als ke-leb, die Kraft der Liebe, oder kel-eb, das im Menschen schaffende Wort Gottes.

Das slawische chleb hat seine Parallele im althochdeutschen hlaif, aus dem unser Laib hervorging. Und Laib ist sinnverwandt mit dem Worte Leib, in beiden ruht die Urwurzel leb = Leben, Liebe. So führt uns diese Lautverbindung auch hin zum Verständnis des Heiligen Abendmahls: „. . . Und er nahm das *Brot* (chleb) und sprach: Esset, das ist mein *Leib!*“, d. h. die Kraft meiner göttlichen Lebenslehre, das Brot des Lebens. — Wie wunderbar, daß schon der altägyptische Tarot die Laute vorbildete, die uns lehren, durch das Wort die erhabensten Geheimnisse der christlichen Mystik zu begreifen!

Vorstehende Gedanken über eine einzige Wortwurzel zeigen, wie sich geistige Sprachforschung etymologischen Sprachgutes bedient, um Wissenschaft mit Religion zu einer Synthese zu verbinden und damit eine Jakobsleiter zu bauen, die von der Erde (dem irdischen Verstand) hinauf zum Himmel (der göttlichen Geistwelt) reicht. Die Offenbarung des Johannes spricht von *zwei* Zeugen, die die Wahrheit des Christus verkünden. Der Zeuge von oben ist die religiöse Empfindungssphäre des Menschen, das Leuchten der geistigen Herzenssonne (Qoph!). Der Zeuge von unten versinnbildlicht die Vernunft und den Verstand im Dienste des Geistes, die höhere Gedankenwelt im Menschen (Resch!). Wir stehen an der Schwelle eines neuen Äons, der die „Wiederkunft Christi“ als die Glorie Gottes im Menschengeiste verheißt. Sollen sich da nicht die beiden Zeugen, *echte* Religion und *wahre* Wissenschaft schon jetzt fester die Hände reichen, um den neuen Sonnenaufgang geeint zu erwarten?

Nur an einem einzigen Beispiel wollte der Weg näher angedeutet werden, den eine künftige Sprachforschung zu gehen hat. Auch das Wesen des Tarot konnte nur in Umrissen skizziert werden. Die Ideen seiner 22 Schöpfungslaute miteinander zu kombinieren, ließe eine Unzahl von Urworten entstehen. Sie hier in größerer Zahl zu deuten, verbietet der Umfang unseres Buches von selbst. Nicht umsonst schreibt das kabbalistische Sepher Jezirah von diesen Lautgebilden:

„... Zwei Steine bauen zwei Häuser (AB und BA. Kh.), drei Steine bauen sechs Häuser, vier Steine vierundzwanzig Häuser; fünf bauen 120, sechs 720 und sieben 5040 Häuser. Rechnest du so weiter, gelangst du zu Zahlen, die der Mund nicht mehr auszusprechen vermag ...“

Hier wird von den Kombinationsmöglichkeiten (Permutationen) der Buchstaben geredet, die als „Bausteine“ das Wort, und durch Worte sinnvolle Sätze zu schaffen vermögen. Bis zu vier Buchstaben gibt es noch wirklich vorkommende hebr. Wortstämme, die man sich als zweikonsonantische Urwurzeln mit Vorsatz- *und* Nachsatz-Deutelaut zu denken hat. (Beispiel: Malkuth = „das Reich“: M-LK-T = „Gestaltung der Lichtkraft vollendet“.) Vier Laute, zu deren Deutung wir vier Worte mit 32 Buchstaben brauchen! Ab fünf „Bausteinen“ handelt es sich bereits um Zusammensetzungen von Einzelwörtern.

Grundlage der ursprachlichen Wortbildung dürften die Wörter mit *zwei* Konsonanten gewesen sein. Die chinesische Sprache hält noch heute an dieser einsilbigen Sprachform fest. Auch Wurzelworte des Sanskrit bestehen zumeist aus einem oder zwei Mitlauten, allerdings in Verbindung mit einem der 16 Vokale, die in dieser Sprache ausgeschrieben werden. Beispiele: kal = äußern. Vgl. hebr. kol = Wort! — ya = gehen. Vgl. hebr. Jot = Weg. — Han = zerstören. Vgl. dazu den Namen der biblischen Stadt der Sintflut: Han-och = zerstörtes geistiges Sehen!

— Da = geben, hingeben. Vgl. hebr. da-leth = Geburt, Hingabe usw.

Auf die Einsilbigkeit der Urworte mit zwei Lauten deutet auch ein Vers des Sepher Jezirah hin (siehe S. 141), woraus sich durch wechselseitige Kombination von zwei Buchstaben die „231 Wege“, d. s. Grundideen der Schöpfung, in Namen ausdrücken. Solche einfachen Namen sind z. B. ab = Vater, am = Mutter, ben = Sohn, gad = Glück, leb = Herz, schem = Name, usw. Die Analyse der Lautnamen gab den Schlüssel, warum jenen Worten gerade diese Bedeutung zukommt. Kein Zweifel, daß einst all diese 231 Grundworte im ursprachlichen Gebrauch standen. Die hebr. Sprache erhielt davon wörtlich nur eine kleine Anzahl, während viele andere noch in dreikonsonantischen Wortstämmen erkennbar sind, wenn man den dritten Deutelaut in Abzug bringt. (Beispiel: sek = trennen fehlt, co-sek = Finsternis blieb). Es ist der gleiche Vorgang, als wenn im Deutschen etwa das Wurzelwort „Band“ verlorengegangen und nur noch aus dem zusammengesetzten „Ver-bind-ung“ wiedererschlossen werden könnte.

Eine mathematische Berechnung ergibt, daß durch Kombination von jeweils drei Buchstaben des ganzen Tarot-Alphabets rund 1600 Trisonanzen = dreilautige Worte gebildet werden können. Ihre verschiedene Vokalisation verändert niemals ihren Grundsinn, sondern stellt sie nur in anderen Beziehungen ihrer Funktion dar; ähnlich der Ablautbildung im Deutschen bei gleichbleibender Grundidee: („binden, band, gebunden“). Trotz der vokallosen *Schreibart* übertrifft das alte Hebräisch das Neuhochdeutsche wesentlich an Vokalfülle und erweist sich damit als eine von den Gemütswerten her geschaffene Sprache, während ein zunehmender Vokalschwund wie jener der modernen Kultursprachen stets auf ein Überwiegen des Intellektes hinweist.

Ursprachlich gab es keine Folge von zwei Konsonanten, ohne daß ein Vokal dazwischen trat. Die im Deutschen fast wie eine Einheit wirkenden Mitlautgruppen wie st, sp, sch, bl, br, kl, kr u. a. sind durchweg verborgene alte Wurzeln (sat = verdichten, sep = trennen, sech = abtrennen, bel = wollen, bar = schaffen, kal = hervorbringen, kar = tätig sein, usw.). Sie sind teils im Hebräischen, teils im Sanskrit fast alle noch nachweisbar. Die Kenntnis dieser Tatsache läßt oftmals den wahren Sinn unserer alltäglichsten Worte aufleuchten.

Nehmen wir nun als Beispiel eine deutsche Wortanalyse vor, die uns ohne jede Kenntnis einer fremden Sprache nur durch die geistige Bedeutung der auftretenden Laute sofort den inneren Sinn enthüllt. Unserem Gesamtthema gemäß soll es das Wort „Sprache“ sein, insbesondere aber, weil es die ursprünglichen Konsonanten noch rein erhielt. Zuerst wird durch Ausscheiden der Vokale das Konsonantengerippe, der Wortstamm herausgeschält: S-P-R-CH. — Nun setzen wir für jeden der vier Laute seinen Sinngehalt entsprechend der Tarotsymbolik ein. Welches S ist zu wählen? Das Deutsche kennt nur ein S, das Hebräische dagegen vier: Das erste dieser S (Zajin) fällt weg, weil es das „gesummte“ ist, wie norddeutsch „Rose“. — Das zweite S (Sade) ist eher ein th, das dem Z nahekommt, scheidet somit auch aus. — Das dritte (Samek, scharfes S) werden wir wählen, weil das vierte (Sin oder Schin) palatal gesprochen wie ein weicheres deutsches Sch klingt. Wie ungeheuer wichtig diese richtige Wahl ist, beweisen die gänzlich verschiedenen Laute und Zahlwerte dieser vier S!

Das P ist eindeutig und entspricht dem alten Buchstaben

Pe. Ebenso kann für das R nur das alte Resch genommen werden. — Beim letzten Buchstaben CH wäre zwischen dem Chet und dem „doppelten“ Kaph (K und CH) zu entscheiden. Das Chet ist jedoch ein sehr hart gesprochenes H, auch weist das engl. speak = sprechen (das wieder das R verloren hat, Babel!) auf das ursprüngliche K hin.

Sie sehen, verehrte Leser, wie äußerst genau man bei der Schaffung eines Fundaments vorgehen muß, soll der darauf errichtete geistige Bau wirklich tragfähig sein. Die vielen, auf Tarot und Kabbala sich berufenden „Namensdeutungs-Bücher“ tragen dieser subtilen Forderung keineswegs Rechnung; ihre Resultate sind demgemäß zu werten und aus dem Blickfelde des Geistes nicht ernst zu nehmen.

„Sprache“ setzt sich demnach zusammen aus dem Sinn der Lautwerte:

1. Samek = „Selbst-Ich“; die persönliche Wesenheit.
2. Pe = „der Mund“: Verkündung, offenbar machen.
3. Resch = „das Haupt“: die leitende und bewegende Gedankenwelt.
4. Kaph = „die Kraft“: Träger der Ideen 1—3, d. h. Befähigung, diese zum Ausdruck zu bringen.

Resultat: Sprache = „die Kraft, die Gedankenwelt des eigenen Ich zu verkünden, anderen mit-zuteilen“. — Und das alles mit *vier* Lauten ausgedrückt! Ist das nicht Mystik und Magie des Urwortes? Diese Idee des „Aus-sich-Hinausstellens“ im Wortstamm Spr gibt sich ebenso im deutschen „Schöpfer“ wie im latein. separ-are = abtrennen kund, wie überhaupt der geistig eingestellte Sprachforscher auch auf anderem Wege zu obigem Resultat gelangen kann. Hier diese zweite Methode, die auf hebräische Wurzeln zurückgreift:

Wir betrachten im Wortstamm S-P-R-CH zunächst

das S als Deutelaut und P-R-CH als Wurzel. Tatsächlich findet sich im Hebr. das Wort „parach“ = hervorsprießen, ausbrechen vor. Se-parach nähme dann den Sinn an: *sich* „ausdrücken“ = reden! — Oder man betrachtet Ch als Deutelaut und S-P-R als Wurzel. Auch diese kommt im Hebr. vor als „saphar“ = schreiben *und* erzählen, Gesamtsinn: mitteilen! Dazu tritt dann das Ch als Symbol der Kraft, Fähigkeit.

Wir können die beiden Stämme S-P-R und P-R-CH weiter zergliedern in Wurzeln mit vor- bzw. nachgesetztem Deutelaut: sp-r und s-pr, sowie pr-ch und p-rch. Versuchen wir, im Hebr. die analogen Worte für s-p, p-r und r-ch zu finden, müssen wir feststellen, daß sie als reine, zweilautige Urwurzeln nicht mehr vorhanden sind. Dagegen s-p mit Deutelaut H (Lebenshauch) als saph-ah = Lippe, Sprache, Rede! Ferner p-r mit Deutelaut D (Gabe) als par-ad = lostrennen, ausbreiten! Und endlich r-ch mit Deutelaut B (Schaffen) als rach-ab = auftun, weit öffnen!

Vergleichen wir das Ergebnis all dieser Lautkombinationen, so dürfte wohl jedem Betrachter die überall gewahrte Einheit der Idee förmlich ins Auge springen. Das Resultat ist wunderbar, jedoch kein Wunder, indem ja immer der *Geist* der vier gewählten Buchstaben den Sinn dieser Worte bestimmte. Die erste Methode war die der geistigen Einfühlung im Sinne der Tarotmystik, die zweite ist jene der wissenschaftlich-sprachlichen Untermauerung, die gleichsam ein wirksames Kontrollmittel darstellt, wie weit sich die Ursprache in einer anderen Sprache noch vorfindet.

Die bisherigen kleinen Wortanalysen sollten die alte Genesis *jeder* Wortbildung darlegen. Bei der Sinnaufgliederung des Wortschatzes lebender Sprachen ist die erste

Methode — *unmittelbare* Einsetzung der Tarotwerte für die Konsonanten — nur dann möglich, wenn sich die ursprünglichen Laute im modernen Wort unverändert erhielten. Leider ist diese Voraussetzung nur bei einem geringen Teil des Sprachgutes gegeben. In allen anderen Fällen ist nur die Anwendung der zweiten, *mittelbaren* Methode denkbar, nämlich durch Vermittlung älterer Sprachen die urtümlichere Schreibart eines Wortes festzustellen. Daß hier die Etymologie wertvollste Dienste leistet, braucht kaum erwähnt zu werden.

Das Babel der Lautverschiebungen innerhalb der Kulturen und Zeitalter ist so groß, daß es durch keine philologischen Lautgesetze je vollständig erfaßt werden kann. Welche Veränderungen sich dadurch im *Sinn* eines Wortes ergaben, lehrt die differenzierte „Rangordnung" im Tarot-Alphabet. Wenn wir z. B. bedenken, welche Sinnänderung der Wechsel etwa von N zu L herbeiführen muß (vgl. deutsch Kind = engl. child), oder von den H- und K-Gruppen der Kentumsprachen zu den S- und T-Gruppen der Satemsprachen (vgl. deutsch Gold = russ. zoloto), — so läßt sich das Gesetz des Tarot streng nurmehr auf die Reste der Urelemente anwenden, die sich in den modernen Sprachen zu behaupten wußten — trotz allem, was den steten Fluß aller Idiome und Mundarten in Raum und Zeit bedingt. Daß diese Überreste nicht gering an Zahl und Verbreitung sind und gerade das Deutsche sehr viel Ursprachliches enthält, vermag die *geistige* Sprachforschung leichter aufzuhellen als die grammatikalische Forschung. Und sie will damit ebenso das Sprachgefühl für den Genius der Muttersprache wiedererwecken, wie sie darüber hinaus das nötige Rüstzeug zum inneren Verständnis des *gesamten* Sprachschatzes der Menschheit bereithält.

Wer seine geistige Erkenntnis durch das Wort erweitern

will, muß sich die großen Schöpfungsideen zu eigen machen, die den Tarot in Gestalt von Bildern und Lauten durchziehen. Er wird darin das Wesentliche der Kosmogonien aller großen Religionen in knapper, aber tiefgreifender Symbolik vorfinden. Die heiligen 22 Urlaute aber sind es, die die Brücke vom Geiste zur Rede des Menschen herstellen. Alle Worte sind Namen, und alle Namen Ausdruck eines Seins in besonderen Formen. Der innere Sinn der Tarotbuchstaben, die sich im hebr. Alphabet ungetrübt erhielten, gibt Antwort auf die Frage, *warum* ein ursprachliches Wort so und nicht anders geschaffen wurde.

Es ist nicht leicht, den Sinn dieser Buchstaben in konkreten Begriffen festzuhalten, weil Laute nur der Abglanz geistiger Strahlungen sind und daher ursprünglich durchwegs Geistiges ausdrücken. Aber der Mensch nahm diese Laute mit in die Materie, der er zustrebte; hier dienten sie ihm hernach zur Gestaltung aller Worte, deren er auch für die irdische Sinnenwelt bedurfte. So ist eigentlich alles, was der Mensch durch die Sprache „äußert", bereits übertragener Sinn, zugeschnitten auf die Welt, in der er lebt, redet und handelt. Darum nahmen die wortbildenden Elemente später so viele Nebenbedeutungen an, daß nur ein profunder Kenner der Entsprechungen (Zusammenhänge zwischen Geist- und Stoffwelt) die Vielheit solcher gewandelter Bedeutungen erklären kann.

Die lateinische Sprache hat z. B. für „Friede" noch das Wort pax. Es ist ursprachlich und fügt die Idee zweier Laute zu einem Gesamtbegriff zusammen: P = Verkündung, X (das alte Kh, hebr. Q) = geistiges Leben. Für die alten Seher war somit „Friede" die Sonne im Herzen, das Offenbarwerden des Geistes, der den Menschen in Harmonie (har = Herz, monos = eins) mit dem Willen

Gottes bringt. Heute ist Friede zu einem politischen Schlagwort geworden und meint bestenfalls Schweigen der Waffen, wenn nicht gar „nur“ den kalten Krieg.

Die russische Sprache besitzt für „Tempel“ das Wort chram, beinahe lautgleich mit *Hiram*, dem mystischen Erbauer des Tempels Salomos. Noch heute spielt im Freimaurerkult die Hiram-Legende eine symbolische, allerdings unverstandene Rolle. Viele indische Meister (Gurus) haben einen Ashram, eine Lehrstätte für ihre Schüler. Wer aber weiß noch, daß dieses der Ursprache entstammende Wort as-hram das gleiche bedeutet wie Pyramide: as (hebr. esch) = geistiges Feuer, chram = Tempel. Warum Tempel? Weil die Urwurzel ch-r die Tätigkeit des geistigen Herzens ausdrückt: ch aus kh = q = geistiges Leben, r = leitende Bewegung. (Liest man Q-R umgekehrt, wird daraus R-Q = rex = König!) Damit ist klar erwiesen, daß die Alten unter Tempel das Menschenherz verstanden (CHR), in dem das sonnenhafte Gottesleben Gestalt (M) annimmt. Heute sind Tempel und Kirchen (kir-ka = Kraft des Herzens!) zu äußeren Kultstätten des Glaubens geworden. (Und weil diese Kraft das höchste erstrebenswerte Ziel des Lebenswegs ist, schreibe ich meine Bücher unter dem Motto „Ka-hir“! D. Vf.)

So zeigt der Gebrauch derselben Laute, jedoch mit veräußerlichtem Sinn genau den Verlust dessen, was *Moses* an den Beginn des 11. Kapitels seiner Genesis gestellt hat: „Es hatte aber alle Welt einerlei Zunge und Sprache“, d. h. der innere Wortsinn stimmte mit dem äußeren überein. Es gab keine Zweideutigkeiten in der Sinnauslegung des Wortes. Noch hatte der Mensch Einblick in die geistigen Welten und ihm war die „beredte Sprache“ aller Geschöpfe, Dinge und Zustände durch ihre wahren Namen vertraut. Ein solcher Mensch empfand mit inneren Organen die Kraft der Laute und wußte um den Ablauf des großen Schöpfungsgeschehens, das sich genau in ihrer Reihenfolge und Ordnung abzeichnet — vom Aleph, dem Urbeginn bis zum Tau der Vollendung.

Da sich nach dem Grundsatz „Wie oben, so unten" im Mikrokosmos Mensch der große Makrokosmos, das Weltall widerspiegelt und sich im irdischen Geschehen das geistige abbildlich wiederholt, so könnten wir den Sinn der neun Grundlaute und -zahlen allgemeinverständlich etwa so deuten:

1. Aleph (A) ist der Vater. — 2. Beth (B) ist die Mutter. — 3. Gimel (G) ist die Vereinigung beider in Ehe und Zeugung. — 4. Daleth (D) ist die Geburt des Kindes. — 5. He (H) ist dessen erster Lebenshauch. — 6. Vau (V) ist sein erwachender Eigenwille. — 7. Zajin (S) ist der Geistfunke im Kinde. — 8. Chet (Ch) ist sein seelisches Eigenbewußtsein. 9. Teth (T) ist die fertige Tat, das eigenpersönliche neue Geist-Kraft-Stoffwesen.

Übertragen wir diesen allen vertrauten Vorgang auf das ursprüngliche „Es werde", auf die Erschaffung des Adam Kadmon durch das WORT, dann gelangen wir zum *großen* Abaca-da-bara der Schöpfung. Dort ist der Vater die Urliebe, die Mutter die Urweisheit, die Ehe beider das Zeugen des Hl. Geistes und das Kind der geistige Ur-Adam, die Liebesidee Gottes. (In diesem Sinn läßt sich sein Name Adam deuten als „gestaltgewordenes Kind der göttlichen Liebe", denn A = Liebewille, D = Geburt, Hinaustritt, M = Formgebung, Gestaltverleihung). Weiter im geistig-kosmischen Sinn ist dann das He „der Odem, den Gott Adam in die Nüstern blies", sein seelisches Leben, das Vau seine ihm verliehene Willensfreiheit, das Zajin die schöpferisch-geistige Herzmitte des Adam, das Chet die Trennung vom Allbewußtsein, das

Erwachen des gottgewollten Eigenbewußtseins und Teth das Gott gegenüberstehende neue geistige DU.

Die zweite Neunheit des Tarot schildert, wie dargelegt, den Weg des Adam durch die Materie. Wir setzen daher nach obigem Lautschema fort: 10. Jod = der durch seinen inneren Willen vorgezeichnete Lebensweg des Menschen. — 11. Kaph = seine ihm vom Geist verliehenen seelischen Fähigkeiten. — 12. Lamed = sein im Seelen- und Stoffbereich wirkender Geist. — 13. Mem = sein gestaltendes Vernunftleben, das auch den irdischen Verstand formt. — 14. Nun = das „Auf und Nieder“ seines geist- und körperseelischen Lebens (vgl. Kundalini). — 15. Samek = sein egozentrisches, materielles Denken, Wollen und Fühlen im Stoffbereich. — 16. Ajin = erstes, keimhaftes Wahrnehmen seines wirklichen geistigen Wesens (der Blitz!) — 17. Phe = Offenbarwerden dieses Geistimpulses in der Seele. — 18. Sade = Erkenntnis des irdisch-gebundenen Denkens, damit Aufstieg zu einer höheren Bewußtseinsstufe. —

Vom Standpunkte des göttlichen Geistes aber müßten wir deuten: Jod = die Idee der zweiten Schöpfung als Erlösungsweg (Evolution nach Involution). — Kaph = die in die erstarrte Materie einströmende göttliche Lebenswelle (Beseelung). — Lamed = das Opfer des göttlichen Lichtes: Einhülsung eines Geistfunkens in alle stofflichen Seelengebilde. — Mem = der gestaltende Ordnungswille des Geistes als Antrieb zur Formenbildung der Naturreiche. — Nun = der stete Übergang des Seelisch-Substantiellen in neue und höhere Lebensformen. — Samek = Widerstand der noch ungeläuterten Seelengebilde, die verdichtenden Kräfte der Materie („Sat-an“). — Ajin = das „Wahrnehmen“ der seelischen Potenzen von einem sie leitenden Geiste der Ordnung und das beginnende Sich-Einfügen (Zellenstaatbildung). — Phe = das Sichkundgeben des Geistes durch fortschreitende seelische Entwicklung der Materiegebilde. — Sade = die auch die Hüllen der Lebensformen ergreifende Vergeistigung des Stoffes (Entdichtung, Rückstreben zu ätherischen Formen, Abscheidung der Schlacke durch das Feuer). —

Die letzten vier Laute des Tarot Q-R-S-T zeigen, wie erörtert, die Endstufen des „Weges" zum Gipfel; hier können wir nicht mehr den Mikro- und Makrokosmos getrennt betrachten, da die letzte Vergeistigung der Materie im und durch den Menschen geschieht, der durch den Geist Gottes nun selbst zum Vollender des Schöpfungsgedankens wird. Was darüber zu sagen ist, wurde bereits in der Analyse des Alphabets der 22 einer Betrachtung unterzogen.

Die Genesis der Wortbildung folgt auch noch in vielen lebenden Sprachen dem inneren Sinn dieser Urlaute. Die geistige Sprachforschung will hierfür das Sprachgefühl — ein uraltes Erbe, das im Menschen von heute fast völlig brachliegt — neu erwecken und damit eine verschüttete Quelle hoher Erkenntnis wiedererschließen. Was ist Sprachgefühl? Das Empfinden für die ideentragende Kraft der Laute, die die Menschenrede nach ihren Gesetzen formen. Sprachempfinden besitzt der, welcher — um einige Beispiele zu nennen — in der Lautverbindung ST (Wurzel sat) das Starre des Steins, das satanisch Saturierte des stahlharten Stoffs, das Sture und geistig Stumme des Verstandes ohne Gemüt, kurz das Prinzip aller Verdichtung darin miterlebt. Die Sprachesoterik zeigt das Warum auf. Denn nach den Tarotwerten ist das „Schlangen-S" (Samek) das Symbol der Selbstheit und Eigenliebe, wobei der Laut T (Teth) gleichsam die Endstufe jener Eigenschaft anzeigt. Samek + Teth = 60 + 9 = 69, kabbalistisch reduziert 15

(Tarotkarte „der Teufel“!) — oder der, welcher im Laute L die Kraft des Lichtes, des Lebens und der Liebe, die Fülle der Quelle alles Hellen erkennt; oder im Laute G das Göttlich-Gute, das Große, Geniale, G-lück-Gebende, Begnadende des Geistes.

Solches Sprachgefühl drückte sich auch im Deutschen in der alten Dichtungsart des Stabreimes, der Alliteration noch deutlich aus. Es war ferner einem Richard Wagner zu eigen, der den Text zu seinem „Ring des Nibelungen“ in dieser Form selbst verfaßte. Und es ist eine der Säulen der „Eurhythmie“, die von Dr. Rudolf Steiner wiedererweckt, die Pflege einer neuen Kunstgattung innerhalb der anthroposophischen Bewegung ins Leben rief.

Wie treffend bewahrt z. B. das Deutsche den Laut des Schaffens, das B in Worten wie B-lume („die Lichtgeschaffene“) oder B-runnen („vom Rinnen des Wassers getragen“), oder im Worte ge-bären selbst, wie auch in der Nachsilbe -bar (wunderbar = Wunder schaffend). Hier finden wir die Urwurzel bara wieder: B = erschaffen, ausgebären, R= erregen, in Bewegung setzen. — Über den „Mutterlaut“ M wurde schon gesprochen. Er ist das Maß aller Form, die Matrize aller Materie. Das latein. m-undus bedeutet „die Welt“, dem Lautsinne nach aber die „M-Welle“, durch die alles Geistige Gestalt gewinnt. Was ist der M-ond anders als die Mutter des nächtlichen Lichtes, das Weiblich-Empfangende des männlich-aktiven Sonnenlichts, das der Mond aufnimmt und wieder hinausgebärt. Darum nannte das Lateinische den Mond *die* luna (L = Licht, N = Fortdauer, wellenartige Fortpflanzung). Und ist der Mund etwas anderes als die gleiche M-Welle (m-unda), die tragende und formende Mutter als Ausmündung des sprachlichen Wortes?

Auch auf das T als den Laut der Vollendung wurde

bereits hingewiesen. Das Schluß-T der Vergangenheitsform des Zeitwortes zeigt die fertige Tat an. Aufschlußreich ist die Zergliederung des Wortes „Welt". Hier vereinigt sich das alte Wa (= B), also das Prinzip des Schaffens mit dem Lebenslaute L und dem abschließenden T zu W-L-T. Daraus ergibt sich der Sinn „Vollendung des schaffenden Lebens": — Mensch und Universum vergeistigt, Endziel der Schöpfung (vgl. Karte 22 mit dem großen Tau!). Rückt man das T von Wel-t nach vorne, erhält man das hebräische te-wel mit derselben Bedeutung „Welt, Weltkreis". Nach der bekannten ursprachlichen Teilungsmöglichkeit können wir auch lesen t-wel oder Wel-t = „Wille vollendet", der Plan Gottes verwirklicht! Der Zahlenwert des hebräischen t-b-l (tewel) ergibt: Tau = 400, Beth = 2, Lamed = 30, zusammen 432, die in *allen* alten Kosmogonien immer wiederkehrende *kosmische Weltzahl*, die Zahl des Gewordenen und des ewigen Werdens — schon im Zeitrhythmus eines Tages geoffenbart, dessen zwölf Stunden 43200 Sekunden ergeben (sec-unda = trennende Welle, das kleinste Zeitmaß!) — Auch die Wurzel wel läßt sich umgekehrt lesen und ergibt dann lew = Leben, Liebe, Herz. Hier das T vorangesetzt, ergäbe telew — ein Wort, das im Hebräischen nicht überliefert ist, jedoch im griechischen teléo = vollkommen machen, erfüllen, verwirklichen höchst deutlich wieder auftaucht!

Es fehlt hier der Platz, um auf alle anderen Laute näher eingehen zu können. Wer sich mit ihrem esoterischen Sinn vertraut gemacht hat, wird auch in der deutschen, wie überhaupt in fast allen lebenden Sprachen Worte finden, die deren alte Bedeutung bekräftigen. Be-kräftigen? „Kraft" ist doch *Träger* einer Idee und wird durch das K dargestellt. Daher finden wir diesen Buchstaben außer in Kraft auch in Können, Kunst, erkennen, aber auch als Deutelaut in Kaiser (lateinisch Cäsar: ca-i-sar = Kraft des Herrschens) oder Kehle (k-el = Träger der Lichtoffenbarung = des Wortes), usw.

Das R wiederum als hochaktiver Laut bezeichnet jede Regung (er-regen, er-innern, rasen und dergleichen), ferner das *leitende Prinzip* (regeln, regieren, über-ragen) und die *Bewegung* an sich (rennen, rinnen, rollen, rattern). Rad heißt „Gabe der Bewegung". Wieso Gabe? Weil dem D laut Tarot der Sinn Gabe, Geschenk, Hingabe, weggeben innewohnt. Der Buchstabenname Da-leth = *Geburt* als Hingabe offenbart dies in seiner altägyptischen Hieroglyphe genau, denn er zeigt an, daß einem Kinde das Leben „geschenkt" wird. Das d in unserer Kleinbuchstabenreihe verbirgt noch dieses Geheimnis: der aufrechte Strich ist der Mensch, hier eine Frau, denn der ausbuchtende Bogen davor deutet an, daß sie schwangeren Leibes ist. (Der auf D folgende Urlaut H = Leben zeigt *zwei* senkrechte Striche, die Lebewesen Mutter und Kind nach der Geburt, jedoch noch durch die Nabelschnur verbunden. Erst das weiter folgende V deutet die volle Trennung durch das Auseinanderstreben an.)

Sie sehen, geehrte Leser, wie wir vom Starren und Lichten, vom Schaffenden, Mütterlichen, Bewegenden und Vollendenden im *deutschen* Wort immer wieder auf alte Sprachen zurückgreifen können, um dort volle Bestätigung zu empfangen für den Genius, der unverändert auch in unserem Wortschatz weiterwirkt. In ähnlicher Weise ließen sich für jedes Wort geistige Betrachtungen anstellen, die Seite um Seite füllen müßten und doch nur Anlaß gäben, allerdings berechtigt, „vom hundertsten ins tausendste zu gelangen". Denn es gibt keine getrennten Ideen: alle sind als von Gott ausgehende Gedanken auf oftmals unergründliche Weise miteinander verbunden und verwandt; jede Idee auch eine Lautschwingung, und jeder Laut mit der Möglichkeit begabt, im Zusammenschluß mit anderen ein neues geistiges Gebilde hervorzurufen. Das ist eben die schöpferische Kraft des Wortes, daß es in Ewigkeit unerschöpflich wirkt und seine Tiefen niemals ausgeschöpft werden können.

Indem aber das kosmische Urwort auch den Erdenmenschen formte, ruhen in ihm als inneres Alphabet alle *Lautkräfte,* die sein seelisches und elementar-stoffliches Wesen erbildeten nach dem Vorbilde des Geistes. Daher will das abschließende Kapitel dieses Buches anzudeuten versuchen, was alte Geistlehren, gewonnen in meditativer Versenkung, uns davon überlieferten. —

XII

DIE LAUTKRÄFTE IM MENSCHEN

„Der ganze Mensch ist das ganze Alphabet.“
Dr. Rudolf Steiner

DIE LAUTKRÄFTE IM MENSCHEN

Dieses Schlußkapitel will sich mit dem Reflex des schöpferischen Wortes im Menschen befassen. Wurde bisher gezeigt, wie die Laute der Sprache und ihre wortbildenden Elemente scharfumrissenen Ideen entsprechen, so taucht nun eine weitere Frage auf: Warum ist gerade der oder jener Buchstabe der akustische Vertreter einer bestimmten Idee? Läßt sich diese nicht auch durch einen anderen Laut ausdrücken? Warum ist z. B. das Schin (S) der Feuerlaut und das Mem (M) der Wasserlaut — wobei wir diese Elemente durchaus geistig aufzufassen haben — und warum verändert sich der Sinngehalt eines Wortes beträchtlich, wenn man etwa B, G, D durch phonetisch verwandte Lautgruppen wie P, K, T oder Ph, Kh, Th oder gar durch F, Ch, Z ersetzt?

Die Antwort kann nur lauten: Weil die geistig ungeheuer differenzierten Lautschwingungen des kosmischen Schöpfungswortes auch die Körper des Menschen erbauten und sich darin durch *verschiedene Organe* manifestieren. Sogar im physischen Körper sind nur die atemgebende Lunge und der lautbildende Kehlkopf gemeinsame Quellen der Wortbildung. Aber schon die verschiedenen Teilorgane der Rachen- und Mundhöhle (harter und weicher Gaumen, Nasenraum, Zunge, Zähne und Lippen individualisieren die Lautbildung und formen die reinen Selbsttöner (Vokale) zu einer Vielfalt von Mit-lauten (Konsonanten) um. Und da wiederum ein jedes dieser Organteile stofflicher Ausdruck einer geistigen Idee ist, kann nur durch das

Zusammenwirken jeweils *bestimmter* Sprachorgane die genaue lautliche Entsprechung solcher Ideenkomplexe erfolgen.

Nicht umsonst weist das kabbalistische Sepher Jezirah auf die *fünf Stellen* hin, an welche die Laute im Munde „geheftet" sind (vgl. Seite 139). Und es bemerkt weiter, daß sie auch in der Seele „eingezeichnet" sind, d. h. im Astralkörper *Kraftzentren* bilden, die — vom Willen mobilisiert — über die Strahlorgane des feinstofflichen Ätherleibes das physische Gehirn und die entsprechenden Nervenbahnen zu den Sprechorganen erregen. Der Mund, die Mündung des ausströmenden Wortes, ist nur das ausführende Organ einer geistigen Verkündung (Phe!), deren Offenbarungswille sich auf diesem Wege irdisch kundgibt.

Mit diesen Strahlorganen des Ätherleibs, welche die Mittler zwischen den geistig-seelischen Bereichen und der Physis sind, beschäftigte sich in besonderem Maße die altindische Geheimlehre. Und da die ihrer Form wegen Chakras (= Räder, eigentlich cha-karas = Kraft des Kreisens) genannten feinstofflichen Zentren Träger der geistigen *Lautkräfte* sind, dient ein besonderer Zweig der vielen Yoga-Systeme, der Mantra-Yoga, einer bewußten Erweckung jener magischen Lautkräfte durch gewisse Konzentrations- und Meditationsübungen. (Anmerkung: Yoga wird gemeinhin mit „Joch" übersetzt mit der Deutung, der Yogi nähme durch seine Schulung eine Selbstbeschränkung auf sich. Die alte Sanskritwurzel yog (nasal als jong gesprochen) bedeutet jedoch „verbinden", lateinisch jung-ere. Ursprachlich aber finden wir: ya oder yo = gehen, Weg, und nga = zeugen. „Yo-nga" heißt wörtlich „den Weg schaffen", den Pfad nach innen beschreiten durch die Zeugung des mantrischen Wortes. „Mantra" setzt sich zusammen aus man = Geistbewußtsein, und ter = bewegen.) Wenn nun Mantra-Yoga die Erweckung des geistigen Wortes bezweckt, so wird hier das Wort mit dem Geiste direkt identifiziert, der ja alles durch das Wort erschuf. Wir werden noch sehen, daß auch die christliche Mystik eine zumindest gleichwertige Parallele zum indischen Mantra-Yoga besitzt und damit nicht nur in die mentalen Welten, sondern in die göttlichen Sphären des Inneren Wortes zu dringen vermag.

Betreffs der Konstitution der feinstofflichen Körper des Menschen wird auf die reiche geisteswissenschaftliche Literatur und den Quellennachweis im Anhang des Buches verwiesen. Hier können nur einige kurze Hinweise auf die Energiezentren im Ätherleib — indisch Chakras oder Lotosse genannt — in bezug auf ihre lautbildenden Kräfte gegeben werden. Fünf der sieben Hauptchakras haben ihren Sitz in jenem die Lebensenergie (Prana) leitenden Kanal, dem im physischen Körper das Rückenmark entspricht. Die für den Menschen im Gegensatz zum Tiere so kennzeichnenden zwei Merkmale, sein aufrechter Gang und seine Sprachfähigkeit stehen in inniger Beziehung zueinander. Denn seine „Rosen am Kreuz", die Lotosblüten im Ätherleib, vermögen damit geistig-kosmische Strahlungen aufzunehmen, die den gänzlich anders gearteten Strahlzentren der Tiere durch deren waagrecht gebildeten Körperbau versagt sind.

Jedem Chakra entspricht im physischen Körper ein bestimmtes Nervengeflecht (Plexus) und eine Drüse mit innerer Sekretion, die beide von dem ätherischen Strahlenorgan gesteuert werden. Und da die Chakras nicht nur die geistig-seelischen Schwingungen dem irdischen Bewußtsein des Menschen vermitteln, sondern auch die körperseelischen Lebensenergien der elementaren Bildekräfte, ist ihre Beschaffenheit und Funktion von ausschlaggebender

Bedeutung für das Zusammenspiel von Geist, Kraft und Stoff im menschlichen Dasein. (Man denke z. B. an die fast alle Vorgänge regelnden Nervensysteme der beiden Gegenspieler Vagus- und Sympathikusnerv, oder an die auch das psychische Verhalten bestimmende Hormonbildung der Drüsen. Der Mensch ist eben keine Dreiheit, sondern eine *Drei-Einheit* von Geistbewußtsein, Lebenskraft und belebter Form.)

In einer früheren Betrachtung wurden bereits jene vier untersten Chakras erwähnt (vgl. Seite 191 ff.), die zu den vier Elementen in Beziehung stehen und auf deren Umrandungsblättern die meditative Schau „Buchstaben" wahrnimmt. Dies ist natürlich keineswegs wörtlich zu nehmen, sondern ist als ein Empfinden jener geistigen Lautkräfte aufzufassen, die in ihrer stofflichen Verdichtung erst zum gesprochenen Laute führen. Wortbildung ist jedoch primär ein geistiger Willensakt, und die Chakras sind dabei die feinstofflichen Kraftmittler zwischen Idee und ausgeführter Tat. Bevor zu der indischen Überlieferung von den Lautwerten Stellung genommen wird, seien hier kurz die sieben Hauptchakras mit ihren Beziehungen und Entsprechungen skizziert:

1. *Muladhara:*

Der vierblätterige Wurzellotos. a) Sitz: Steißbeinregion. — b) Element: Erde. — c) Elementform: Viereck. — d) Farbe: gelb. — e) Sinn: Geruch. — f) Nervengeflecht: Sakral-Plexus. — g) Substanzbildung: Knochen. — h) Zentrallaut: La. — i) 4 Blätterlaute: 1 Lippenlaut, 3 Zischlaute (siehe Seite 191).

2. *Swadisthana:*

Der sechsblätterige Lotos (Sexus!) — a) am Ursprung der Zeugungsorgane. — b) Wasser. — c) Halbmond. —

d) weiß. — e) Geschmack. — f) Prostata-Plexus. — g) Fettbildung. — h) Laut Va. — i) 3 Lippenlaute, 3 Halbvokale (??).

3. *Manipura:*

Der zehnblätterige Lotos. — a) Nabelgegend. — b) Feuer. — c) Dreieck. — d) rot. — e) Gesicht. — f) Solar-Plexus (Sonnengeflecht). — g) Fleischsubstanz. — h) Laut Ra. — i) 8 Zahnlaute, 2 Lippenlaute. (??)

4. *Anahata:*

Der zwölfblätterige Lotos. — a) Herzgegend. — b) Luft. — c) Sechseck. — d) dunstig. — e) Gefühl. — f) Cardial-Plexus. — g) Blutsubstanz. — h) Ya. — i) 10 Kehl- bzw. Gaumenlaute, 2 Zahnlaute. (??)

5. *Vishuddha:*

Der sechzehnblätterige Vokal-Lotos. — a) Kehlkopfregion. — b) Akasha = Äther als Quintessenz der vier Elemente. — c) rund. — d) blau. — e) Gehör. — f) Laryngal-Plexus. — g) Hautsubstanz (Ton ist Form). — h) Ha. — i) die 16 Vokale des Sanskrit. —

6. *Ajna:*

Der zweiblätterige Lotos. — a) zwischen Augenbrauen. — b) Träger von Manas = Ichbewußtsein. — c) und d) entfällt. — e) Mentalität, geistige Wahrnehmung. — f) Beziehungen zur Hypophyse (Hirnanhang). — g)—h) OM. — i) die Laute Ha und Ksha.

7. *Sahasrara:*

Der „tausendblätterige Lotos". — a) Scheitelbeingegend. — b) Träger des göttlich-kosmischen Bewußtseins. — c—d) — — e) Kausalität, Wahrnehmung der Ursachenwelt. — f) Beziehungen zur Epiphyse (Zirbeldrüse). — g) — — h) Ha-kara, der noch nicht manifestierte Geisteshauch. — i) „wiederholt“ die 50 Laute der anderen Chakras „zwanzigmal“, daher der Name tausendblätteriger Lotos. —

Sahasrara (=Sieg des leitenden Geistfeuers) ist der Regent der anderen sechs Lotosse, wie auch die Zirbeldrüse in der Schau der Alten als Sitz der Geistseele (hebräisch neschamah = Ewiger Name der Liebe) galt.

Es wird behauptet, das Sanskritalphabet mit seinen 50 Buchstaben wäre durch innere Schauung dieser Chakra-Lautfolge entstanden. Das mag im Grunde richtig sein; was uns aber mit obigen Chakra-Beschreibungen überliefert erscheint, hat leider — als eine Parallele zu dem nicht mehr rein erhaltenen Sepher Jezirah — zweifellos Veränderungen erfahren, die der wachsenden Unkenntnis späterer Kommentatoren entsprangen. Diese Schriftgelehrten scheinen umgekehrt das Sanskritalphabet, das einer älteren vedobrahmanischen Lautfolge unvollständig entnommen wurde, auf die Lautreihe der Chakras gleichsam theoretisch übertragen zu haben. Damit wurde im Blickfelde des Geistes wieder einmal Babel sichtbar und diese Verwirrung blieb bis auf den heutigen Tag in der Überlieferung einstiger Geistlehren erhalten.

Betrachten wir z. B. die Anordnung der Laute in den vier ersten Chakras, so müssen wir eine direkt künstlich wirkende Koppelung phonetisch ganz verschiedener Lautgruppen innerhalb jedes Chakra feststellen. So finden sich im vierblätterigen Lotos 3 Zischlaute und ein Lippenlaut, im sechsblätterigen Lotos 3 weitere Lippenlaute und drei „Halbvokale“, im zehnblätterigen Lotos wieder 2 Lippenlaute und 8 Zahnlaute, und im zwölfblätterigen Lotos 2 restliche Zahnlaute in Verbindung mit 10 Kehl- bzw. Gaumenlauten! Wer einigermaßen geistige Einsicht besitzt, muß doch erkennen, daß jedes dieser Organe — die zudem noch bestimmten Elementen entsprechen — nicht gleichzeitig Träger von Lauten sein kann, die sich geistig und phonetisch gänzlich unterscheiden. (Vgl. Sepher Jezirah: „An fünf Stellen im Munde sind die Buchstaben geheftet").

Des Rätsels Lösung ist einfach: Im Sanskrit verloren sich drei altvedische Buchstaben, und zwar das Z (hebräisch Zajin), das Ch (hebräisch Chet) und das Gaumen-L (lh), wie es z. B. polnisch oder in westfälisch-kölnischer Mundart gesprochen wird. Dafür erscheinen im Sanskrit die vedischen Laute I (Y), R und L zweifach: einmal in der Vokalreihe und separat noch als „Halbvokale", was entschieden des Guten zuviel ist! Wollte man diese teils verkürzte, teils doppelte Lautreihe der Blätterzahl eines jeden Chakra anpassen, so mußten diese vermehrten oder verminderten Buchstaben eben so untergebracht werden, daß es paßte — auch wenn sich die ursprüngliche Wahrheit damit verlor.

Das Sanskritalphabet beginnt mit 13 Vokalen, die jedoch dem sechzehnblätterigen Lotos entsprechen sollen: A, I, U, E, O kurz und lang ergeben 10, dazu R und L kurz und lang, macht 14. Im Vokal-Chakra aber finden sich noch Ah und Ang (Stimmansatz und Kehlansatz, entsprechend hebräisch Aleph und Ajin!). — Sodann folgen 10 Kehl- und Gaumenlaute der K- und G-Reihe, die aber dem zwölfblätterigen Lotos zugeordnet werden sollen. Was tun? Flugs nahm man von der darauffolgenden Zerebral-Lautreihe das T und Th dazu, weil man das altvedische harte und weiche CH (wie deutsch ach und ich), das hierher gehört, nicht mehr kannte. — Solche „Übergriffe" rächen sich weiter: Indem man von der folgenden Zahnlautreihe der T-, D- und N-Gruppe bereits zwei T-Laute für den zwölfblätterigen Lotos abgezweigt hatte, fehlten nun wieder zwei Laute für den zehnblätterigen

Lotos. Daher wiederum: Vorgriff auf zwei folgende Lippenlaute, auf das P und Ph. — Nun kommt der sechsblätterige Lotos, der alle sechs Labiale tragen müßte (P, Ph, B, Bh, M, V). Da jedoch nurmehr vier zur Verfügung standen, nahm man zu den sogenannten „Halbvokalen" Zuflucht, das sind Y, R und L, die jedoch schon in der Vokalreihe aufscheinen! Hierdurch aber wurde das V überflüssig, das man dann den drei Zischlauten des vierblätterigen Lotos zuschlug, weil das zugehörige Z verloren gegangen war.

Das ist in kurzen Worten die Lauttragödie des Sanskritalphabets und seiner angeblichen Übereinstimmung mit der Lautfolge des Chakras. Oder mit *Mose* gesprochen: „Das innere Wort stimmte mit dem äußeren nicht mehr überein." Wer Mantram-Yoga ausüben und sich auf die inneren Lautkräfte und Zentren einstellen will, sollte doch mindestens mit einer richtigen Grundlage beginnen. Es ist bedauerlich, daß alle Werke über die Chakras diesen Überlieferungsirrtum immer wieder mitschleppen und sich kein Kommentator fand, der — wenn schon nicht meditativ, so wenigstens logisch denkend, die geistige Sinnlosigkeit der üblichen Lautzuteilung erkannte. Ist es der Respekt vor den Gurus, Swamis, Rishis und Yogis, der sie davon abhielt?

Nachstehend folgt eine rektifizierte Einteilung der Buchstaben, die eine Wiederherstellung des Sanskritalphabets gemäß der altvedischen Lautreihe darstellt. Die in Klammern gesetzten Buchstaben sind jene Laute des Veda, die im Sanskrit nicht mehr aufscheinen. Diese geringfügige Änderung genügt, um sofort eine sinnvolle, geistig begründbare Zuteilung zu den Chakras zu erzielen, in die sie sich nunmehr wie von selbst einordnen:

a) *16-blätteriger Lotos:* 16 Selbstlaute (Vokale), und zwar:

a — ā — i — ī — u — ū: die drei Grundvokale, kurz und lang, die auch das altsemitische Alphabet als solche verwandte.

e — ē — o — ō: zwei Diphtongpaare, aus ai und au gebildet.

ri — rī — li — (lī): Halbvokale, dürfen daher in der Konsonantenreihe *nicht* mehr aufscheinen!

(ah — ang): Stimmansatz und Kehlansatz, entsprechen dem hebräischen Aleph und Ajin!

b) *12-blätteriger Lotos:* zwölf Kehllaute (Gutturale), und zwar:

k — kh — g — gh — gn — (ch): ursprüngliche Kehllaute.

k — kh — g — gh — ng — (ch): die gleiche Reihe als palatale Gaumenlaute, ausgesprochen k wie slaw. c, g wie englisch j, ng wie deutsch lange, ch wie deutsch ich. —

c) *10-blätteriger Lotos:* zehn Zahnlaute (Dentale), und zwar:

t — th — d — dh — n: Zerebrallaute, entsprechen den im Arabischen „emphatisch“, d. h. scharf hervorgestoßenen Lauten.

t — th — d — dh — n: die gewöhnlichen Zahnlaute, wobei th und dh dem Englischen ähneln.

d) *6-blätteriger Lotos:* sechs Lippenlaute (Labiale), und zwar:

p — ph — b — bh — m — v: man vergleiche dazu im Hebräischen die „Doppellaute“ p und b!

e) *4-blätteriger Lotos:* vier Zischlaute (Sibilanten), und zwar:

s — sh — sz — z: entsprechen den hebräischen Sade, Shin, Samek und Zajin.

Wie klar und übersichtlich das Ganze nun wurde! Keine theoretische Konstruktion mehr, sondern naturgegeben und die Laute genau jenen Bildekräften entsprechend, die dem analogen Chakra zukommen: die S-Laute zuunterst im vierblätterigen Wurzellotos, Element *Erde* (hebräisch are-z, deutsch Er-z), Prinzip größter Verdichtung, auf das auch schon bei der Wurzel s-t hingewiesen wurde. — Die umschließenden Lippenlaute des sechsblätterigen Lotos, Element *Wasser:* das Weiche, mütterlich Umhüllende usw. (vgl. Wasser = sksr. apa = hebräisch ma-im, arabisch wa-dhi = Wasserlauf, alles mit Labialen ausgedrückt). Nun folgt der zehnblätterige Lotos, Element *Feuer:* man erfühle in den Zahnlauten deren Aktivität, das zur positiven Tat Drängende, Bewegende (ursprachlich ag-n = Feuer, lateinisch ig-nis, oder Hitze, englisch hot. (Feuer hier als elementare Bildekraft gedacht, während feu, ursprachlich phe das Feuer als geistige Offenbarung meint). — Im zwölfblätterigen Herzlotos finden wir alle Kehllaute, und das Element *Luft* bildet den Atem, dessen sich das im Herzen entstehende Wort zum Ausdruck bedient. (Vgl. hebräisch k-ol = Wort, lateinisch k-or = Herz, griechisch char. Ebenso das schöpferische G und Ng: Genesis, Engel usw.) — Und im sechzehnblätterigen Kehlkopf-Lotos, Element *Äther* (= Energie, Ton!) sind alle Vokale vereinigt, die das Leben der Sprache erst ermöglichen und daher mit Recht Selbst-Laute genannt werden dürfen.

Nehmen wir zu den 48 Buchstaben dieser fünf Chakras noch die Laute des zweiblätterigen Lotos (Stirnchakra), das H und Ksha (ähnlich dem X), so gelangen wir auf die urtümliche Reihe von *50 Lauten,* die auch das Sanskrit (jedoch wie erwähnt in veränderter Form) beibehielt. Für meine, sowohl durch Sprach- und Schriftvergleiche, wie auch meditativ gefundene und angewandte Korrektur des ehrwürdigen Sanskritalphabets trage ich dem Leser gegenüber allein die geistige Verantwortung. Ich glaube jedoch, daß das Ergebnis den Versuch rechtfertigte.

Noch wäre über die Zahl 50 der indischen Laute ein Wort zu sagen. Mancher kritische Leser dürfte vielleicht fragen: „Warum kennt der Tarot, bzw. das hebräische Alphabet nur 22 Laute, das indische aber 50? Was ist nun richtig, was ist ursprachlich?" Im strengen Sinn hat auch das Tarot-Uralphabet nicht 22, sondern 25 Laute, wenn man die drei Urvokale A-I-U hinzuzählt. Nur wurden selbe als „Gemütstöne" (vgl. Swedenborg) nicht aufgezeichnet und den „Ideenlauten" (Konsonanten) nur in der mündlichen Rede eingegliedert. Die indischen Völker aber schrieben später diese Vokale aus. — Auf die Zahl 25 weist in *Lorbers* Werk „Die Haushaltung Gottes" — eine geistig tieffundierte Schilderung der Urgeschichte der Menschheit — die Schauung eines gotterleuchteten Sehers namens Vratah hin, der in einer Vision die Entstehung der Schrift vorauserblickte:

... „Ein herrlich tönender (!) Luftzug trug mir das Blättchen eines Baumes (der Erkenntnis!) in die Hand, das mit den seltsamsten Zeichen bedeckt war. Als ich es betrachtete, fiel mir auf, daß das Blatt dieselben Zeichen trug, die ich gleichzeitig an meiner Hand entdeckte. Und es standen 25 (!) solcher Zeichen einzeln für sich da... Wie sich aber das Blättchen mehr und mehr ausdehnte, als erfülle es schon die ganze Erde, vermehrten sich auch die Zeichengruppen darauf zu endlosen Reihen ..."

Hier erblickte der Seher die Entwicklung der Urschrift zu jener fast unzählbaren Vielfalt von Schriftarten, die der ebenso großen Vielfalt der späteren menschlichen Sprachen auf Erden entspricht. Auch das Wesen der Verständigung durch das geschriebene und gedruckte Wort ist damit angedeutet. Und „Zeichen an der Hand"? Es ist bekannt, daß eine frühe Magie sich noch der symbolischen Lautdarstellung durch Gruppierung einzelner Fingerhaltungen bediente. Etwas von diesem alten Wissen ist noch in Leonardo da Vincis berühmtem Bild „Das heilige Abendmahl" verborgen, wo Christus und ein jeder der zwölf Jünger andere Fingerstellungen einnehmen und damit geistig etwas Bestimmtes „sagen" wollen.

Der Zahl von 25 Urschriftzeichen muß logischerweise eine gleiche Anzahl von Lauten entsprochen haben. Wir sahen, wie schon das Hebräische sieben Buchstaben „verdoppelte", (B-G-D-K-P-R-T), d. h. ihnen eine harte und weiche Aussprache verlieh. Damit kämen wir bereits auf 32 Laute (22 + 3 + 7), die zu den 32 Wegen der Schöpfung im kabbalistischen Sepher Jezirah zweifellos in Beziehung stehen. Im Altindischen ist nun diese Differenzierung noch weiter durchgeführt, sowohl in der Vokalreihe als auch in den Konsonantengruppen, bis die Zahl 50 erreicht war. Sie setzt sich zusammen aus einem Urton und 7 × 7 Lauten, denn die indische Mystik basiert auf einer Vervielfachung des Siebener-Rhythmus, die ägypto-semitische dagegen auf einer Verbindung der Zahlideen Drei und Sieben: 7 × 3 = 21 + Urton = 22, die Lautzahl des Alphabets.

Dennoch kennt auch die religiöse Mystik Altisraels jene heilige Zahl 50. Wer im Alten Testament die Beschreibung des Tempels Salomons betrachtet (2. Chronik, Kapitel 3), findet durchwegs die Zahl fünf oder ihr Vielfaches als Maß. Noch mehr ist das der Fall in der Schilderung des „Neuen Tempels" durch den Propheten *Hesekiel*, der den vollendeten Geistmenschen mit seinen entwickelten schöpferischen Lautkräften, den Christus als das Wort in ihm versinnbildlicht. Auch das Gebot des *Mose*, daß nach 7 × 7 Jahren Israel ein dem HERRN geheiligtes „Jubeljahr" feiern soll (3. Mose, Kapitel 25), ist ein Symbol und deutet auf die Lautkräfte im Menschen hin, deren 7 × 7 schöpferische Strahlungen im 50. Urlaute der göttlichen Vollendung ihre Krönung finden. Man vergleiche dazu den noch unmanifestierten Urlaut H, den Hauch des göttlichen Lebens, den die Chakra-Lehre in den „tausendblätterigen Lotos" verlegt, eine andere Anschauung des „tausendjährigen Reiches der Vollendung" im Menschen. Wir dürfen es wohl als die geistige Wiedergeburt, die völlige Einswerdung mit dem göttlichen Bewußtsein auffassen, das sich im Menschen dann als die „Stimme der Stille" oder als das vollendete *Innere Wort* kundgibt.

Suchen wir zwischen dieser alten Mystik des Ostens und jener des Westens in der Gegenwart eine Verbindung herzustellen, so finden sich auch hier Verkünder eines Weges der Erleuchtung, der auf einer Erweckung der geistigen Lautkräfte im Menschen beruht. Was bei den Indern ISVARA, das geoffenbarte Wesen der Gottheit darstellt, das ist in der urchristlichen Wortmystik JESUA-RA, das Königtum Jesu, das gestaltgewordene und in *jedem* Menschen keimhaft eingepflanzte göttliche WORT: *Christus*, der ewige Weltenlogos und sein Wirken in aller Schöpfung.

Dieses Urwort oder Urlicht durchflutet unablässig den ganzen Kosmos und den Menschen. Seine vielfach differenzierten Lautkräfte erbauen alles Lebendige; ihre geistigen Strahlungen allein sind das große „Universale Agens", das — alchemistisch gesprochen — das seelisch Ungeläuterte im Menschen zu edlem Gold zu verwandeln vermag. Und wie in der Alchemie hierzu bestimmte Prozesse durchzuführen sind, so lehren auch diese „Wort-Alchemisten“ mantrische und andere Übungen, welche — in Verbindung mit einer völlig Gott zugewandten Haltung des Jüngers — zum Ziel haben, seine „Rosen am Kreuze“ erblühen zu lassen. Gemeint ist damit nichts anderes als der Mantra-Yoga bezweckt: Die Lebendigmachung der inneren Strahlzentren, deren jedes ein spezielles Organ zur Aufnahme ganz bestimmter Impulse aus den geistigen und seelischen Welten darstellt.

Und doch ist zwischen beiden Schulungsmethoden ein beträchtlicher Unterschied, nicht im Wege, sondern in der Zielsetzung. Das höchste Endziel der indischen Mantra-Yogis war (wenigstens bisher), das „Schlangenfeuer Kundalini“ zu erwecken und nach oben zu führen: K-undala = Kraftwelle des Lebens“, die kosmische Lebenskraft als das Ewigweibliche soll vom vierblätterigen Wurzellotos (Sitz der S-Laute!) über die Lautvibrationen aller anderen Chakras bis hinauf in den tausendblättrigen Lotos (Sitz des göttlichen H-Lautes!) geleitet werden. Dies mit dem Zweck, dortselbst die Vereinigung mit dem Geistwillen, dem Ewigmännlichen, zu erreichen und damit in das kosmische Allbewußtsein (Nirwana) einzugehen.

Genau den gleichen Weg will der christliche Wortmystiker gehen, der jedoch nach dieser Vereinigung — hier geistige Wiedergeburt oder Unio mystica genannt — in Gott das bewußte und persönliche Vater-Erlebnis anstrebt. Dazu führt er die gewonnenen Geisteskräfte nochmals hinab in den „Juwel im Lotos“, in das Zentrum der zwölfblätterigen Rose, das Anahata-Chakra.

Dort im Seelenherzen ist der Sitz des göttlichen Geistfunkens im Menschen, das Höchste und Edelste (griechisch charistos = Christus!), der Sohn der ewigen Liebe, die tiefste Offenbarung des Schöpfungswortes, der „Kelch des

Heiligen Gral“ (ker-el = Herzenslicht). Dort erst empfängt der zum Baal Schem, zum Meister des Wortes emporgestiegene Wortjünger in Vereinigung mit dem Liebefeuer seine letzte Weihe. Auf dieses Herzmysterium deutet nicht nur die Zwölfzahl der Blätter des Lotos hin, die wie die Jünger um Christus das Zentrum umgeben und die Kehllautkräfte bergen: jene Kräfte, die das Kehlorgan des Erwachten zum schöpferisch-zeugenden Willensorgan umgestalten. Auch der Name dieses Herz-Strahlzentrums Anahata offenbart deutlich sein heiliges Wesen: an = ewig, aha = Liebe, ta = vollendet!

Wieder einmal sind wir schon beim letzten Ziel, bei der Krönung des Werkes angelangt und sollten uns doch — als erst am Beginn stehende Sucher nach dem verlorenen Wort — zunächst dem Wege zuwenden. Einen solchen Weg wies z. B. der deutsche Mystiker J. B. *Kerning* mit seiner Methode der „Buchstabierkunst“, des Hineindenkens der Laute in alle Teile des Körpers, beginnend in den Füßen. Er wurde oft mißverstanden, dieser Verkünder des lebendigen Wortes, dessen Lautkräfte doch wirklich in *allen* Teilen des Leibes tätig sind, ansonsten sie niemals belebt sein könnten. Dem Verstande mag es ohne Zweifel unsinnig erscheinen, etwa das A in den Füßen zu denken. Der Geistmensch empfindet jedoch im Aleph den *Willen* als den Urgrund jeder Handlung; und in den Füßen erblickt er die Entsprechung für „gehen“. So ist dieser „Wille, den mystischen Weg zu gehen“, das eigentliche „Hineindenken in die Füße“. Wenn indessen Kerning solche Übungen auch lautlich und physisch vorschreibt — z. B. die mantrische Aussprache der Urvokale I, A, O (U) mit gleichzeitiger Bildung dieser Vokale durch Daumen und Zeigefinger — so lehnt er sich nicht nur an gnostische Lehren über das Wort an. Er erweckt damit eine alte mystische Übung der Ur-Freimaurer, die in den heutigen Gesellschaften nur noch als die Symbolik von „Zeichen, Wort und Griff“ einen im Grunde unverstandenen Ritus darstellt, ebenso wie die Tempelzeremonie mit der Hiramlegende und manch andere tiefgeistige Bräuche. Der „Griff“, das ist nach Kerning das Herabziehen geistig-kosmischer Ätherschwingungen in die Finger als „Antennen“ und ihr folgendes Anlegen an bestimmte Körperteile, um diesen jene makrokosmischen Lautkräfte belebend mitzuteilen. Das sogenannte „Buchstabenbuch“ des Kerningschülers Kolb führt den Leser am besten in diese vergessene Kunst ein, welche einen Einklang zwischen den kosmischen Strahlungen des Schöpfungswortes im All und im Menschen herstellen will.

In ähnlicher Weise befaßte sich der vor wenigen Jahren verstorbene Wort-Esoteriker *Peryt Shou* mit den inneren Kräften religiöser Mantrams, die in fast übereinstimmender Form allen alten Religionen gemeinsam waren. Auch das Christentum entbehrt solcher mystischer Wortformeln nicht, wie etwa das abschließende *Amen* des Gebets, das zu dem *Aum* der indischen Lehre in engster Beziehung steht. Das Neue Testament wurde uns nicht in der Sprache Jesu Christi, dem Aramäischen, sondern nur durch griechische Niederschriften zugänglich gemacht. Gerade aber das dem Hebräischen so nahestehende Aramäisch birgt in den Aussprüchen Christi Wortgeheimnisse mantrisch-geistiger Kräfte, auf die die Werke Peryt Shous vielfach hinweisen. Denn im Grunde ist seine Logoslehre vom Wort, das im Anfang war und durch das alles erschaffen wurde (Ev. Joh. 1), reine christliche Mystik. Seine Wortmeditationen und ihre Ausübung sind — falls sie mit reinem Herzen durchgeführt werden — nach innen gerichtete Lautschwingungen, auf welche Geist und Seele antworten.

Logos, das ist die alles erfüllende Ausstrahlung des Heiligen Geistes, der in der Liebe des Vaters und der Weisheit des Sohnes urständet. Nach dem Tarot ergeben die geistigen Lautgehalte von L-G-S den Sinn „Lichtzeugungsfeuer". So ist auch das Wesen der Logistik Peryt Shous die Lehre von einem All-Urfeuer, dessen lebendige Strahlen der Mensch bewußt auf sich herabziehen kann; nicht durch den Eigenwillen seiner erdgebundenen Persönlichkeit, wohl aber durch Erweckung seines kosmischen Geistbewußtseins. Sich wieder transparent machen für die höheren Frequenzen des geistigen Tons, dazu sind jene Mantramübungen — als Hilfe zum Einschwingen des Menschen in die unendliche Harmonie des Alls — ohne Zweifel ein Weg, der viele anderen Yogasysteme an Reinheit und Wirkung überragt. Denn er arbeitet, indisch gesprochen mit *Akasha,* dem Klangäther, der Quintessenz aller Elemente, durch den das kosmische Urwort in der Natur wirkt.

Die Lautkräfte im Menschen sind nicht erstorben. Sie sind nur verschüttet durch die Überentwicklung seines Intellekts, der das Wahrnehmungsvermögen für die transzendenten Werte verkümmern läßt. Der Geist im Menschen aber bedarf keiner Wort- und Lautlehre, denn er ging selbst aus dem großen Anfangswort der Schöpfung hervor. Indem der Geist mit dem inneren Wort eins ist, formt sich auch seine Sprache nach dessen Lautgesetzen. Wer daher sein Seelenbewußtsein mit dem göttlichen Geistfunken in sich zu einen vermag, wird nach dem Grade dieser Einigung an den Urgeheimnissen des Wortes teilhaben.

Als der Heilige Geist die Jünger Christi überkam, da redeten sie „in fremden Zungen", daß sich alle Welt verwunderte. Als Jakob *Böhme* in das Geistbewußtsein einging, da wurden ihm die Namen aller Dinge offenbar. Als

Emanuel *Swedenborg* die Himmel geöffnet sah, vermochte er die Sprache der Engel wahrzunehmen. Und einem Jakob *Lorber* vermittelte das Innere Wort zwanzig Jahre hindurch eine Schöpfungslehre, die an Umfang und Tiefe des Gehalts alles der Menschheit bisher Geoffenbarte übertraf.

Die „Seherin von Prevorst", bekannt geworden durch die Aufzeichnungen des Arztes Justinus *Kerner,* bediente sich in ihren visionären Zuständen einer allen völlig unbekannten Sprache. Gelehrte, die man zu Rate zog, erklärten, diese Sprache klinge irgendwie an altsemitische Mundarten an. Wie der Seherin geistig eröffnet wurde, sollen deren Wortelemente noch heute rudimentär im Menschheitsbewußtsein weiterleben, als Lautkräfte einer Ursprache, die den geistigen Welten entstamme und dort den gemeinsamen Mittler aller Sphären bilde. Ihre Grundeigenschaft sei, mit jedem Worte das innerste Wesen des Bezeichneten auszudrücken.

Über das Bestehen der Lautkräfte im Menschen kann geschrieben werden, ihre mystische Magie will jedoch erlebt sein. Das setzt ein Wachwerden der *inneren* fünf Sinne voraus, die heute noch von den physischen fünf *äußeren* Sinnen gewaltsam übertönt werden. Die Organe dieser geistseelischen Wahrnehmung sind die fünf Rosen am Kreuz, die Kette der Chakras vom Wurzellotos bis zum Kehlkopflotos. Wir sahen, daß sie die eigentlichen Träger der Lautschwingungen sind. Christus in der Seele erwarten, heißt das Innere Wort erwarten. Darauf bezieht sich das *Gleichnis Jesu* von den zehn Jungfrauen, die des Bräutigams harren. Fünf von ihnen — die irdischen Sinne — sind töricht, da sie nur das stofflich Sinngebundene wahrnehmen. Fünf aber — die inneren Sinne — sind klug, da sie geistig empfinden. Und sie allein werden das verlorene Wort wiederfinden und empfangen.

ZU RÜCKSCHAU UND AUSBLICK

„Bedenket, daß durch den geistigen Ton eines all-einigen Wortes alle Dinge der ganzen Unendlichkeit hervorgegangen sind!“

Jakob Lorber

RÜCKSCHAU UND AUSBLICK

„Woher haben die Dinge ihre Namen?“ Mit dieser Frage begann das Buch, und die Antwort darauf war schrittweise zu erarbeiten. Die Sprachwissenschaft lieferte Vergleichsmöglichkeiten zwischen den lebenden und den sogenannten toten Sprachen, deren Kern in Wahrheit höchstes geistiges Leben offenbart. Wir konnten feststellen, daß die alten Sprachen weit intensiver als die heutigen noch Wortstämme und Urwurzeln bewahrten, die in ihrer Gemeinsamkeit oder Lautähnlichkeit auf einen einheitlichen Ursprung hindeuten: auf eine Ursprache der Menschheit, deren Wortbildung einer Gesetzlichkeit folgte, die nicht mehr mit den Methoden der offiziellen Wissenschaft ergründbar ist. Zwar kann selbe bis zu einem gewissen Grade die Frage nach dem Woher beantworten; auf die Frage nach dem Warum jedoch muß sie die Antwort schuldig bleiben.

„Warum also haben die Wesen und Dinge ihre besonderen Namen?“ — so lautete das weitere Problem, das es zu erforschen galt. Hier mußte der große Schritt getan werden von der festen Form zu der Kraft des Werdenden und zu der Idee, die jedem Werden des Wortes voranging. Das aber führt sofort vom Körper der Sprache zu deren Seele und letzten Endes zu ihrem ewigen Geiste. Wir durften erkennen, wie die Rede des Menschen ein Abbild seiner Dreiwesenheit von Geist, Leben und stofflicher Form ist. Dank der Sehergabe begnadeter Weiser und durch Überlieferung uralter Geistlehren vermochten wir einen tiefen

Einblick zu tun, was eigentlich das Schöpferische des Wortes darstellt, das den Menschen so hoch über alle Kreatur hinaushebt.

Aus den geistigen Welten trat der Ur-Adam seinen Weg in die Materie an, und aus eben diesen Sphären brachte er als Erbe bereits seine Sprachfähigkeit mit. Am Anfang dieses Weges war der Mensch noch ganz eingebettet in das kosmische Allbewußtsein. Was er mit innerem Auge erschaute, kleidete er durch seine Wortkräfte in bildhafte Ausdrücke, die das Wesenhafte des Erschauten auf eine seltsame Art wiedergaben. Diese noch heute erfühlbare Kraft der Urworte führte uns zu einer neuen Frage hin: „Wer gab ihm das rechte Wort zu solcher Namensgebung, zum lauthaften Ausdruck seiner Wahrnehmungen?"

Der noch völlig geistverbundene erste Mensch erkannte durch inneres Erleben, daß alle Laute Teilkräfte des göttlichen Schöpfungswortes bilden, aus dem auch er selbst hervorging. Er empfand in den Lautschwingungen des geistigen Wortes, das sich ihm lebendig offenbarte, Ideen und Gesetze, die ebenso im großen All wirkten wie innerhalb seines eigenen begrenzten Wesens. Er erkannte ferner, wie zwischen dem inneren Tönen der geistigen Sprache und den lautlichen Mitteln seiner irdischen Rede tiefste Entsprechungen walten. Und er machte von ihnen jenen lebendigen Gebrauch, der das ursprachliche Wort auf Erden gebar.

Wie sich diese Kraft des geistigen Ursprungs mehr und mehr verlor, als die Menschheit aus der inneren Anschauung in die äußere der sinnlichen Wahrnehmung und des Verstandeslebens fiel, zeigte das biblische Gleichnis vom Turmbau zu Babel. Da kam die Sprachverwirrung in die Welt, und als das äußere Wort mit dem inneren nicht mehr übereinstimmte, waren die Mystik und Magie der Menschenrede samt dem geistigen Spracherlebnis dahingegangen. Das einst durchwegs Geistiges bezeichnende Wort nahm eine Vielfalt von Bedeutungen an, die sich der neuen Umwelt des Menschen anpaßten. Immer tiefer sank der innere Wert der Sprache, bis sie endlich zum bloßen „Verständigungsmittel“ (kommt von Verstand!) herabgewürdigt wurde, statt der Offenbarung der ewigen Weltenordnung zu dienen.

Allein, unzerstörbar ist das Licht des Geistes! Wie aus Trümmern und Ruinen immer wieder neues Leben hervorsprießt, so lebt der Sprachgenius auch in den Nachfolgesprachen der Menschheit weiter und wirkt wie einst nach den Gesetzen des Urwortes. Nur daß eben die Menschen den geistigen Wortsamen ihrer Rede nicht mehr erkennen und daher das Wort auch nicht mehr zum lebendigen Erblühen bringen können. So gleicht heute das gesprochene Wort einer abgegriffenen Münze, unter deren Oberfläche sich wie lauteres Gold ein ewiggültiger Sinn verbirgt. Diesen Ur-Sinn wieder aufleuchten zu lassen, ist die große Aufgabe einer neuen geistigen Sprachlehre. Sie muß Wissenschaft und Religion zugleich sein: Wissenschaft, damit sie zum tragbaren Fundament einer höheren Lebenserkenntnis aus geistigem Blickfelde wird — und Religion (= Rückbindung an Gott), um dem Menschen der neuen Zeit durch das Wort einen Rückweg zu bahnen zu den verschütteten Erlebniskräften seiner ihm fremd gewordenen Geistnatur.

Unser Buch schilderte in kurzen Umrissen, welche Beiträge dazu von Pionieren der sprachgeistigen Wissenschaft bereits geleistet wurden. Das Hauptanliegen aber war, jene ältesten Quellen aufzuzeigen, aus denen die religiös-esoterische Überlieferung der ganzen Menschheit entsprang. Es sind dies der altägyptische Tarot, die altsemitische Kabbala und die altindische Geheimlehre vom Wesen der Schöpfung und des Menschen: alle drei zweifellos dem Urweistum einer Menschheitsepoche folgend, deren Blütezeit sich jeder historischen Zeitforschung entzieht. All diesen Lehren aber sind die Idee einer Involution von der Stoffgebundenheit bis zur völligen Wiedervergeistigung gemeinsam: im Tarot sind es die 22 Bilder und Laute, die diesen Weg des Menschen vom Aleph, dem göttlichen Ursprung, bis zum Tau seiner Vollendung malen. In der Kabbala werden die schöpferischen Gottesmächte (die Elohim der Genesis) als die zehn Sephiroth gezeigt, emanierend von *Kether*, der Krone (dem göttlichen Willen) bis zu *Malchuth*, dem Königreich (der Vollendung der Schöpfung im Menschen). Und makrokosmisch lehrt der indische Yoga den Weg, welchen *Kundala*, die ewigweiblich entwickelnde Lebenswelle der Weltseele nimmt bis zu ihrer Wiedervereinigung mit *Shiva*, dem Geistfeuer als ewigmännlichem Willen der Gottheit.

Allen Lehren gemeinsam ist ferner das Prinzip der Offenbarung Gottes in der Schöpfung durch das WORT, den Logos, aus dem alles Geschaffene hervorgeht. Indem aber der Logos als Wortsame auch dem Menschen eingepflanzt ist, so ist dessen Sprache — wenngleich heute erst keimhaft — ein geistig zeugender Akt, ein Widerschein des allumfassenden Urwortes. Darum befassen sich sowohl der indische Mantra-Yoga wie auch die christliche Wortmystik so eingehend mit den Lautkräften im Menschen und der Entwicklung jener inneren Organe, welche die geistig-kosmischen Lichttonschwingungen aufzunehmen und dem Bewußtsein zu vermitteln vermögen.

Bei Betrachtung dieser Lehren war der Hinweis am Platze, daß uns diese Geheimtradition weder lückenlos noch völlig rein erhalten blieb. Welche Zeiträume von heute zurück zu den Tagen in grauer Vorzeit, da gotterleuchtete Seher und Weise das große Geheimnis des Lebens erschauten und ihre Gesichte würdigen Nachfolgern anvertrauten! Welche Kette eigenpersönlich geprägter Menschen, die durch die Jahrtausende hindurch immer wieder die Fackel des Geistes weitertrugen! Daher gibt es keine Schrift, die einem Lehrbuche gleich das Unendliche und Ewige darzustellen fähig wäre. Sie weisen nur verschiedene Wege zum gleichen Ziel, zur geistigen Wiedergeburt des Menschen, wo das äußere Wort schweigt und das innere Wort zu tönen beginnt. Nur wo die irdische Rede bereits mit dem geistig zuinnerst Wahrgenommenen im Einklang steht und der Eigenwille hinter dem göttlichen Offenbarungswillen zurücktritt, vermag auch das menschliche Wort zum berufenen Diener des Geistes zu werden.

Um der bisherigen geistigen Sprachforschung ein neues Blatt hinzuzufügen, wurde der Versuch gewagt, durch eine Aufschlüsselung der bislang so unbeachtet gebliebenen *Lautnamen* des Tarotalphabets die Symbolik dieser altägyptischen Urbibel noch mehr zu verdeutlichen, als es durch die bloße Auslegung seiner Sinnbilder möglich ist. Desgleichen wurde versucht, mit einer Rekonstruktion der ältesten indischen Lautreihe diese wieder in Übereinstimmung zu bringen mit der Lehre von den Chakras, die die Zentren der *Lautstrahlkräfte* im Menschen darstellen. Beide Arbeiten wollen nicht Selbstzweck sein, sondern dem Geistesfreund und dem Sprachforscher Anregung bieten, auf neuen Wegen alter Erkenntnis näherzukommen.

Sprach-Esoterik ist das Wissen um die verborgene Seite des Wortes. Geistige Sprachforschung pflegen, heißt dem Geheimnis des lebendigen Wortes bis zu seinen Wurzeln folgen: nicht grammatikalisch oder etymologisch, sondern mit der Lichtfackel, die uns durch die alten Lehren vom Sinn und der Macht der Laute geschenkt wurde: ein uns anvertrautes Pfund, das nicht vergraben, sondern genutzt sein will, um hundertfach geistige Zinsen zu tragen. Welche Fülle von Mysterien in den Namen und Gleichnissen der heiligen Schriften, deren Glanz verblaßte, weil der Ursinn ihrer Worte verlorenging! Von allem blieb nur die Worthülse, der äußerlich-natürliche Sinn übrig, der teils mythisch, teils historisch aufgefaßte Begebenheiten schildert, die den modernen Menschen kaum mehr zu fesseln vermögen. Und doch ruht in diesen inspirierten Geistdokumenten verborgen das ganze Wissen vom Wege des Menschen, vom Sinn des Lebens und vom Walten des göttlichen Geistes in allem Geschöpflichen. Propheten und Seher bannten ihre höchsten Schauungen in die kraftvollen Worte der alten Entsprechungssprache, doch ihre Rede spricht uns nicht mehr an, weil wir darin nur Wörter vernehmen, deren Übersetzungen nur den Buchstabensinn wiedergeben.

Eine geistige Sprachlehre aber ruft: „Seht doch hin auf die Laute, wie sie in den heiligen Worten beisammenstehen als Ideenverbindungen, die eine ganze Welt voll Erkenntnis einschließen! Nehmt doch die Schlüssel, die das Geheimnis des Wortes auftun, und eine Lichtfülle ohnegleichen wird euch entgegenströmen! Greift doch nach dem Leben des Wortes, es wird eure Sinne wieder transparent machen für die ewige Wahrheit! Denn sie allein vermag uns freizumachen von den tödlichen Fesseln des Stoffbewußtseins und des unsäglich erdgebundenen Verstandes!“

Wie oft wird das Bibelwort zitiert: „Der Buchstabe des Wortes tötet, nur sein Geist macht lebendig.“ Aber kleben nicht die Theologie und die Glaubensbegriffe der meisten

Menschen alle noch am Buchstabensinn der Schrift? Was bedeutet denn dem Gläubigen von heute z. B. die Trinitätslehre mehr als ein eingelernter Begriff des Katechismus? Bergen nicht die Namen des alten Alphabets, diesem Lesebuch der Schöpfung, mehr vom Wesen der göttlichen Drei-Einheit in sich als alle Dogmen? A-lev: Urherz und Urleben, „Gott-Vater". — Ba-ith: Schaffer des Weges, der „Sohn" als das schöpferische Wort. — Ga-mel. Zeugende Vermählung, der „Heilige Geist" als „Ehe" zwischen Gott und Seiner Schöpfung!

Ruht nicht in den Lautwerten von Q-R-S-T, dem Christ-Menschen, das ganze Geheimnis vom Herz-Haupt-Geistfeuer, das die Vollendung bringt? Sind nicht die drei Laute M-N-S (manas = Geistbewußtsein, Gemüt) ein wahrer „Name" für den Menschen und seine Wesenheit? M = der gestaltgewordene Geist, N = das ewige Leben der Seele, S = die Fähigkeit zum Eigenbewußtsein! Man vergleiche solche Namen immer wieder mit den Lautwerten des *Tarot* und wird sagen: ein geistiges Religions-Wörterbuch auf dieser Grundlage täte not, um alle Mysterien des Seins aufzuhellen, wie sie im Urwort verborgen ihrer Offenbarung harren — unerkannt, aufbewahrt für eine Zukunft, da der nach höherem Lichte strebende Mensch all diese Siegel lösen wird.

Wer in der Sprache eine Offenbarung des Geistes erkennen will, braucht danach nicht unbedingt in alten und fremden Idiomen zu suchen: auch die Laute und Worte seiner Muttersprache sind noch immer durchdrungen von zahllosen Abkömmlingen ursprachlicher Wurzeln, die der ewigjunge Sprachgenius von Jahrtausend zu Jahrtausend und von Volk zu Volk weiterträgt. Zu den weiteren Aufgaben einer geistigen Sprachforschung wird es daher zählen, das Lautgefühl und Wortempfinden dafür wieder zu erwecken. Dann wird dem Menschen erst der wahre Sinn selbst alltäglich gebrauchter Worte „ein-leuchten" und wird ihm das Bewußtsein vermitteln, daß hinter jeder vertrauten Wortbedeutung noch ein weit tieferer innerer Sinn waltet. Solch intuitives Erkennen vermag das Weltbild des Menschen unendlich zu weiten, und er wird die Wahrheit des Ausspruchs erfahren „Alles Vergängliche ist nur ein Gleichnis" — eine Ent-sprechung von Zuständen der geistigen Sphären, aus denen wir kamen und wohin wir wieder zurückkehren.

Beispiele für das verborgene Weistum auch der lebenden Sprachen konnten in unserem Buch seines beschränkten Umfangs halber nur fallweise angeführt werden. Es ist geplant, diesem Werke eine kleine Broschüre nachfolgen zu lassen, die hauptsächlich der geistigen Aufschlüsselung *deutscher* Worte und Namen dienen will. Ob dem Plane die Tat folgt, hängt vom Echo des Leserkreises ab, doch ist dem Verfasser klar: der Weg der Gottes- und Naturerkenntnis über das Wort ist keine breite Straße, auf der heute schon viele Menschen wandeln. Er setzt ferner eine weit geistigere Einstellung zur Religion voraus, als sie die heutigen Kirchen zu mitteln vermögen, in denen das innere Wort schweigt. Und doch war es gerade das *innere Wort*, die mystische Stimme des Gottesgeistes im Menschen, welche der Menschheit die Urlichtlehre Jesu Christi durch den schlichten Mystiker Jakob *Lorber* aufs neue offenbarte. Daß diese Lehre mit den Grundelementen des Tarot in höchstem Einklang steht, zeigt, wie der Geist der Wahrheit das Menschengeschlecht in allen Stufen seiner Entwicklung leitete und das lebendige Wort eine ewigwirkende Kraft ist, die den Menschen zu seiner Vollendung hinführt.

Das innere Wort, die Stimme der Stille, kann nicht errungen werden durch Yoga-Übungen und mystische Ekstasen, sondern nur durch *den* Weg, der nach Christus *die* Wahrheit und *das* Leben ist: nur durch die Liebe vermag der Mensch in die Ebenbildlichkeit Gottes hineinzuwachsen. Dann erst beginnen seine Rosen am Kreuz zu erstrahlen und An-aha-ta, das Zentrum der göttlichen Liebekräfte, der zwölfblättrige Lotos blüht auf im Strahl der geistigen Sonne. Der Tarot nennt jene Kraft des lebendigen Wortes Qoph (= Herzensöffner) und setzt diesen Laut an die erste Stelle der vier Vollendungsbuchstaben im Menschen ...

In der prophetischen Schau wird die anbrechende Epoche des Wassermann, des weise werdenden Menschen, oft das michaelische Zeitalter und seine künftige Religion das johanneische Christentum genannt. Was aber sind Michael und Johannes geistig? Im Sinne der Ursprache heißt Micha-el „Meine Kraft, oder Mein Träger des Lichtes" — denn im geistigen Wort war alles auf das Urzentrum Gott bezogen. Und jo-chan bedeutet „Weg der Gnade", auf welchem Wege sich Im-manu-el, das Gotteslicht im Menschengeiste offenbart. Das wird die große „Johannesoffenbarung" sein, welche die gleichnamige des Neuen Testaments visionär ankündigte.

Dann werden sich auch das kosmische Wort und seine entwickelnden Lautkräfte als Strahlen hoher Inspiration kundgeben und die Menschheit das verlorene Wort zweifach wiederfinden lassen: einmal in einem neuen, lichten Erkennen des Mysteriums der Ursprache, und zum anderen im Bewußtwerden, daß das Wort *im* Menschen Geist vom Geiste Gottes und damit Träger des ewigen Lebens ist.

LITERATURNACHWEIS

(alphabetisch nach Verfassern geordnet)

I. Sprachwissenschaft:

Beckh, „Neue Wege zur Ursprache" (Urachhaus, Stuttgart 1954)
Bodmer, „Die Sprachen der Welt" (Kiepenheuer, Köln 1956)
Fick, „Vergl. Wörterbuch d. indogerm. Sprachen" (Vandenhoek, Göttingen 1890)
Grether, „Hebr. Grammatik" (Evang. Pressevbd., München 1955)
Kluge, „Etymolog. Wörterbuch d. deutschen Sprache" (Gruyter, Berlin 1934)
König, „Hebr. aram. Wörterbuch z. Alten Testament" (Diederich, Leipzig 1922)
Ludwig, „D. Verwandtschaftsverhältnis d. Sprachen" (Amandus-Ed., Wien 1946)
Macdonell, „Sanscrit Dictionary" (Universitiy Press, Oxford 1954)
Porzig, „Das Wunder der Sprache" (Francke, Bern 1957)
Rakovc, „Allg. Etymologie d. menschl. Sprachen" (Styria, Graz 1928)
Strindberg, „Blaubücher" (Müller/Langen, München. 3 Bde.)
Wadler, „Der Turm von Babel" (Geering, Basel 1935)
Wehrle, „Deutscher Wortschatz" (Klett, Stuttgart 1954)

II. Geisteswissenschaft:

a) Kabbala und Tarot:

Bischof, „Die Elemente der Kabbala" (Barsdorf, Berlin 1914)
Bressendorf, „Zahl und Kosmos" (Domverlag Seitz, Augsburg 1930)
Eliphas Lévi „Dogma u. Ritual der hohen Magie" (O. W. Barth, München 1927)
Franck, „Die Kabbala als Religionsphilosophie" (Louis Lamm, Berlin)

Glahn, „Das deutsche Tarotbuch“ (Bauer, Freiburg i. Br. 1958)
Kurtzahn, „Der Tarot“ (Talis-Verlag, Leipzig 1920)
Meyrink, „Der Golem“ (K. Wolff, Leipzig 1916 u. Zürich 1951)
Papus, „Die Kabbala“ (Altmann, Leipzig 1910)
Papus, „Grundlagen d. okkulten Wissenschaft“ (Stein-Verlag, Wien 1926)
Uxkull, „Einweihung im alten Ägypten“ (Roland-Verlag, Berlin 1931)
Winckelmann, „Tarot der Eingeweihten“ (Schikowski, Berlin 1954)

b) Indische Lehren:

Blavatsky, „Die Geheimlehre“ (Auszug) — Etthofen, Berlin 1932
Bohm, „Chakras“ (Barth, München-Planegg 1953)
Brandstätter, „Psychische Energie“ (Selbstverlag Linz/Donau, Spallerhof 1958)
Rama Prasad, „Die feineren Naturkräfte“ (Altmann, Leipzig 1922)
Sivananda Sarasvati, „Kundalini-Yoga“ (Barth, München 1953)
Steiner, „Theosophie“ (Anthropos. Verlag, Dornach/Schweiz)
Steiner, „Wie erlangt man Erkenntnisse der höheren Welten?“ (Ebenda)
Swami Vivekananda, „Karma-Yoga u. Bhakti-Yoga“ (Rascher, Zürich 1951)

c) Wortesoterik und Mantrik:

Kernings Leben und Schriften (Renatus-Verlag, Lorch 1920)
Kolb, „Die Wiedergeburt“ (d. „Buchstabenbuch“ nach Kerning). Ebenda 1952
Sebottendorf, „Praxis der alttürk. Freimaurerei“ (Bauer, Freiburg i. Br. 1954)
Shou, Peryt, „Prakt. Mantram-Kursus“ (Linser-Verlag, Berlin 1922)
— „Im Zeichen des Logos“ (Osiris-Verlag, Pforzheim 1953)
— „Das Gesetz des Logos“ (ebenda 1954)
Weinfurter, „Der brennende Busch“ (Renatus-Verlag, Lorch 1930)
— „Mystische Fibel“ (Osiris-Verlag, Pforzheim 1954)

d) Religion und Mystik:

Altes und Neues Testament (alle Fassungen)
Benz, „Swedenborg“ (H. Rinn, München 1948)
Brunton, „Der Weg nach innen“ (Barth, München 1950)
Gollwitzer, „Die durchsichtige Welt“ (Swedenborgbrevier) Neske, Pfullingen 1953
Kahir, „Nahe an zweitausend Jahre“ (Turm-Verlag, Bietigheim 1959, 3. Aufl.)
Lorber, „Das Gr. Evangelium Johannis“, 10 Bde. (Lorber-Verlag, Bietigheim)
— „Die Haushaltung Gottes“, 3 Bde. (ebenda)
— „Die geistige Sonne“, 2 Bde. (ebenda)
Prantl, „Der Mensch ohne Angst“ (Univ. Verlag Wagner, Innsbruck 1949)
Schulze-Angern, „Ewiges-Vergängliches“ (Religio-Verlag, Berlin 1958)
Spallart, „Das große Erwachen“ (Osiris-Verlag, Pforzheim 1959)
Tennhardt, „Vom inneren Wort Gottes“ (Nachdruck ex 1712) Lorber-Verlag, Bietigheim 1918
Wolf, A., „Die vier Marksteine“ (Urgemeinde-Verlag, Wiesbaden 1952)
Zeitschrift „Das Wort“ (Lorber-Verlag, Bietigheim/Wttbg.)

Weitere

Bücher

unseres

Verlages